発展するアジアの
政治・経済・法

――法は政治・経済のために何ができるか

松尾 弘
Hiroshi Matsuo

＝著

Politics, Economics and Law in Developing Asia:
What Can Law Do for Development?

日本評論社

はじめに
—— アジア諸国のダイナミックな発展にみる政治・経済と法

　本書は、法の改革が経済の成長や政治の民主化を促し、社会の発展をもたらす力をもつことができるのか、できるとすればその条件は何かを明らかにしようとするものである。
　これらのことを明らかにするためには、政治・経済と法の関係を理論的・一般的に考察するだけでは足りず、様々な国家の発展パターンにおける政治・経済と法の関係について、実例に即した具体的な分析と比較が不可欠である。なぜなら、政治・経済を含む社会の発展と法の改革との関係は、国や時代によってきわめて多様であり、仮に法の改革が社会の発展を推進する潜在的な力をもつとしても、それが発現するための条件は、けっして一様ではないと考えられるからである。そこで、多様な発展パターンにおける法の役割を様々な実例に即して分析し、比較することを通じて、政治・経済と法の関係に関する一般論を抽出することが可能かどうか、検討する必要がある。
　このような観点から、本書はアジア諸国の発展プロセスを題材にして、政治・経済の動きと法改革の経緯について、まずは実際の姿を確認し、その多様なパターンを念頭に置きながら、はたして法が政治・経済をコントロールすることができるための前提条件が何かについて、抽出可能な結論があるかどうかを探るものである。
　その際、本書がアジア諸国に注目するのは、1960年代以降、この約50年間を見ても、それらがダイナミックな変化を示してきたからである。すなわち、1960年代から1980年代にかけて、日本、韓国、台湾、香港、シンガポール、マレーシア、インドネシア、タイは、ラテン・アメリカ諸国の約3倍、サハラ以南アフリカ諸国の約25倍の経済成長を遂げて「高成長アジア経済」(High Performing Asian Economies：HPAEs) と呼ばれ、その成長は「東アジアの奇跡」とまでいわれて注目された[1]。また、それに続く1990年代以降は、社会主義体制の下で市場経済を導入した中国が「驚異」的な成長を見せ、同じく社会主義国のベトナム、ラオスも目覚ましい経済成長を遂げている。こうした発展動向は、近隣のカンボジアから、北はモンゴル、東はフィリピン、西はミャンマーを経て、バングラデシュ、インド、パキスタン、ネ

---

[1] World Bank 1993：pp. 1-2（白鳥監訳1994：1-2頁）.

【図表A】アジア諸国の経済・法・統治の現状

	1人当たりGDP		法の支配指標	ガバナンス指標 *6					
	*1	*2	(WJP) *5	説明責任	安定性	効率性	規制の質	法の支配	汚職抑制
(参考) エジプト	3198.7	10529.9	0.44	−1.19	−1.58	−0.82	−0.75	−0.60	−0.59
タイ	5977.4	15735.1	0.52	−0.85	−0.91	0.34	0.27	−0.15	−0.41
ネパール	701.7	2374.2	0.53	−0.44	−0.70	−0.83	−0.85	−0.68	−0.54
(参考) イギリス	46332.0	39762.1	0.78	1.30	0.44	1.62	1.83	1.89	1.73
日本	36194.4	36426.3	0.78	1.04	1.02	1.82	1.14	1.60	1.73
韓国	27970.5	34355.7	0.79	0.68	0.19	1.18	1.11	0.98	0.49
台湾	22599.8*3	46035.8*4	——	0.88	0.80	1.37	1.30	1.20	0.84
マレーシア	11307.1	25638.6	0.57	−0.33	0.34	1.14	0.84	0.64	0.48
シンガポール	56284.6	82763.4	0.81	−0.11	1.23	2.19	2.23	1.89	2.12
香港	40169.5	55084.3	0.76	0.50	1.13	1.84	2.05	1.85	1.64
中国	7590.0	13206.4	0.48	−1.54	−0.46	0.34	−0.27	−0.33	−0.33
ベトナム	2052.3	5629.0	0.50	−1.34	0.00	−0.06	−0.59	−0.31	−0.50
ラオス	1793.5	5320.9	——	−1.65	0.46	−0.39	−0.85	−0.71	−0.76
カンボジア	1094.6	3262.6	0.37	−1.08	−0.04	−0.68	−0.40	−0.93	−1.08
ミャンマー	1227.8*3	4752.4*4	0.42	−1.39	−1.06	−1.28	−1.39	−1.17	−0.92
モンゴル	4129.4	11945.7	0.53	0.23	0.87	−0.41	−0.25	−0.35	−0.47
インドネシア	3491.9	10517.0	0.52	0.13	−0.37	−0.01	−0.10	−0.35	−0.58
フィリピン	2872.5	6969.0	0.53	0.13	−0.70	0.19	−0.01	0.33	−0.44
スリランカ	3819.2	11181.2	0.51	−0.72	−0.25	0.09	−0.08	−0.15	−0.34
インド	1581.5	5700.7	0.51	0.42	−0.96	−0.20	−0.45	−0.09	−0.46
パキスタン	1316.6	4811.4	0.38	−0.74	−2.44	−0.75	−0.69	−0.78	−0.81
バングラデシュ	1086.8	3122.7	0.42	−0.47	−0.88	−0.77	−0.94	−0.72	−0.91
(参考) ブータン	2560.5	7815.7	——	−0.14	1.00	0.27	−1.01	0.35	1.27
(参考) ブルネイ	40979.6	71184.8	——	−0.66	1.27	1.08	0.97	0.50	0.63

*1：World Bank (WB), *World Development Indicators*, September 2015, Gross Domestic Product (GDP) per capita (current U.S. dollars).
*2：WB, *World Development Indicators*, September 2015, GDP per capita, PPP (current international dollars).
*3：International Monetary Fund (IMF), *World Economic Outlook Database*, October 2015, GDP per capita (current prices U.S. dollars).
*4：IMF, GDP based on purchasing-power-parity (PPP) per capita GDP (Current international dollar).
*5：World Justice Project (WJP), *the Rule of Law Index 2015* (http://worldjusticeproject.org/rule-of-law-index). 法の支配指標 (the rule of law index)：0 (最低値) ～ 1 (最高値).
*6：WB, *Worldwide Governance Indicators* (http://info.worldbank.org/governance/wgi/index.aspx#home).
  ①政府の説明責任 (Voice and Accountability)：政府の公務員の選定に市民が参加できる程度、表現の自由、結社の自由、報道の自由・中立性についての市民の知覚。−2.5 (最低値) ～ +2.5 (最高値)。
  ②政治の安定性 (Political Stability and Absence of Violence/Terrorism)：政治的不安定および／またはテロを含む政治的暴力の発生頻度についての市民の知覚。−2.5 (最低値) ～ +2.5 (最高値)。
  ③政府の効率性 (Government Effectiveness)：公共サービス・行政サービスの質、政治的圧力からの独立性、政策の形成・実施の質、政府の政策形成への信頼度についての市民の知覚。−2.5 (最低値) ～ +2.5 (最高値)。
  ④政府による規制の質 (Regulatory quality)：民間部門の発展を許容し、増進する堅実な政策および規制を形成し、実施することができる政府の能力についての市民の知覚。−2.5 (最低値) ～ +2.5 (最高値)。
  ⑤法の支配 (Rule of Law)：社会のルールに対する行為者の信頼度および当該ルールの遵守度、とりわけ、契約の執行・財産権・警察ならびに裁判所の質、および犯罪ならびに暴力の発生頻度についての市民の感覚。−2.5 (最低値) ～ +2.5 (最高値)。
  ⑥汚職の抑制 (Control of Corruption)：汚職形態の大小を問わず、私的な利害得失のために公権力が行使され、また、エリートによる私的利益のために国家が「捕獲」される程度についての市民の感覚。−2.5 (最低値) ～ +2.5 (最高値)。
*7：表中の数値の太字は、各項目の中で相対的に最も高い値を示した国のもの ((参考) とした国を除く)。

パール、スリランカ等の南アジアへと広がっている。こうした発展をもう1つの、さらに拡大された「アジアの奇跡」(といわれるほどの特筆すべき発展)に通じるものとみることができるのか[2]、あるいはアジアの奇跡は「幻想」にすぎないものなのか[3]、様々な見方がある。たしかに、これらの国々における発展の原因、スピードおよびパターンはきわめて多様であり、そうした発展のプロセスとその成果も一括りにしてみることはできない(【図表A】参照)。しかし、これらの国々の中には、高度経済成長の持続に成功している国々も存在しており[4]、それがどのようにして可能になったかを問うことには少なからぬ意味がある。このような観点から、本書は前述したアジア諸国における統治と法の歴史的変遷を概観しながら、経済成長や民主化の動きをフォローした。それはあくまでも、各国における歴史の1コマとしての政治・経済と法の関係を確認することを主眼としており、各国の最新情報を提供しようとするものではないことを予めお断りしておきたい[5]。一方、比較の観点から、本書はアジア以外の諸国(エジプト、イギリス)にも言及している。

アジアの「奇跡」や「驚異」といっても実際には理由があると考えられているのであり、例えば、比較的豊富な人的・物的資源の投入、市場システムの導入に好意的な政府の介入、成長の分かち合い等、経済的・政治的要素が指摘されてきた。しかしながら、そうした成功の原因とプロセスを、法制度の改革と関連づけ、政治・経済・法が好循環を形成し、社会における包括的な発展メカニズムが改善したこと——それは、かつてD・ノースが社会の諸制度(institutions)全体の変化とみたもの[6]——の帰結として考察することは、従来まだ本格的に行われてこなかったように思われる。ある国家の発展が持続的なものになればなるほど、その原因は単一ではなく、その社会の政治・経済・法構造全体の改善としての制度変化(institutional change)の帰結であるということができるのではなかろうか。また、前述したアジア諸国の中には、その潜在的な発展条件が存在するにもかかわらず、捗々しい発展を達成することが長い間できなかったり、一時期まで発展した後に停滞に苦しんでいる国々もある。その原因もまたおそらく単一のものではないのであり、政治・経済・法が好循環を形づくらず、あるいは悪循環に陥った帰結と

[2] Perkins 2001:pp. 247-294;Dapice 1993:pp. 167-181参照。
[3] Krugman 1994:pp. 62-78(竹下監訳1995:371-386頁);Krugman 1996:Chapter 11(山岡訳2000:231-258頁)。
[4] 大野=桜井1997:9-22頁参照。
[5] 各国の最新情報に関しては、http://www15.plala.or.jp 参照。
[6] North 1990(竹下訳1994)。

してみることにより、その実態に迫ることができるように思われる。

　先に挙げたアジア諸国の中でも、メコン地域（ベトナム、ラオス、カンボジア、タイ、ミャンマー）は、マレーシア、シンガポールとともに、道路・鉄道・港湾・空港等のインフラ整備が進み、日本を含む北東アジア諸国、他の東南アジア諸国、南アジア諸国との貿易や投資を通じた相互依存的な国際ネットワークの核となり、欧米や中東からの投資も集中し、貿易関係も活発化して、世界の成長センターになりつつある。そこでは、環太平洋戦略的経済連携協定（TPP）が広がる一方で、アセアン経済共同体（AEC）の設立、東アジア地域包括的経済連携（RCEP）が行われるなど、グローバリズムとリージョナリズムが交錯している。ここを舞台にして、今後アジア諸国がグローバル化の新たな中核になるのか否かは、予想困難である。しかし、アジア諸国における政治・経済と法の関係についての考察は、他の地域の国々を考察する際の比較の枠組みとなり、抽出された発展モデルの適用範囲を検証し、必要に応じて修正してゆくための出発点になるものと考えられる。

　そうした考察が、開発経済学や開発政治学に対して、開発法学の理論を一歩前進させるとともに、これら関連する分野間の学問的な交流と緊密化を促す契機となることを祈るばかりである。

　本書の執筆中、ベトナム、ラオス、カンボジアへの現地調査に赴く機会をもつことができたのは幸運であった。そこで今起きている政治と経済と法がドロドロになったせめぎ合いと、国際ネットワークの形成を目の当たりにし、融通無碍に変化する社会の中でしたたかに法が生きている姿を実感することができた。社会の動きから切り離して法を捉えることはできないことを、今更ながらに再認識した。もっとも、本書でそうした考察を十分に展開できているかと思うと、内心忸怩たるものがある。それゆえ一度は諦めかけた本書であるが、あくまでも考察の一歩として、こうして日の目を見ることになったのは、企画の段階から熱心な支援と率直なアドバイスをくださった柴田英輔さん（日本評論社）のお蔭にほかならない。また、資料や原稿の整理、校正等に際しては、杉田彩子さん（慶應義塾大学大学院法学研究科後期博士課程）、深沢瞳さん（同法務研究科修了）が協力してくれた。改めて感謝したい。

　なお、本書は、法務省法務総合研究所、日本学術振興会・科学研究費補助金（課題番号：16K03268）の助成を得た研究成果の一部である。

　　2016年8月7日　ハノイ（ベトナム）、ホアン・キエム湖畔にて

　　　　　　　　　　　　　　　　　　　　　　　　　　松尾　弘

目次

はじめに　アジア諸国のダイナミックな発展にみる政治・経済と法 ………………………… i
凡例 ……………………………………………………………………………………………… viii

第Ⅰ部　序論──開発をめぐる政治・経済と法 ……………………………………… 001

第1章　法整備は経済成長や民主化にどのような影響を与えるか …………… 002
第2章　憲法とクー・デタの相克を抜け出す道はあるか ………………………… 012
第3章　憲法制定への生みの苦しみ ……………………………………………… 023
第4章　政治・経済・法の好循環モデルは存在するか …………………………… 034

第Ⅱ部　開発とシビル・ロー型の法改革 ………………………………………… 045

第5章　日本社会の発展と法改革(その1)：日本モデルの基層形成と近代化への道 ……… 046
第6章　日本社会の発展と法改革(その2)：日本モデルは何を語るか ………… 057
第7章　韓国における法改革と経済・政治の発展 ………………………………… 066
第8章　台湾における「奇跡の発展」と法改革 …………………………………… 075

第Ⅲ部　開発とコモン・ロー型の法改革 ………………………………………… 085

第9章　マレーシアにおける法改革と経済・政治の発展 ………………………… 086
第10章　シンガポールにおける法改革と経済・政治の発展 …………………… 096
第11章　香港における法改革と経済・政治の発展 ……………………………… 106

第Ⅳ部　社会主義市場経済による開発と法改革 ……………………………… 117

第12章　中国における法改革と経済・政治の発展 ……………………………… 118
第13章　ベトナムにおける法改革と経済・政治の発展 ………………………… 128
第14章　ラオスにおける法改革と経済・政治の発展 …………………………… 138

第Ⅴ部 経済成長と民主化の緊張と法改革 …………………149
- 第15章 カンボジアにおける急進的統治改革の爪痕 …………150
- 第16章 ミャンマーの法改革における伝統の連続と不連続 …………160
- 第17章 モンゴルの伝統的遊牧社会の変容における開発と法 …………170

第Ⅵ部 多元的社会の開発と法改革 …………………179
- 第18章 インドネシアにおける多元的法体制の呪縛 …………180
- 第19章 フィリピンにおける「民衆の力」と「政治の力」:法的制御の模索 …………190
- 第20章 スリランカにおける民族の誇りと国家の統合:分裂と統合の可能性 …………200

第Ⅶ部 宗教的伝統と法改革 …………………211
- 第21章 インドにおける伝統的階級社会の開発プロセスと法 …………212
- 第22章 パキスタンにおける政治・法・経済の動態 …………222
- 第23章 バングラデシュにおける脱宗教国家の模索と法改革 …………231

第Ⅷ部 結論——政治・経済・法の好循環の可能性 …………………241
- 第24章 第2の、拡大された「アジアの奇跡」の可能性 …………242

おわりに　開発経済学・開発政治学・開発法学の緊密化と …………252
　　　　　開発研究の学際化に向けて

事項索引 …………258
人名索引 …………263
参考文献(邦文) …………265
参考文献(欧文) …………272

凡例

- 引用文中の（　）内は原文のもの、〔　〕内および傍点は引用者によるものを指す。
- 国名の日本語表記は、引用文で用いられている用法を除き、慣用に従った。
- 人名の日本語表記は、引用文で用いられている用法を除き、慣用に従った。
- 各章冒頭の各国に関する情報は、台湾(中華民国)を除き、下記の情報源によった。数値は、表示単位以下は切り捨てた。

  人口、GDP、GDP (per capita)：世界銀行データベース (http://databank.worldbank.org/data/home.aspx) 2015年のデータ

  面積：総務省統計局作成「世界の統計 2016」(http://www.stat.go.jp/data/sekai/0116.htm#c02)

  人口密度：関数（= Bn/Cn）にて計算

  台湾の人口：台湾政府観光案内 (http://jp.taiwan.net.tw/m1.aspx?sNo=0000302)

  台湾のGDP関係：(http://eng.stat.gov.tw/ct.asp?xItem=37408&CtNode=5347&mp=5 ; http://www.imf.org/external/ns/cs.aspx?id=28 [based on current prices, U.S. dollar for GDP and on purchasing-power-parity, current international dollar for GDP per capita])

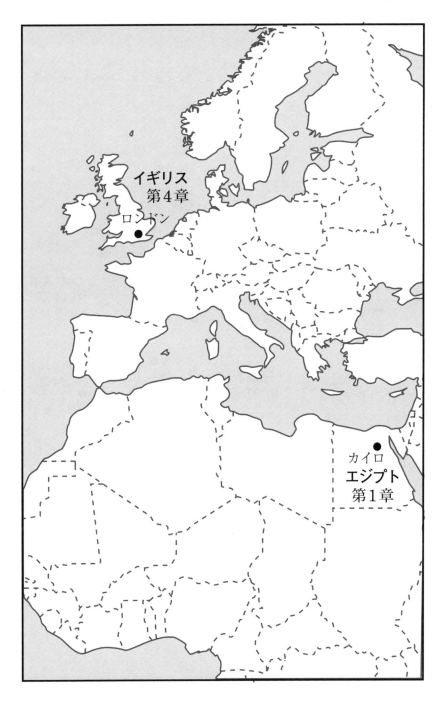

地図 xi

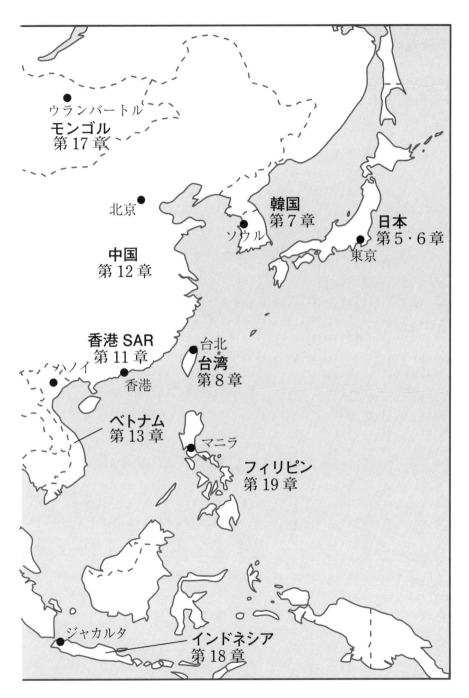

第I部
序論
──開発をめぐる政治・経済と法

　法は民主化や経済成長を促す力をもちうるであろうか。もつとすれば、それはどのような条件の下においてであろうか。民主主義の進展度や経済の発展度の相違が、国家の「制度」の相違に左右されるという見解を手がかりに、法制度の改革が政治・経済の実質の改善をもたらす可能性を探るべく、考察の基礎となる視点を提示する。

前首相らの出国を禁止　エジプトのムバラク政権崩壊を
国旗を振って喜ぶ人たち（2011年2月12日、カイロ）
共同通信社提供

第1章 法整備は経済成長や民主化にどのような影響を与えるか

国名	エジプト・アラブ共和国
公用語・国語	アラビア語
首都	カイロ
通貨	エジプト・ポンド
人口	9150万人
人口密度	91人/km^2
GDP(MER)／1人当たりGDP	3307億ドル／3615ドル

【ポイント】 法制度の整備は、経済成長や民主化といった生活の実質を向上させることに、はたして役立っているのだろうか。この問いに対して確固とした答えを与えることのできるような、包括的な理論はまだ確立されていない。その結果、具体的な順序やペースをはじめ、どのような仕方で法制度を整備すれば、経済や政治を発展させ、豊かな国づくりに通じるかという実践の面でも、試行錯誤が続いている。そうした中で、豊かな国と貧しい国の相違は、人々に経済活動へのインセンティブを与える経済制度の違いに起因し、経済制度の違いはその国の政治制度の相違に左右されるとして、経済・政治の発展と制度の関係を解明しようとする試みが注目されている。

ところで、法は既存の制度を時には安定化させるために、時には変革するために用いられ、制度変化を左右するメカニズムの重要な部分を担っている。そうであるとすれば、法制度の整備の仕方が、制度変化というものを通じて、政治や経済の発展に大きな影響を与えているに違いない。他方、経済や政治の発展の仕方が法の発展を促したり妨げたりしてきたことも事実である。

そこで、本書では、経済・政治・法の相互関係を、ある国のある時期に実際に起こった事例に即して紐解いてゆく。そこには、法制度の整備を通じて開発を促進する方法を探求する開発法学の新たなフロンティアが見出されるであろう。

一例として、近年、法と政治の間で緊張を伴う駆け引きを見せてきたエジプトの「アラブの春」における政治・経済と法の関係から考察を始めよう。

1　超法規的な「憲法宣言」の連発と政治に呑み込まれる法

繰り返された国民投票　2014年1月14・15日、エジプトで憲法案の是非を問う国民投票が行われた。選挙管理委員会によると、有権者数約5,274万人中投票率は38.1%で、賛成98.1%、反対1.9%であった[1]。3年前のムハンマド・ホスニー・ムバラク大統領の退陣（第Ⅰ部扉写真参照）以来、これで3回目の憲法案の国民投票になる。この変則的事態の経緯を探ってみよう[2]。

2011年1月25日の大規模な政権交代要求デモは、ムバラク大統領の次期大統領選挙（9月予定）への不出馬表明にもかかわらず、即時辞任を求める動きを加速させた。そして、2月11日、大統領が事態を収拾する会議に出席せず、副大統領が「大統領は軍最高評議会に権限を委譲した」と語ったことが、ムバラク大統領の「辞任」となった。と同時に、大統領権限の軍最高評議会への委譲は、大統領の死亡または辞任の場合は国会議長が大統領に就任し、60日以内に大統領選挙を実施するという憲法所定の手続をとらない統治の選択を意味した。これは、当時の憲法が野党や無所属の者の立候補を相当制限していたために、憲法規定に従った方法では大統領選挙が平穏に実施できない危惧が強かった事情による[3]。一方、ムバラク大統領は自らが憲法、選挙法、政党法等を改正し、民衆の期待に応えるような制度改正をして、次期大統領選挙のための準備を進めることもしなかった。その結果、既存の憲法秩序内での合法的な民主化への道は、大統領と市民の協力の失敗によって阻まれることになった。その後、エジプトの政治と法の状況は混迷を続けている。

第1回目　軍最高評議会は、ムバラク大統領退陣から2日後の2011年2月13日、①1971年憲法の停止、②憲法改正委員会の設置と国民投票の実施、③6か月以内の人民議会選挙と大統領選挙の実施、④それまでは軍最高評議会が国政を担当することを内容とする超法規的な「憲法宣言」という一方的措置を発布した[4]。しかし、②の憲法改正ないし新憲法制定と③の人民議会選挙の順序をめぐり、ムバラク退陣要求では大同団結していた反体制派も、イスラム勢力とリベラル派の内部対立を軸に分裂を顕わにしていった。軍最高

---

[1]　日本経済新聞（朝刊）2014年1月17日7頁。
[2]　この間の経緯に関しては、富田2013：3-37頁、鈴木（恵美）2013：27-40頁参照。
[3]　日本経済新聞（夕刊）2011年2月12日1頁。
[4]　「憲法宣言」は、かつて革命評議会が国王を追放したクーデタ（1952年7月革命）で発布されたのが最初であるとされる。鈴木（恵美）2013：28頁。

評議会は、前記憲法宣言に基づいて憲法検証委員会を設置し、同委員会が作成した憲法改正案（大統領選挙への立候補要件の緩和、大統領任期の2期8年への制限を含む）の是非を問う国民投票が、3月19日に実施された。これが、ムバラク退陣後**第1回目の国民投票**である。投票率は約41％で、有効投票の約77％の賛成を得た。

第2回目　ところが、軍最高評議会は、改正憲法が憲法宣言の発布を制限する一方、世論は新憲法制定へと傾斜していたことから、再び一連の**憲法宣言**（3月39日、9月25日、11月19日）により、暫定憲法（63か条）と人民議会選挙のための改正選挙法等を発布した。これに従い、人民議会選挙が2011年末に行われたが、イスラム勢力が3分の2以上の議席を獲得し、大統領選挙も2012年5月23・24日に行われたが、決選投票（6月16・17日）の末、6月30日にイスラム勢力が支持するムハンマド・モルシが大統領に就任した。しかし、この結果を是としない軍最高評議会および最高裁判所は、モルシ大統領およびイスラム勢力と対立を深めていった。最高裁判所は、2012年6月14日、人民議会選挙のための選挙法が違憲であるとの判決を下し、それに基づいて軍最高評議会は人民議会の解散命令を出した。これに対し、7月8日、モルシ大統領は同解散命令を無効とし、人民議会の再開を宣言した（大統領令11号）。ところが、7月10日、最高裁は同大統領令を無効とした。そこで、11月22日、モルシ大統領は大統領令が司法に優越する旨の**憲法宣言**を発布したが、激しい抗議運動に遭い、12月8日に撤回した。一方、モルシ大統領は、憲法起草委員会が作成した新憲法草案に対する国民投票を、反対運動を押し切って12月15・22日に実施し、63.8％の承認を得て、12月25日に施行した（以下、2012年憲法という）。これが**第2回目の国民投票**である。それは、イスラム教スンニ派（エジプトで多数派）の教義によって承認されたルールを主要法源たるイスラム法の諸原理に含むものとする条項等を備えていた[5]。

第3回目　しかし、青年勢力・リベラル派が反発し、2013年6月下旬からモルシ大統領に辞任を求めるデモが拡大した。これを受け、7月3日、国防大臣が2012年憲法を「停止」し、アドリー・マフムード・マンスール最高憲法裁判所長官を「暫定大統領」に指名して、憲法改正委員会の設置、大統領

[5] 2012年憲法219条「イスラム法の諸原理は、一般的に明白なルール、基礎的なルール、法理学に適ったルール、およびスンニ派の教義において、かつ多数派の〔イスラム〕共同体によって承認された信頼に足る法源を含む」。

【図表1-1】エジプトにおける民主化運動の推移

西暦年	主要事項
2011.1.25	民主化要求デモ拡大
2011.2.11	ムバラク大統領「辞任」
2011.2.13	軍最高評議会、憲法宣言。1971年憲法停止ほか
2011.3.19	憲法改正草案に対する国民投票【第1回】。賛成77%
2011.3.29	軍最高評議会、憲法宣言。暫定憲法発布
2011.12末	人民議会選挙。イスラム勢力2/3超
2012.5.23・24	大統領選挙。決選投票により、モルシ大統領（イスラム派）当選（6.30）
2012.6.14	最高裁、人民議会選挙を無効とし、解散命令
2012.7.8	モルシ大統領、最高裁の解散命令無効・人民議会再開を宣言
2012.7.10	最高裁、同前大統領令の無効判決
2012.11.22	モルシ大統領、大統領令が最高裁判決に優越する旨の憲法宣言
2012.12.8	モルシ大統領、抗議運動により、同前撤回
2012.12.15・22	新憲法草案に対する国民投票【第2回】。賛成64%、12.25施行
2013.6末	リベラル派、青年勢力によるモルシ政権への反対字運動
2013.7.3	国防大臣、2012年憲法停止、マンスール最高裁長官を暫定大統領に指名
2013.7.8	マンスール大統領、憲法宣言。憲法改正案準備委員会設置（7.20）
2013.8.14	モルシ派と反モルシ派の対立激化。全土に非常事態宣言（11.14解除）
2013.8.20	憲法改正案提出。憲法改正案審議委員会設置（9.1）
2013.12.1	新憲法草案完成。マンスール暫定大統領に提出（12.3）
2014.1.14・15	新憲法草案に対する国民投票【第3回】。賛成98%

出典：筆者作成。

選挙の実施等を表明した。7月8日、マンスール暫定大統領は以後の政治日程に関する**憲法宣言**（憲法改正案準備委員会および憲法改正案審議委員会の設置に関する条項を含む）を発布し、7月20日、憲法改正案準備委員会を設置した。軍主導によるこうした処置を歓迎する反モルシ派とそれを批判するモルシ派は各地で衝突し、暫定政府は8月14日、全土に非常事態宣言・外出禁止令を発令した（11月14日解除）。8月20日、暫定大統領は憲法改正草案の提出を受け、9月1日、憲法改正審議委員会を設置した。同委員会は12月1日に「新憲法草案」を完成させ、12月3日に暫定大統領に提出した。これが冒頭に述べた**第3回目の国民投票**に付されたものである[6]。

以上の3年間の経緯を法的な観点からみると、何がエジプトの憲法か、国

[6] その特色は、①政教分離の徹底、②軍の権限拡大、③国民の政治運動の一部制限にある。

家元首は誰かといった国家統治の基本構造自体が、混沌とした状態にあったことがわかる。こうした政治プロセスに対しては、ⓐ政治問題への最高憲法裁判所の関与の増大を通じ、**政治の司法化**（judicialization of politics）、**司法官僚制**（juristocracy）の浸透、それによる権威主義から立憲主義への漸次的な進展と捉えることができるかもしれない[7]。しかし、ⓑ軍組織や民衆運動を後ろ盾にして乱発される超法規的な憲法宣言の強度の政治性と法理上の根拠の危うさ、将来の超法規的措置の連鎖の潜在的可能性、その結果としての秩序の本質的な脆さから目を背けることもできない。エジプトでは20世紀半ば以降も政権が時に司法を抑制し、時にその独立を強化し、再び抑制するという操作を都合よく繰り返してきたが[8]、それは今も本質的に変わっておらず、政権が司法（官僚）を利用する、いわば**司法の政治化**（politicization of judiciary）というべきものであると思われる。もっとも、その背景には、憲法宣言を足場とする秩序のリセットを許容する国民意識が存在するとも考えられる[9]。憲法宣言、それに基づく憲法草案、それに続く国民投票による是認が、エジプトにおける法を創るための法（メタ・ルール）[10]であるとすれば、それに基づく秩序をエジプト的「法」秩序とみる余地もある。しかし、「法」とは普遍妥当性をもち、公開され、包括的で、かつ最高であることが本質であるとすれば[11]、憲法宣言に続く政治プロセスを「法」秩序の形成とみることには疑問が拭えない。政治と法が最前線でせめぎ合いを続けながら、政治が法を繰り返し呑み込んできたようにみえる。はたして法やその論理は政治をコントロールすることはできないのであろうか。

2　政治の混乱と法の不安定が経済に及ぼす影響

　一度は「アラブの春」として称賛されながら、引き続く政治の混乱と法の不安定は、経済活動に明らかにマイナスの効果を及ぼしている[12]。例えば、2012年11月から12月にかけてモルシ政権が提示した諸施策（前述1参照）、とくに大統領令が司法に優越する旨の憲法宣言（後に撤回）、憲法案と国民投

---

[7]　桑原2012：8頁。政治の司法化、司法官僚制に関しては、Hirshl 2006：pp. 721-753；Hirshl 2007参照。
[8]　Moustatafa 2007：pp. 14, 236-237.
[9]　鈴木（恵美）2013：29頁。
[10]　H・L・A・ハートのいう承認のルール（the rule of recognition）である。松尾2012a：144-147頁参照。
[11]　法の本質に関しては、松尾2012a：144-147頁、166頁参照。
[12]　以下の記述につき、日本経済新聞（朝刊）2012年12月8日9頁、2013年1月8日6頁、6月26日6頁、7月1日7頁、7月5日7頁、2014年1月17日7頁参照。

【図表1-2】エジプトの経済成果

西暦年	2007	2008	2009	2010	2011	2012	2013
1人当たり実質GDP[*1]	6,610	6,932	7,096	7,291	7,263	7,235	7,224
実質GDP成長率[*2]	7.1	7.2	4.7	5.2	1.8	2.2	1.8

*1：USドル（小数点以下1位四捨五入）。
*2：年％（小数点以下2位四捨五入）。
出典：IMF, *World Economic Outlook Databases*, October 2013.

　票の強行的実施等に対する反発、それによる社会不安は、株価の急落（株価指数EGX30は2012年11月末から12月初旬にかけて半月で約11％下落）、エジプト・ポンドの急落（2012年12月初旬の1ドル＝6.1エジプト・ポンドから、2013年1月初旬に1ドル＝6.4エジプト・ポンド、7月には1ドル＝7エジプト・ポンドへ）、外貨の準備不足（2011年1月の350億ドルから、2012年12月には150億ドルに減少）をもたらし、通貨の買支えが困難になった。その結果、小麦・砂糖・ガソリン等の燃料、その他の輸入品や一部食料品が値上がりし、停電やガソリン・スタンドの長蛇の列が常態化した。工場では部品調達に支障が生じ、外貨の引出し・海外送金の制限はビジネスの制約に通じた。

　また、直接投資が停滞し（2012年は約28億ドルで、ムバラク政権時代から6割以上減少した。2012年6月末に就任したモルシ大統領の公約は2,000億ドルであったが、同年7月〜2013年3月の実績は14億ドルに止まった）、経済成長率もムバラク政権時代の7％台から2％前後へと急速に低下した（【図表1-2】参照）[13]。

　さらに、国際通貨基金（IMF）からの48億ドル支援の正式合意の遅れ等、経済再生に必要な支援の遅滞が生じ、失業率（2013年6月で約13％。30歳未満は約60％）は過去最悪を記録した。加えて、治安の悪化（2012年、殺人事件は2,144件でムバラク退陣前の約3倍、強盗は同2,807件で約12倍）が顕著になっている[14]。

　このように2011年以降の政治の混乱、その背景にある法的基盤の脆弱性が、経済成果に悪影響を及ぼしていることは明らかである。そうした経済的行詰りが社会を不安定にし、政治の混乱に拍車をかけ、法秩序の構築を妨げ

[13] 同様の経済的停滞は、ムバラク政権下で政権側のファティ・ナギブ（Fathi Nagib）が最高憲法裁判所の長官に指名され、司法の独立性が抑制された時にも起こっている。Moustatafa 2007：p. 235.
[14] もっとも、米欧が経済援助を減らした一方で、サウジアラビア、クウェート等のペルシャ湾岸諸国は、ムバラク退任後に総額約120億ドルへと支援を増額した。また、中国企業（油田開発、自動車製造等）の進出、ロシアによる武器売却等、中国、ロシアがエジプトに接近した。日本経済新聞（朝刊）2014年1月7日7頁。

るという悪循環が生じている。はたして、この悪循環を改善する手立てはあるのだろうか。それを探るために経済・政治・法の相互関係を明らかにし、それらの間の好循環を促す可能性を発見する必要がある。

3 経済・政治・法を結ぶものとしての制度の重要性

制度とは何か　経済・政治・法の相互関係は国家によって異なり、それらが好循環を生み出している国もあれば、悪循環に陥っている国もある。その結果として豊かな国も貧しい国も存在する。その違いを生む根本原因はどこにあるのだろうか。まず、(a) 国家が置かれた地理的環境、物的・人的資源の有無や程度といった客観的条件の違いが考えられる。また、(b) 歴史的に形成された宗教思想、国民の心情的傾向、行動パターンといった主観的・文化的条件の違いも影響しているであろう。しかし、(c) 国家間の相違を生じさせる一層直接的で包括的な要因として、**制度**（institutions）の違いが重要である[15]。制度とは、慣習・習俗・道徳・宗教・法令等、各々の社会に厳然として存在し、刻一刻の人々の意思決定と行動に実際に影響を与えているルールの集合体であり、その下で生活し、活動する人々に絶えず様々な**インセンティブ**――人々があることをしようとか、止めておこうとかいう気持ちを起こさせる原因――を与えるものである。その結果、各国における制度の相違は、人々に与えるインセンティブの相違をもたらし、そうした各国で異なるインセンティブがその国の何百万、何千万、国によっては何億という人々に与えられると、沢山の人々の行動の帰結である国家の経済的・政治的活動の成果の総和は、きわめて大きな違いとなって現れる。

経済制度を形づくる政治制度　そうした制度の中でも、アセモグルとロビンソンは、各国における経済制度とそれを形づくる政治制度の相違に注目する。まず、各国の国民所得は、人々が知識を身につける、貯蓄して投資する、イノヴェーションを起こして新しいテクノロジーを取り入れる、……と

[15] North 1990（竹下訳1994）；Acemoglu and Robinson 2012（鬼澤訳2013・上下）。もっとも、アセモグルとロビンソンは、国家間の相違を説明するものとして、地理説、文化説等に対し、その反例を示して、「役に立たない理論」と批判し、制度説を強調する。Acemoglu and Robinson 2012；pp. 45-69（鬼澤訳・上2013：31-108頁）。しかし、ⓐ地理的要素を含む客観的条件、ⓑ文化的要素を含む主観的条件と、ⓒ制度とは、遠因（ⓐ、ⓑ）と近因（ⓒ）の関係にあり、ⓐ・ⓑはⓒを形成する一要因として無視できないように思われる。また、ⓐ・ⓑも相互作用しており、例えば、ⓐ自然的条件の悪さをⓑ主観的条件がカバーすることにより、全体としてⓒ制度のパフォーマンスを上げることがありうる。

いった経済的インセンティブに左右されるが、それは「経済制度」——所有権の保護、所有物の取引に関する契約やその執行の法システム等——によって形づくられる。そして、人々がどのような経済制度の下で生きるかを決めるのは「政治的プロセス」であり、そのプロセスがどのように働くかを決めるのが「政治制度」——憲法、社会が民主的か否か、国家が社会を規制し、統治する権力や能力等——である。それゆえに、国家の発展を究極的に左右する原因として政治制度が重視される。

　ある国が貧しいか裕福かを決めるのに重要な役割を果たすのは経済制度だが、国がどんな経済制度を持つかを決めるのは政治と政治制度だ……[16]

　この見方は、ある国の経済的成果を決定づける原因として「制度」が重要であるとしたD・ノースが、制度変化のメカニズムにおける政治プロセスの重要性に注目したことから影響を受けていると思われる。

　経済の成果についてのあらゆる理解において政治体（polity）と経済は密接不可分に結びついており、それゆえに、われわれは真の政治経済学の分野を発達させなければならない[17]。

　こうしてみると、アセモグルとロビンソンの理論は、ノースが展望した「真の政治経済学」の延長線上にあるものとみられる。

　貧しい国が貧しいのは、権力を握っている人々が貧困を生み出す選択をするからなのだ。彼らが間違いを犯すのは、誤解や無知のせいではなく、故意なのである。これを理解するには、経済学や、最善策に関する専門家の助言を乗り越え、代わりに、現実に決定がいかになされるか、決定に携わるのは誰か、その人たちがそうすると決めるのはなぜかを研究しなければならない。これは、政治と政治的プロセスの研究である。伝統的に、経済学は政治を無視してきたが、政治を理解することは、世界の不平等を説明するのにきわめて重要である[18]。

　経済を規定する要因として今や政治を無視することはできない。しかし、本書はこの洞察をさらに先に進め、かつ深めようとするものである。すなわち、そうした政治を規定するものは純粋な実力のぶつかり合いで、それがど

[16] Acemoglu and Robinson 2012：p. 43（鬼澤・上2013：76頁）。
[17] North 1990：p. 112（竹下訳1994：147-148頁）。
[18] Acemoglu and Robinson 2012：p. 68（鬼澤訳・上2013：107頁）。

のような帰結に通じるかは偶然の産物なのであろうか。もしそうだとすれば、政治に決着がつくまで、私たちは手をこまねいて傍観するか、何れかの政治権力に与して実力行使に参加し、力で結果を勝ち取るしかないのであろうか。あるいは政治をコントロールする手段があり、現に機能した例があるのだろうか。その手段は何なのであろうか。

法制度が重要である　　しかし、開発法学に固有の問題はここから始まる。なぜなら、経済制度を形成し、変更する究極的原因が政治——誰がどのような権力を握り、それをどのように行使するか——にあるとしても、それがまったくの偶然に左右されるものでない以上、その意思決定と行動を左右する既存の慣習等からなる政治制度があるはずであるが、そうした政治制度を法制度——法、それに基づく裁判、法や裁判結果の執行、それらを改善するシステム——によってどのようにコントロールすることができるかを問う余地があるからである。

法制度は政治制度から抜け出せるか　　アセモグルとロビンソンも「政治制度」が「成文憲法」、「法と秩序」、「法の支配」を含むことを認めているが、それらもまた政治制度の一部またはそれが生み出す帰結と捉えている[19]。はたして、法制度は政治が固まった後に構築され、政治制度の一部にすぎないのであろうか。それとも、法制度が政治制度を規制し、政治が陥りやすい落し穴から救い出すことが可能であろうか。エジプトにおける憲法制定をめぐる政治闘争は、このことを考える格好の題材の１つである。超法規的な憲法宣言を多用する秩序更新は、エジプトの政治制度を特徴づける要素である。そうした秩序の脆さが批判され、法を創る法（メタ・ルール）の形成に基づく秩序構築の動きが現れるとすれば、そこに政治制度からの法制度の独立の萌芽を見出すことができよう。しかし、現時点でみられるのは、政権の正当化のために司法（官僚）を利用する司法の政治化であり、政治制度の枠内にとどまるように見える。はたして、法制度が政治制度から抜け出す鍵はどこにあるのだろうか。

　ところで、法制度は市場メカニズム等の経済制度を形成し、改善するうえで重要な役割を果たしているが（土地法、財産法、契約法、会社法、金融法

---

[19] Acemoglu and Robinson 2012：pp. 42-44（鬼澤訳・上2013：75-76頁）。また、「法と秩序」は国家が市民に提供すべきサービスの一環であるとも捉えている。Acemoglu and Robinson 2012：pp. 7, 9（鬼澤訳・上2013：33頁、35頁）。

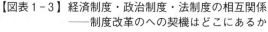

【図表1-3】経済制度・政治制度・法制度の相互関係
──制度改革のへの契機はどこにあるか

出典：著者作成。

等）、経済成長等の経済発展の必要性が、そうした法発展を促してきた経緯がある。また、経済発展は民主化等の政治発展を後押しし、政治発展が法発展を促してきた面もある。こうして徐々に発展した法制度が政治制度や経済制度を一層安定化させ、必要に応じて進化することを通じ、法が政治と経済の好循環を創出した例（17世紀〜18世紀のイギリスなど）もある。このプロセスを促す鍵を握るのは、法制度の中核をなす正義（justice）が、十分に説得的な理由（reason）に基づいて説明され、どれだけ多くの人々によって支持されるかである。こうして法制度が包摂的（inclusive）なものとなることが、政治や経済を動かす現実的な力となりうる。

ちなみに、アセモグルとロビンソンによれば、一部の者が経済活動をコントロールし、他の大多数の者から搾取する「収奪的経済制度」よりも、大多数の人々に経済活動への参加を促す「包摂的経済制度」の方が遥かに大きな技術革新と経済発展をもたらす。それは、一部の者が権力を独占する「収奪的政治制度」によっても生じるが、創造力と安定性を欠くゆえに、秩序を維持しながら、より多くの者が統治に参加できる「包摂的政治制度」による方が遥かに持続的である[20]。もっとも、そうした方向への制度変化が容易でないことを人類の歴史は教えている。しかし、収奪的な経済制度や政治制度を支えていた法制度が、より包摂的なものへと発展することにより、国家の経済制度と政治制度が一部の特権者による収奪的なものから大多数の者による包摂的なものへと変化し、かつ後戻りしないようにすることが可能であろうか（【図表1-3】）。その答えをこれから探ってみよう。

[20] Acemoglu and Robinson 2012：pp. 73-95（鬼澤訳・上2013：115-140頁）.

第2章 憲法とクー・デタの相克を抜け出す道はあるか

	国名	タイ王国
	公用語・国語	タイ語
	首都	バンコク
	通貨	バーツ（THB）
	人口	6795万人
	人口密度	132人/km²
	GDP(MER)／1人当たりGDP	3952億ドル／5816ドル

【ポイント】　近年、独裁的な政府に対する大衆デモが頻発している。それが政権の打倒に通じた例もある。チュニジア、エジプト、リビア、ウクライナなどである。大衆による反政府運動は、比較的順調に経済成長しているアジア諸国でもみられる。中でも、2013年11月以降、反政府デモが続いたタイの動向が注目される。タイもクー・デタによる憲法の停止と更新を繰り返してきた。この点で、第1章でみたエジプトと共通する面をもつ。もっとも、タイにおける一般大衆の要求は、より直接的には現政権の失政を批判する手段としての要素が強く、中東の独裁政権に対する民主化要求や宗教対立を背景とする政治闘争と一括りにすることはできない。そもそも選挙によって成立した政権を街頭デモの力で打倒するタイ式の大衆運動は、政治制度の一部と化しているかにみえる。このような民衆の行動を民主主義の観点からどのように評価すべきであろうか。一方、タイは19世紀末から法の近代化に乗り出し、法整備の長い歴史をもち、それが東南アジア第2位の経済成長に寄与した面は無視できない。しかしなお、一般大衆を巻き込んだ政治的な権力闘争に引き込まれて動揺する現在の法制度は、経済発展と民主化にマイナスの影響を与えていることも考えられる。はたして、タイが憲法とクー・デタの相克から抜け出す道はあるのだろうか。タイの法制度が、真に民衆のものとなっているのか。このような法・経済・政治関係の特色を検討することにより、前章で確認した《法制度をより包摂的なものとする》という観点から、問題の根本がどこにあるのかを探ってみる。

1　反政府運動による政治の更新

反政府デモの発生　2013年11月25日、タイの首都バンコクで政府庁舎の一部を占拠する反政府デモ「民衆のクー・デタ」が開始された。それは2011年の人民代表院（下院）総選挙で勝利して政権についたインラック・シナワトラ首相（36代）に対し、選挙によらずに政権の委譲を求めるものである。反政府デモを主導する野党民主党のステープ・トゥアクスパン元副首相は、同党首アピシット・ウェーチャチーワ元首相（35代）とともに、その政敵タクシン・チナワット元首相（31代。インラック首相の実兄。2006年9月のクー・デタによって退陣後、汚職で訴追されて実刑判決を受け、執行を免れるため国外滞在中）を支持する反独裁民主戦線（UDD）によるデモを鎮圧すべく[1]、2010年4月・5月に国軍を投入して実弾の使用を含む強硬手段を許可した。これにより、一般市民約90人の死者（その多くがタクシン支持派「赤シャツ」着用の抗議者とされる）を出した事件の責任を問われ[2]、2013年10月28日、検察から殺人罪で起訴されていた。このように同年11月以降の反政府デモは、ステープ元副首相らが、その処罰を免れるために煽動したとの見方がある。以下にみるように、その背景はさらに「政治的」である。

2013年11月1日、インラック政権与党のタイ貢献党は、2006年クー・デタ以降に政治的事件やデモで訴追されたタクシン派・反タクシン派双方の有罪者に恩赦を与える恩赦法案を下院に提出し、反対する民主党がボイコットする中、強行採決した。恩赦法の成立は、タクシンの帰国・復権に道を開き、タクシンの資産約460億バーツ（約1,448億円）の凍結解除の可能性があった。これに対し、バンコクのビジネス街、名門25大学、民間機関などが恩赦法案への抗議行動を起こした。ステープ元副首相らはこの抗議行動に乗じ、逮捕を免れ、政権の委譲を達成すべく、反政府デモを主導したともみられている。さらに、彼ら野党指導者の殺人罪での訴追自体が、与党が恩赦法を通過させることとの政治的取引であったとみられる。しかし、上院での審議を目

---

[1] アピシット元首相は、2008年12月、当時の与党（タクシン派）国民の力党（PPP）が選挙違反を理由に憲法裁判所によって解党を命じられ、首相ソムチャーイ・ウォンサワット（35代。タクシン元首相の義弟）が失職し、同月下院で行われた首相選出選挙でタイ貢献党（タクシン派）のプラチャ・プロムノック（198票）を破って首相に選出された（235票）。この経緯から、タクシン派は早期の総選挙を求めて反政府デモを繰り広げた。

[2] 国軍によるデモ隊の強制排除によって最初に犠牲者が出た2010年4月10日（土）にちなんで「暗黒の土曜日事件」と呼ばれる。

前にした11月5日、バンコクでは1万人規模の反対集会、デモなどの抗議行動が広がり、11月7日、インラック首相は恩赦法案を撤回した。

デモの展開　しかし、12月になっても反政府デモは終息せず、むしろ武装デモ化して政府機関の占拠の拡大を図り、ステープ元副首相はインラック政権の退陣とタクシン派の排除を要求し続けた。12月8日、アピシット元首相・民主党党首も、同党所属の下院議員全員（153人）の辞職を表明した。これに対し、翌9日、インラック首相は下院を解散し、2014年2月2日に総選挙（定数500＝小選挙区375＋比例代表区125議席）を実施することを表明し、プミポン国王の同意を得て、その旨の勅令が出された。この後、民衆のクー・デタの遂行による政権の打倒を目指す反政府側と、話し合いと法的プロセスによらんとする政権側の主張は平行線を辿ることになる。反政府側は、インラック首相の辞任に加え、政治改革の先行実施を求め、総選挙の実施を阻止するために活動を過激化し、2014年1月13日、バンコクの主要7交差点を占拠する「首都封鎖」に乗り出した。反政府側の妨害により、28選挙区では立候補者が1月1日の締切を過ぎてもゼロとなり、このまま総選挙を実施しても、国会の招集に必要な定足数（定数の95％＝475人）を満たさず、新首相の選出ができない事態が予想された。このため、選挙管理委員会はインラック首相に総選挙の延期を提案する一方、解散後90日以内に総選挙を行うものとする憲法規定への適合性について憲法裁判所に照会した。1月24日、憲法裁判所は「延期は可能」との判断を下したが、新日程は首相と選管が協議して決めるべきとした。しかし、インラック首相はあくまでも憲法規定に従って選挙を実施する姿勢を崩さなかった。

　それに先立ち、2014年1月21日、インラック首相は首都全域と国際空港などの重要施設がある周辺県の一部に非常事態宣言を発令し、デモ隊に対する銃撃や爆発事件が深刻化する事態に対応し[3]、総選挙の実施に備えた。1月26日、総選挙に先立って不在者投票が153か所の投票所で実施されたが、選挙妨害によって全国375の小選挙区のうち83選挙区で不在者投票が完了できなかった。反政府デモ隊と政権支持派の衝突で、死者1名と十数名の負傷者が出た。そして、2月2日、予定通り総選挙が実施されたが、全国の投票所約9万4千か所のうち約1万か所（69選挙区）で投票を完了することができず、結果が確定しなかった[4]。最大野党・民主党は予め不参加を表明してお

[3] 2013年11月25日から2014年1月20日までに、反政府デモで8名の死者が報告されていた。20日の反政府デモ拠点の爆発では、30名近くが負傷した（日本経済新聞2014年1月20日7頁）。

【図表2-1】タイにおける統治と法の変遷

西暦年	主要事項
1932	シャム王国統治憲章
2006.9	クー・デタにより、首相タクシン退陣。汚職罪で実刑判決、執行を免れるため国外逃亡
2007	初の国民投票（賛成56.7%）を経た憲法（1932年憲法から数えて18番目）
2010.4・5	政府（民主党）、国軍を投入し、反政府運動（タクシン派）デモ鎮圧（死者約90人）
2011	総選挙により、政権交代（民主党→タイ貢献党）。首相インラック（タクシン実妹）
2011.8	政府、コメ担保融資制度導入
2013.10.28	民主党党首・元首相アピシット、元副首相ステープを殺人罪で起訴
2013.11.1	政府、恩赦法案を下院に提出。強行採決、民主党ボイコット
2013.11.5	恩赦法案への反対集会、抗議デモ拡大
2013.11.7	政府、恩赦法案撤回
2013.11.25	バンコクで反政府デモ「民衆のクー・デタ」開始
2013.12.8	下院の民主党議員（153名）辞職
2013.12.9	インラック首相、下院（定数500）解散。総選挙の実施（2014.2.2）表明
2014.1.1	総選挙の立候補締切。28選挙区で候補者ゼロ。下院招集には定数の95%＝475人必要
2014.1.13	反政府側による首都封鎖
2014.1中旬	北部・東北部のコメ農家がコメ担保融資制度による支給遅れに抗議し、幹線道路封鎖
2014.1.21	首都全域、周辺県の一部に非常事態宣言発令
2014.1.24	憲法裁判所、選挙管理委員会による総選挙延期の可否照会に対し、延期可能と判断
2014.1.26	不在者投票実施。83選挙区で完了できず
2014.2.2	総選挙実施。約1万か所・69選挙区で投票完了できず。政府は再投票の実施方針表明
2014.2.4	民主党、憲法裁判所に対し、総選挙の無効確認、タイ貢献党（与党）解党請求
2014.2.18	国家汚職追放委員会、首相を職務怠慢容疑で審問
2014.3.2	反政府デモ隊、首都封鎖解除、集会拠点移動
2014.3.18	政府、非常事態宣言解除
2014.3.12	憲法裁判所、大型公共事業特別借入（2兆バーツ＝約6兆4千億円）法案を違憲と判断
2014.3.21	憲法裁判所、総選挙を無効と判断

出典：筆者作成。

り、選挙が成立すれば最大与党・タイ貢献党の圧勝は確実とみられていた。

[4] なお、投票率は45.8%と発表された（日本経済新聞2014年2月4日3頁）。

その後の展開　インラック政権は、不在者投票の再実施、候補者のいない28選挙区での立候補の再受付、選挙が実施できなかった69選挙区での再投票を目指す方針を表明した。これに対し、民主党は、2月4日、憲法上総選挙は全国で同日実施とされていることを根拠に、憲法裁判所に対し、2日の選挙の無効を主張するとともに、選挙管理委員会の延期勧告を拒んで選挙を実施したインラック首相が属するタイ貢献党の解党処分を求め、提訴した[5]。

　さらに、政府には新たな問題が突き付けられた。それは、インラック政権がその支持基盤である農民層の所得押上げを狙い、2011月8月に導入した「コメ担保融資制度」（コメを実勢価格の3～5割高で買い上げる制度）が2,000億～4,000億バーツ（約6,300億～1兆3,000億円）を超える巨額損失と元商業省大臣らの汚職疑惑を生じさせたというものである。これを放置した責任に対し、国家汚職追放委員会（NACC）（その委員は憲法裁判所によって任命される）が2014年2月18日、インラック首相を職務怠慢容疑で告発する方針を固めて通知し、27日に審問が始まった。同委員会が上院への弾劾請求をすれば首相は職務停止となり、上院が罷免を決議すれば首相は失職して5年間の公民権停止処分が課される[6]。また、コメ担保融資制度による支給の遅れが生じたことにより[7]、政府の支持基盤であった北部・東北部のコメ農家も、1月中旬から幹線道路の封鎖などの抗議行動を起こした。従来の支持者の離反は、仮に再投票が行われた場合の結果にも影響しうる。

　政府側は反政府デモ隊からの政府機関の奪還を進める一方、銃撃や爆発物による被害者が増加する中で、反政府デモ隊は2014年3月2日に首都封鎖を解く一方、集会拠点をバンコクのルンピニー公園に集約し、抗議活動を継続する方針を示した。今回の反政府デモでは、2013年11月末から2014年3月までの間に10人以上が死亡し、100人を超える負傷者を出している。犠牲者の遺族がインラック首相、政府のデモ対策責任者らを殺人罪で告訴し、刑事裁判所が受理する一方、刑事裁判所はステープ元副首相を含むデモ隊の幹部に対し、5人以上の集会を禁じる非常事態宣言に反したとして、逮捕状を発出した[8]。

[5] 日本経済新聞2014年2月5日7頁。
[6] 日本経済新聞2014年2月19日6頁；*Reuters*, 27 February 2014.
[7] 政府が買い入れたコメの売却（輸出）が進まないことに加え、下院解散後の政府は選挙管理内閣として権限が制限され、緊急案件に限り選管の承認を条件に執行が認められるが、支払の代替財源を確保するための新規借入を選管は認めなかった（日本経済新聞2014年2月3日7頁）。
[8] 日本経済新聞2014年2月11日7頁、同3月5日6頁。

クー・デタによる秩序更新　2013年11月の反政府デモの引き金は、与党による恩赦法案の提出と野党指導者に対する刑事告訴であった。その後の与野党間の応酬でも、首相による下院の解散・総選挙、反政府陣営による選挙無効の主張、憲法裁判所への訴え、首相に対する刑事告訴など、政治家が法制度を権力闘争の手段として利用する様が如実にみて取れる。それはごく一部の権力者が政治的駆け引きや権力闘争の手段として所有する法制度であり、より多くの市民が所有する包摂的法制度とは異なるものといわざるをえない。また、民主主義の観点からも、2013年11月以降の反政府デモは、むしろ批判的にみられている。それは民主化を求めるものではなく、そもそも選挙によって民主的に選出されたインラック政権を「民衆のクー・デタ」という実力で否定しようとする点に矛盾があるからである。民主化と法的プロセスへの出発点は、反政府側が暴力的手段を放棄して、選挙プロセスに参加することにある[9]。しかし、そうした批判は反政府デモ側も十分に承知しているはずである。

　ちなみに、2013年の反政府デモ当時のタイの憲法（2007年憲法）は、1932年のシャム王国統治憲章から数えて18番目の憲法であり、それはまた18回の軍事クー・デタによる政治秩序の刷新の帰結である。その意味では、クー・デタによる秩序更新はタイの政治制度に組み込まれた一要素であり、政治文化と化した一つの非形式的な制度（informal institution）であるといえるかもしれない。もっとも、2007年憲法はタイ史上初めて新憲法の承認に関する国民投票を経たものであるから、それを再び実力で否定しようとする反政府デモは、新たに深刻な不安定要因を持ち込むものであり、より破壊的な秩序更新へと際限なくエスカレートする悲劇に通じるという厳しい見方もある[10]。実力行使による憲法秩序の更新が可能であるというメタ・ルールから、憲法規定に則って秩序を改革すべきであるというメタ・ルールへの制度変更なしには、法秩序の確立は困難である。しかし、それは市民が法制度を自ら所有する意識をもつことを前提とする。自分の所有物ではないと感じるものを放棄することに多くの民衆は躊躇を覚えない。

　この観点からは、2007年憲法の国民投票が投票率約57.6％、賛成票約56.7％（＝有権者数の約32.7％）にとどまったことに加え、その内容が、以下のように、大衆人気を博して政権を手中にしたタクシン元首相のような政治指導者の再登場を抑制するものであったことを看過できない。2007年憲法

---

[9] Leader 2014：p. 6.
[10] Ibid；Michael Peel, *Financial Times*, 2014 January 22, Web Publication.

は議会における巨大与党の成立を抑えるため、下院選挙を小選挙区＋全国区比例代表制から、中選挙区＋ブロック毎の比例代表制に改めた。また、上院議員を全部公選制から一部任命制とし、官僚や軍の影響力を強めた。さらに、首相任期を連続8年までに制限し、首相に対する不信任動議の提出要件を下院議員の5分の2から5分の1に緩和するなど、首相の権限も抑制した[11]。その意味では2007年憲法もまた、保守的支配層の権益確保を志向する政治色の強いものといえる。そのことはまた、繰り返されるクー・デタと憲法の制定にもかかわらず、政治制度も法制度も依然として限られた支配層の手中にあり、一般市民によってシェアされる包摂的なものにはなっていないことを窺わせる。実際、市民の中には、インラック首相率いる現政権・タクシン派にも反政府デモを主導する反タクシン派にもさほど信頼を寄せていない者も少なくない[12]。

根本問題の所在　反政府デモが、観光や外国企業の投資が重要な要素を占めるタイ経済にマイナスの影響を及ぼすことは必至である。そのことがデモに参加する大衆に理解できないわけではない。にもかかわらず、一般大衆はなぜこれほど頻繁に反政府デモまたはそれに対抗する政府支持デモに参加し続けるのであろうか。大衆は富裕な指導者層の権力闘争に踊らされているにすぎないのであろうか。反政府デモの背景にある根本要因として、タイにおける経済格差の大きさを看過することができない。2000年～2010年の所得ジニ係数（国内のすべての者（世帯）が完全平等の状態をゼロ、1人の者（世帯）が全所得を独占する完全不平等を100として、所得分配の格差を示す指標）は1990年代以降も40から50の間で推移し、2013年でもなお40.0と比較的高い傾向にあり[13]、人口の半数近くを占める北部・東北部の貧しい農民と都市市民との地域格差が大きい。タクシン派はこの格差を背景に低額の医療制度、借入金の返済繰延べ、村落基金による少額融資制度などの貧困対策に注力し、その恩恵を受けた者の間に熱狂的支持を拡大していった。コメ担保融資制度もその延長線上にある。その結果、タクシン派と反タクシン派の対立は、地方の低所得・貧困層と都市の富裕層・中間層という国民同士の間の対立構造を深めることにもなった[14]。

[11]　西澤2009：214-215頁。
[12]　日本経済新聞2014年1月27日7頁。
[13]　例えば、ベトナム35.6、ラオス36.7、カンボジア37.9、インドネシア34.0である。ちなみに、ノルウェー25.8、ドイツ28.3に対し、アメリカ40.8、マレーシア46.2である。UNDP 2013：pp. 152-154による。

もっとも、貧困層に注目するタクシン派も、コメ担保融資制度の破綻に見られるように、本格的で持続可能な再配分制度の構築を目指す気配はなく、経済成長・効率性と公平性とのバランスを考慮し、より多くの市民が意欲的に経済活動に参加することを促す包摂的な経済制度の構築を企図するようにはみえない。土地の保有税はいまだに導入されておらず、それを用いて収益を蓄積する資産家が一層富む一方、一般市民の税負担の軽減には通じないという意味で、収奪的経済制度が存続している。それが多少の経済効率性を犠牲にしてもデモ行動に参加しようとする者の心理を助長している。クー・デタが繰り返される背景には、国民全体の生活レベルの向上に取り組もうとしない政府に対する潜在的な不満があるに違いない。

2　経済発展パターンの特色

経済成長　タイ（人口約6,408万人。2011年）は順調な経済成長を遂げ、1991年世界銀行報告書において「東アジアの奇跡」と特徴づけられた高成長アジア経済（High Performing East Asian Economies：HPAEs）の１つに数えられている[15]。もっとも、南に隣接するマレーシア（人口約2,855万人。2011年）と比べ、GDPは上回るものの、１人当たりGDPでは大きく水をあけられつつある（【図表２-２】参照）。

反政府デモの影響　今回の反政府デモは、観光、商業、一部製造業にマイナスの影響を与えており、総選挙まで反政府デモが続いた場合の経済損失は約400億バーツ（約1,300億円）と見積もられた。消費者心理にも影響を与え、自動車などの販売台数は減少した。中央銀行は2014年の経済成長率見通しを4.8％から4％に引き下げた。株価と通貨も下落傾向を示している。また、２億バーツ（約6億4千万円）以上の投資案件を認可する権限をもつ投資委員会（BOI）の委員が、改選期を迎えたものの、その任命権限をもつ内閣が、

---

[14] 2013年11月末の反政府集会と政府支持集会の参加者に対する聞き取り調査によれば、首都居住者はタクシン派32％、反タクシン派57％、世帯月収6万バーツ（約19万円）以上の割合はタクシン派4％、反タクシン派32％であった。日本経済新聞2014年1月30日2頁（高橋徹）。日本経済新聞（電子版）2013年12月31日（村山宏）も参照。

[15] 日本、「4匹の虎」といわれる韓国・台湾・香港・シンガポール、および3つの新興産業経済（New Industria Economies）と呼ばれるタイ・マレーシア・インドネシアである。World Bank 1993（西川監訳1994）参照。

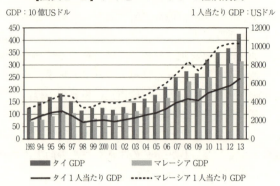

【図表2-2】タイとマレーシアの経済成長

下院選挙後は選挙管理内閣として権限の制約を受け、委員を任命できず、同委員会が開催されないため、大型投資プロジェクトが宙に浮いている。さらに、選挙管理内閣には条約締結権限もなく、2015年までの締結を目指すEUとの自由貿易協定（FTA）交渉もストップした[16]。

一方、鉄道施設は通常通りに運行され、郊外の工場設備の操業は、一部短縮・縮小されたものの、大きな影響を受けなかったものもある。こうしてみるとタイにおける反政府デモは、社会・経済システムを根本的に覆すものではなく、繰り返されたクー・デタも、軍部の介入を伴いつつも、既存の社会・経済システムの延長上にあるように思われる。とはいえ、つねに少なからぬ犠牲者を伴っており、制度改革の方法として問題なしとすることはできない。

3 法的発展とその行方

近代法の整備　タイには、アユタヤ王朝の諸法典、チャクリ王朝を開いたラーマ1世による三印法典（1350年～1805年までの行政、民事、刑事に及ぶ法令、布告を含む）の編纂など、統治の手段としての法整備の長い歴史がある[17]。すでに19世紀末から、西洋法を参照した法制度整備が開始された。その原動力は、タイ国内においてタイの司法権が及ばない保護民問題を生じ

---

[16] 日本経済新聞（夕刊）2014年1月21日4頁、日本経済新聞2014年1月14日4頁、同1月23日7頁、同2月3日7頁。
[17] 西澤2009：216-222頁。

させていた、西洋列強の領事裁判権を含む不平等条約の改正である。タイ政府はロラン・ジャックマン（ベルギー人）、ジョルジュ・パドゥー（フランス人）、政尾藤吉（日本人）ら外国人法律家を雇い、法の近代化を進めた。タイ政府が政尾を雇った背景には、日本とタイの条約締結交渉で、タイが民法、民事訴訟法、刑法、刑事訴訟法、裁判所法を公布・施行すれば日本が領事裁判権を放棄するものとし、そのための法典編纂に日本人法律顧問を派遣して支援することを合意していた事情がある。タイの法典編纂は刑法典（1908年）の公布から、民商法典第1編・第2編の公布（1923年）を経て、同第6編の施行（1936年10月）でひとまず完結した。翌11月、タイは14か国に対して条約終了を通告し、1937年に平等条約の締結を成し遂げた。

法・司法制度改革の継続　20世紀から21世紀にかけて、タイはクー・デタによる政権交代、憲法廃止、暫定憲法制定、恒久憲法制定を繰り返しながらも、法・司法制度改革を継続して推進してきた。その中でも1997年憲法は、タイ史上最も民主的なものとされる。それは、①上院を公選として民主的基盤を拡大し、②憲法裁判所・行政裁判所の創設、選挙委員会・国家不正防止摘発委員会・オンブズマン・人権委員会などの独立委員会の設置によって政治・行政のチェック機能を強化し、③国民投票、一定数（5万人）の国民の署名による法律案の提出を認めるなどの国民の参加を拡大した。もっとも、議員・大臣の資格要件として、学士以上の学歴を要件とした点は（地方の学のない者が不正を行っているとの想定に立つ）、非民主的なものとの批判がある[18]。同憲法は2006年9月のクー・デタによって廃止され、暫定憲法の下で設けられた制憲議会により、国民投票を経て成立した2007年憲法（前述1）は、上院議員の一部の官選を復活する一方、国民による法律案提出の署名要件を引き下げ（1万人）、議員・大臣の学歴要件を撤廃した。さらに、法・司法制度改革を推進するための専門の委員会の活動が、憲法の変遷にもかかわらず、実質的に維持され、かつ強化されている。それは立法・司法への国民参加、司法アクセスの向上による国民の権利保障の増進などを図っている[19]。

政治の法化は可能か？　こうした行きつ戻りつの法制度改革を通じ、タイの民主化と経済成長は相互に衝突を繰り返しながら、スパイラル式に前進し

---

[18] 今泉2014：31-32頁。
[19] 飯田2009：21-36頁。

ているようにも思われる。しかし、それがいつ、どのような成果に通じるか、先にみた政治状況の中で予想することは難しい。反政府デモとタイ式のクー・デタは、政治の法化、それによる安定した経済成長に通じる方途とみうるのだろうか。しかし、富裕層に対する資産課税を強化し、より多くの所有者からなる経済制度の構築に向けて、意図的に一歩前進させ、市民が所有するような法制度へ向けての改革なしには、クー・デタが止むことはないのかもしれない。すなわち、①経済的な再配分の促進が、②政府に対する実力行使以外の政治改革要求という選択的を制度化し、③より安定した経済成長と民主主義が定着した法秩序の形成に至るルートである。この好循環の起点をなす①の実現は、配分的正義を含む法の道理が、政府のみならず、より多くの市民に共有されることなしには始まらないように思われる。

第 3 章　憲法制定への生みの苦しみ

国名	ネパール連邦民主共和国
公用語・国語	ネパール語
首都	カトマンズ
通貨	ネパール・ルピー（NPR）
人口	2851万人
人口密度	193人/km²
GDP(MER)／1人当たりGDP	208億ドル／732ドル

【ポイント】　憲法制定に向けて政治と法が長い間相克を繰り広げてきた国がある。中国とインドというアジアの大国に挟まれたネパールである。ネパールでは1996年から約10年間、王制政府とその打倒を目指す共産党毛沢東主義派（マオイスト）との内戦が続き、2006年末にようやく終結した。政府はマオイストとの合意により、2007年1月に暫定憲法を発布して1990年憲法を廃止し、2008年4月に制憲議会選挙を行い、同年5月から憲法制定作業に着手した。しかし、それは困難を極め、2012年5月の制憲議会消滅という想定外の事態とその収拾を経て（後述1）、2015年9月20日、暫定憲法から9年近くの後にようやく新憲法制定に辿り着いた。そこには権力闘争が繰り返される中で、比較的短期間のうちに憲法を制定、改廃してきたエジプトやタイとは異なる現象を見出すことができる。そうした相違の背景は何か、その経済制度への影響はどうか、そして法制度改革を通じて制度全体を改善するために必要なものでありながら、欠けているものは何か。王制廃止から連邦共和制へと向かおうとするネパールの動向を題材にして考察してみよう。

1　繰り返されてきた政治的権力闘争

王制の成立と展開　統一国家としてのネパールは、1769年、グルカ王プリトゥビ・ナラヤンによるシャハ王朝の創始に遡る。1814年から1816年にはイギリス東インド会社とグルカ戦争を戦った。1846年、宮廷内の虐殺事件を契機にして宰相となったジャンガ・バハドゥール・ラナが権力を掌握し、1854年に国民法典（Muluki Ain）を発布した。この後はラナ家が宰相の地位を世

襲し、約1世紀間シャハ王家を傀儡化して統治した。第二次大戦後、ネパール国民会議派（1947年。現在のネパール会議派〔NC〕の前身）、ネパール共産党（1949年）が相次いで結成される中、1951年、インドに亡命していたトリブバン国王が立憲君主制を宣言して王位に就き、憲法（1951年憲法）を発布して、ラナ家の支配を終わらせた。しかし、その後のネパール政治は、政府（王制）・議会・共産党の間の権力闘争の歴史であった。

国王・議会・急進改革派の権力闘争　1959年に初めての総選挙が行われ、ネパール会議派が政権をとって改革を進めたが、翌1960年にマヘンドラ国王がクー・デタを遂行して議会を解散した。そして、1962年に憲法（1962年憲法）を制定して政党を禁止し、国王に有利な間接民主制的統治形態であるパンチャヤット制度を導入して[1]、ヒンドゥー教を国教化した。

これに対し、1980年にパンチャヤット制度の是非を問う国民投票が行われ、僅差で存続が承認されたが、1990年2月にはネパール会議派と共産党が共闘してパンチャヤット制度の廃止、複数政党制の復活を求める民主化運動を展開した。その結果、同年4月にビレンドラ国王はパンチャヤット制度の廃止を宣言し、ネパール会議派主導の政権下で、同年11月に国民主権を盛り込んだ憲法（1990年憲法）が制定された。翌1991年5月には約30年ぶりに複数政党制による総選挙が行われ、ネパール会議派が勝利した。

しかし、1996年にはマオイストが王制の打倒を目指して武力闘争（人民戦争）を開始し、内戦に突入した。そうした中、2001年6月1日、ディペンドラ皇太子がビレンドラ国王、その妻、弟妹を含む王族を殺害する事件が起こった。同皇太子も自殺したとされるが、真相は定かでない。国王の弟で地方視察中のため難を逃れたギャネンドラが、王位を承継した。民主化に反対であったギャネンドラ国王は議会を停止し、2002年10月にはクー・デタを実行してネパール会議派の内閣も停止し、王党派を首相に任命して国王親政を開始した。その後、同国王はマオイストとの戦闘を続ける一方、再度会議派の首相を任命するなど会議派に譲歩したものの、2005年2月に再度議会・内閣を停止し、絶対君主制を導入すると同時に、非常事態宣言を発令した。ところが、それは王制の廃止を早める結果となった。

[1] パンチャヤット制度は、有権者たる国民が基礎自治体（市・村等）のパンチャヤット議員を選挙し、同議員が郡パンチャヤット議員を選挙し、郡パンチャヤット議員が国家パンチャヤット議員を選挙するという重層的な間接民主制であった。他方、国家パンチャヤット議員の一部は国王の任命および身分階級によっても選任された。また、首相・閣僚・知事は国王が任命した。

第3章 | 憲法制定への生みの苦しみ　025

【図表3-1】 ネパールにおける政治と法

1769	グルカ王ナラヤン、シャハ王朝創始（統一国家ネパール成立）
1814	イギリス東インド会社とのグルカ戦争（～1816）
1846	宰相ラナが権力掌握。シャハ王家を傀儡化して統治
1854	国民法典（Muluki Ain）発布*
1947	ネパール国民会議（現ネパール会議派（NC）の前身）結成
1949	ネパール共産党結成
1951	インドに亡命していたトリブバン国王が立憲君主制を宣言、即位 憲法発布、ラナ家の支配終結
1959	初の総選挙。NCが勝利。政権運営
1960	マヘンドラ国王がクー・デタ決行、議会解散
1962	憲法制定。政党の禁止、パンチャヤット制度の導入 ヒンドゥー教の国教化
1980	パンチャヤット制度の是非を問う国民投票実施。僅差で存続承認
1990.2	NCと共産党が共闘して民主化運動を展開（パンチャヤット制度の廃止、複数政党制の復活等を要求）
1990.4	ビレンドラ国王、パンチャヤット制度の廃止宣言
1990.11	NC主導により、1990年憲法制定
1991.5	約30年ぶりの総選挙（複数政党制）実施。NC勝利
1996	王政打倒を目指し、マオイストが武力闘争（人民戦争）開始
2001.6	ディペンドラ皇太子による王族殺害事件。ギャネンドラ王位承継
2002.10	ギャネンドラ国王、議会停止後、内閣（NC）更迭、王党派を首相に任命し、国王親政を開始。その後、議会再開、再度NCから首相を任命
2005.2	議会再停止、内閣更迭、絶対君主制導入、非常事態宣言
2006.4	主要政党とマオイストが共闘し、民主化運動を強化 ギャネンドラ国王、議会を復活、国民への権力移譲を承認
2006.5	議会が国歌を変更、政教分離（ヒンドゥー教の非国教化）
2006.11	政府がマオイストと包括的和平協定締結
2007.1	暫定憲法発布。1990年憲法廃止。マオイスト軍の武装解除開始
2008.4	制憲議会選挙。ネパール共産党毛沢東主義派（CPN-M）第1党、第2党NCの約2倍の議席確保
2008.5	制憲議会初会合で連邦民主共和国を承認、約240年続いた王制廃止
2008.6	ギャネンドラ国王、王宮を退去
2008.7	制憲議会、ヤーダブ大統領（NC）選出
2008.8	制憲議会、プラチャンダ首相（CPN-M）選出
2009.5	プラチャンダ首相辞任。元マオイスト軍兵士の処遇問題膠着 ネパール首相（UML）選出
2010.4	制憲議会、任期を1年延長する決議（暫定憲法64①改正） その後、3か月の延長決議2回、6か月の延長決議1回
2010.5	ネパール首相辞任。政治空白
2011.1	カナル首相選出
2011.8	カナル首相辞任。バッタライ首相選出
2011.9	制憲議会の任期延長（6か月）決議に対し、弁護士2名が無効確認請求
2011.11	最高裁大法廷、最後の任期延長決議（6か月）は有効だが、それ以上の延長は認められないとの判決
2012.5	制憲議会の任期満了。バッタライ首相、解散宣言。議会・政治空白
2013.3	レグミ最高裁長官を首班とする選挙管理内閣発足
2013.11	制憲議会再選挙実施。NCが第1党。UCPN-Mは第3党に転落。王党派（RPP-N）第4党
2014.2	NCとUMLの連立政権成立。コイララ首相（NC）を選出
2014.3	制憲議会規則制定
2014.4	内戦中の人権侵害行為に対する恩赦を含む真実・和解委員会等に関する法令をめぐり、政党間の対立。世論、諸外国の妥協案を模索

＊国民法典（the Muluki Ain）については、英訳が公開されている
http://nepalconflictreport.ohchr.org/files/docs/1963-04-12_legal_govt_of_nepal_eng.pdf#search='Muluki+Ain'

出典：筆者作成。

王制廃止と制憲議会選挙　2006年4月、議会の主要政党とマオイストが共闘し、民主化運動の展開を強化した。これを受け、ギャネンドラ国王は議会を復活させ、国民への権限移譲を承認した。これによって王制廃止へのプロセス（ネパール王国からネパールへ）が始動した。同年5月、議会は国歌を変更し、政教分離によってヒンドゥー教の国教化を改めた。同年11月21日、政府はマオイストと包括的和平協定を締結し、2007年1月15日、暫定憲法を発布した（1990年憲法は廃止。164条）。国連安保理決議に基づく国連ネパール支援団（UNMIN）の監視下で、マオイスト軍の武装解除が進む中、2008年4月10日、制憲議会選挙が実施され、マオイスト＝ネパール共産党毛沢東主義派（CPN-M）が601議席中229議席（内閣任命による9議席を含む）を獲得した。第2党がネパール会議派（NC）で115議席（同5議席含む）、第3党がネパール共産党統一マルクス・レーニン派（UML）で108議席（同5議席含む）、第4党がマデシ人民の権利フォーラム（MJF）で52議席を確保した[2]。一方、旧国王派の国民民主党ネパール（RPP-N）は4議席にとどまった。そして、同年5月28日の制憲議会初会合において、「ネパールは独立し、不可分で、主権をもち、非宗教的で、包摂的な連邦民主共和国（federal, democratic republican state）である」とする決議が賛成560、反対4の圧倒的多数で可決され、それに従って暫定憲法4条1項が修正された[3]。これによって約240年続いた王制が名実ともに廃止され、同年6月11日、ギャネンドラ元国王は王宮を去った。制憲議会は7月11日、ラムバラン・ヤーダブ（ネパール会議派）を初代大統領に、8月15日、プスパ・カマル・ダハル（プラチャンダ。マオイスト派）を首相に選出し、連邦民主共和制へのプロセスが始まった。しかし、その道程はけっして平坦ではないことが判明する。

制憲議会の消滅　制憲議会では約25の政党が林立し、最大政党マオイスト（CPN-M）[4]、ネパール会議派（NC）、統一マルクス・レーニン主義派（UML）などが相争った。とりわけ、元マオイスト軍兵士の国軍への統合に消極的な陸軍参謀総長をプラチャンダ首相が解任したことに対し、NC、UML、国軍などが反発し、2009年5月4日、プラチャンダは首相の辞任を

[2] マデシ（Madhesh）は、ネパール南西部のマデスないしタライ（テライ）といわれる平原地帯（ネパール国土面積の約17％）に住む人々（ネパール人口の約48％）で、政府に対して差別撤廃、自治ないし独立を要求している。MJFはその代表的政党の1つである。
[3] 第4次修正（2008年5月29日発布）。
[4] マオイスト派は、2009年1月12日、ネパール共産党統一センター・マサル派と統合し、ネパール共産党統一マオイスト派（UCPN-M）となった。

余儀なくされ、連立政権は早くも崩壊した。5月23日、マダブ・クマル・ネパール（UML）が首相に選出されたが、政府・軍、政党間の対立を解消できず、翌2010年6月30日に辞任、翌2011年1月3日にようやく後継首相に選出されたジャラ・ナト・カナル（UML）も同様に同年8月14日に辞任した。8月29日、バブラム・バッタライ（UCPN-M）が首相に選出された。しかし、元マオイスト軍兵士の処遇問題、連邦制の具体的区分など、政党間の対立点を解消できないまま、制憲議会の任期（第1回会議後「2年」。暫定憲法64条1項）が残り1か月となった。すでに、制憲議会は2010年5月27日、任期に関する暫定憲法64条1項の「2年」を「3年」と改正した[5]。その後、同様の方法で3か月の延長を2回、6か月の延長を1回、合計4回・2年間の任期延長をした。この最後の任期延長に対し、2011年9月21日、弁護士2名が最高裁に延長決議の無効確認を求める公益訴訟を提起した。同年11月25日、最高裁大法廷はこの延長決議は有効であるが、これが「最後の延長決議」であり、それ以上の延長は認められないとの決定を下した。これに対し、UCPN-MおよびUMLは最高裁の決定が権力分立原理に反し、司法権を逸脱すると批判した。一方、NCは最高裁の決定を尊重すると述べた[6]。その後、憲法制定作業が完了しないまま、期限である2012年5月27日が経過した。最高裁の解釈によれば、同期限の経過によって制憲議会は消滅したことになる。一方、同日深夜、バッタライ首相は制憲議会の「解散」を宣言した[7]。

議会消滅への対処方法　暫定憲法制定時には予期していなかった制憲議会および立法府の消滅という事態にどのように対応すべきかは、理論的にも実践的にも重要な問題を提起した。この難題を前にして、ネパールの政治も法もしばらく進展がないまま停滞した。そうした中、2013年3月14日、緊急事態に対処するための大統領令に基づき[8]、キル・ラジュ・レグミ最高裁長官を首班とする選挙管理内閣が発足した。同年7月6日、同内閣は11月19日を再選挙日とする旨を閣議決定し、その準備を進めた。一国の司法の長が実質的に内閣の長である首相の役割を果たすことに対しては批判もあった[9]。し

[5] 第8次修正（2010年5月28日発布）。
[6] この間の事情に関し、松尾2012a：18-19頁参照。
[7] なお、制憲議会議長スバス・チャンドラ・ネムバン（UML）は議会を招集するなどの対応を何らとらなかった。この時の対応に対しては、後にマオイストからも国民民主党ネパール（王制支持派）からも批判された。
[8] 暫定憲法158条に基づく。

かし、そのことは法律家であるレグミ長官自身が誰よりも深く自覚していた。にもかかわらず、レグミ長官がこの重責を引き受けたのは、法律問題を熟慮した上での決断によるとみられる[10]。再選挙を約5か月後に控えた同年6月14日、レグミ首相はネパール国民に向けてつぎのようなメッセージを発した。

……敬愛するみなさん、私たちネパール人は、国の政治行動がつねに明確な憲法の条項によって自然で容易な仕方で導かれるとは限らないことを理解させる、新たな経験に立ち向かわなければなりません。2008年ネパール暫定憲法は、立法府を欠く統治システムを想定していませんでした。ところが、運命はわれわれを立法府がない状況に導いたのです。私たちは、現在の政府〔選挙管理内閣〕とその選任プロセスを決める際に何がしかの新たな憲法的慣行を導入せざるをえませんでした。そして、私たちはわが国の骨格を形づくる力を復活する方向へと進んでいます。……[11]

政党間の権力闘争のさなかで首相が次々と変わったにもかかわらず、どの党首ないし政治リーダーも統治を制御できなくなった状況において、現職の最高裁長官に事態の収拾を委ねる方法は、憲法秩序の構築途上における政治的行詰りの中で、最高裁長官を暫定大統領に指名して事態の打開を図ったエジプトのケースを想起させる[12]。それは政治の司法化の一環であるとともに、政治的膠着状況においてこそ現れる法の支配の存在意義とみることができよう。もっとも、レグミ長官を首班とする内閣は、主要4政党の代表からなる「ハイレベル政治委員会」の「指導・監督」下に置かれ、同委員会においてコンセンサスが成立した事項についてのみ政策として実行し、必要に応じて大統領令の発出を求めることができるという「権力の二重構造」に組み込まれていた[13]。しかし、レグミ内閣が形成した「新たな憲法的慣行」はそうした政治との緊張関係に堪え、使命を全うした。そのこと自体、いかに法が政治の膠着状況の中で機能するものであるかを如実に示すものとして、

[9] 権力分立への抵触を理由に、弁護士らが無効確認を求めて最高裁に公益訴訟を提起した。
[10] 2013年5月5日、筆者が会見した際にレグミ首相は、「自らを犠牲にしても」ネパール政治に法の支配を注入することが必要であることを繰り返し強調した。
[11] Government of Nepal, Office of the Prime Minister and Council of Ministers, Address to the Nation by Mr. Khil Raj Regmi, Rt. Hon. Chairman of the Council of Ministers, Friday, June 14, 2013, Singha Durbar, pp. 4-5.
[12] 本書5頁。
[13] 高橋2013a。

【図表3-2】制憲議会選挙再選挙の結果

政党名	小選挙区	比例代表	合計
NC	105(37)	91(73)	196(110)
UML	91(33)	82(70)	173(103)
UCPN-M	26(120)	54(100)	80(220)
RPP-N	0	24(4)	24(4)
MJF	0(30)	10(22)	10(52)
その他	18	74	92
内閣任命	—	—	26
合計	240	335	601

（　）内は最初の制憲議会選挙における獲得議席数。
NC：ネパール会議派
UML：ネパール共産党統一マルクス・レーニン主義派
UCPN-M：ネパール統一共産党毛沢東主義派
RPP-N：国民民主党ネパール（旧国王派）
MJF：マデシ人民の権利フォーラム
出典：新聞報道に基づき、筆者作成。

きわめて興味深い。注目されるのは、この頃になって主要政党リーダー間にも制憲議会の再選挙を実施する方向でのコンセンサスが形成されつつあったことである。また、それと並行して、元マオイスト軍兵士の政府軍への統合が進み、2013年4月にほぼ完了したことが看過できない。

制憲議会再選挙　2013年11月19日、制憲議会再選挙が予定通り実施された。選挙前は、資金力、動員可能人員などから、UCPN-Mが第1党となるであろうとみられていたが、結果は大方の予想に反し、UCPN-Mが大敗し、代わりにNCが第1党に躍進し、UMLは第2党を確保した。また、マデシ人民の権利フォーラムに代わり、王制支持派の国民民主党ネパール[14]が第4党となった（【図表3-2】参照）。UCPN-Mの敗因として、①2012年5月の制憲議会消滅（解散）後、あくまでも人民戦争による革命を主張する強硬派（モハン・バイディア議長が主導。制憲議会消滅前の議席数約90）がUCPN-Mから離脱し、再選挙をボイコットしたこと、②そのことがUCPN-M政党の弱体化と映ったこと、③革命党に相応しからぬ幹部の私益追求や腐敗への幻滅、④憲法制定などの成果の不達成に対する有権者の不満などが挙げられる。加えて、⑤マオイスト（当時CPN-M）とその支持者の妨害により、NCやUMLの候補者が自らの選挙区に入れない事態すら生じていた最初の選挙

[14] 同党は、王政復古およびヒンドゥー教を国教として復活させることを党方針とする。

に比べ、今回は選挙管理委員会が治安維持、二重投票などの不正防止に意を用い、より自由で公正な選挙が実施されたこと、⑥民主主義に対する選挙民の意識が高まり、4年余りの政権運営に対する評価として自らの意思を表明した結果が反映されているとみることができる[15]。とりわけ、この選挙を通じて、国民の意思の存在とその重要性が、政党関係者のみならず、ネパール国民自身によって再認識されたことが、最大の成果といえるように思われる。

選挙後の動き　もっとも、選挙後の制憲議会の動きは迅速とはいえない[16]。比例代表制の議員を確定するための各党の推薦名簿の縁故主義的決定に対する党内の争い、内閣および制憲議会の主要ポストの決定をめぐる党内外の駆け引き、敗北したマデシ系政党の統合をめぐる紛争など、党内外で権力闘争が繰り広げられた。結果的に、第1党NCと第2党UMLの連立が辛うじて成立し、2014年2月25日、首相スシル・コイララ（NC。国防大臣兼務）、内務大臣バムデブ・ガウタム（UML。副首相）、連邦制・地方開発省プラカシュ・マン（NC。副首相）、財務大臣ラム・サラン・マハト（NC）、法務・司法および議会省大臣ナラハリ・アチャルヤ（NC）などをポートフォリオとする内閣がスタートした[17]。これにより、レグミ前首相（内閣長）はその職を辞すとともに、権力分立と法の支配の原理への影響を考慮し、同年6月まで任期を残していた最高裁長官も辞任することを表明した。コイララ首相は1年以内の憲法制定・公布を最優先課題にすると表明したが、制憲議会規則案（実質審議の主体と方法に絡む5つのテーマ委員会の決定、憲法の公布方法の決定、制憲議会内で超党派のグループ〔caucus〕結成や院内総務〔whip〕制については明記しないことなど）の作成に手間取り、同年3月13日にようやく議会に提出された。その決定後、憲法審議が始まる見込みとなった。

---

[15] 高橋2013b。
[16] 内閣が任命すべき（実質的には主要政党のリーダー間の合意による）26名の議員は、選挙後約4か月経った3月中旬時点でも、未決定であった。
[17] 首相は、政治的合意（political understanding）が得られなければ、立法府における現在議員数の過半数の賛成によって選出される（暫定憲法38条1項・2項）。首相は、副首相、各省大臣・無任所大臣・大臣補を、その所属する党の推薦に基づき、議会議員の中から指名することができる（暫定憲法38条5項、39条）。また、首相は、政治的合意に基づき、議会議員でない者から、副首相、大臣、大臣補を指名することもできる（暫定憲法40条）。

2 経済・社会の反応

経済成長　内戦や議会消滅といった政治的不安定にもかかわらず、ネパール経済はマクロ的にみると、ゆっくりとではあるが、成長している(【図表3-3】参照)[18]。1人当たり名目GDPも2012年に1,300ドルを超えた[19]。これは1つにはGDPに占める産業の割合が農業34.8％、製造業6.2％、金融業5.5％、観光業1.8％、……など、政治的影響が直ちに現れにくい産業構造による面もあると考えられる。また、出稼ぎ労働者からの海外送金がGDPの23.1％に相当する[20]。しかし、内戦終結後のGDPの伸びがとくに顕著で、最近7年で倍増していることは、政治的安定が経済に好影響を与えていることを示唆している。問題は、ネパールの人的・物的資源の活用など、成長の潜在力が十分に具体化されていない点にある。

発展のヴィジョン　ネパールの経済成長の潜在力を実現する方策は多々ある。例えば、水力発電の開発と外国への売電、タライ平原や丘陵部における農業の商業化・効率化、同じく製造業・サービス業の開発、変化に富んだ国内各地の観光開発、そのための内外の民間投資の促進である。それには運

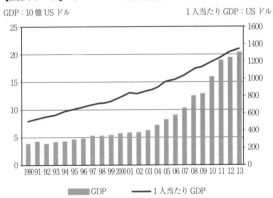

【図表3-3】ネパールの経済成長

出典：IMF, *World Economic Outlook Database*, April 2013 に基づき、筆者作成。

[18] 実質経済成長率は4.82％（2010年）、3.42％（2011年）、4.85％（2012年）、3.65％（2013年推計）と推移している。IMF, *World Economic Outlook Database*, October 2013（http://ecodb.net/country/NP/imf_growth.html）（2014年4月8日アクセス）。
[19] もっとも、ジニ係数（2000-2010）は32.8と高い。UNDP 2013, p. 154.
[20] Ministry of Finance, *Economic Survey 2011/12*.

カトマンズ（ネパール）市街地
（2015年3月、筆者撮影）

ムスタン郡ジャルコット村
（ネパール）にて、村長、
村落委員のみなさんと
（2013年1月、左端が筆者）

輸・物流インフラの整備とコスト削減のみならず、地域間の経済的一体性を確保するための制度インフラの確保が重要である。この観点から、制憲議会審議における最大の焦点の1つである連邦制は、地域間格差の拡大に通じるような各地域の分離・独立を促すものであるべきではない。むしろ、各人が民族的・文化的アイデンティティを相互に尊重し、個性を発揮し、プライドをもって日々の仕事や政治・社会活動に参加しながらも、国民間の一体化・緊密化を促すものである必要がある[21]。それこそが現在のネパールにおける開発政策をリードする包摂的（inclusive）制度へという改革ヴィジョンである。

3 法制度改革に必要な権力の中央集権化

法制度改革の役割　国民が民族的・文化的アイデンティティを保持しつつ、国家としての一体化・緊密化を促す手段として、法制度改革は重要である。とりわけ、包摂性の理念を提示する憲法制定に続き、現行法の基盤である国民法典（Muluki Ain）を民法・民訴法・刑法・刑訴法・量刑法に分割して体系的に整備し、人々がネパールのどこにいても、個人として、同じ質の権利保障を、確実に受けることができるという意味での包摂的制度を徐々に実現してゆくことが肝要である[22]。ネパールは、そのプロセスを制憲議会

[21] Asanuma 2011；浅沼＝小浜2013：272-273頁、285-297頁。

選挙から始め、議会規則などのメタ・ルールの策定にも意を用いてきた。それらは法の支配を浸透させ、法制度改革の実効性を高めるであろう。それは時間をかけて進めるに値するプロセスである。

法制度改革と政治の法化に必要であるが欠けているもの　しかし、そうした法制度改革により、政治をコントロールするシステムの実現に不可欠でありながら、ネパールの法・政治史に欠けてきたものがある。それは法律の施行や判決の執行を確実にするシステムである。憲法や法律を整備し、前述したネパールの経済的潜在力を実現するためには、法律が確実に執行され、それらが実際に機能しなければならない。これは国家権力の中央集権化の問題である。それはネパール社会に根強くはびこる不処罰（impunity）（違法行為をしても処罰や判決を強制的に執行されないこと）の現象に深く関連しており[23]、ネパールにおける法制度改革の根本問題といえる。それは、権力の分散と、国家の隅々にまで行き渡った統一的で集権化された権力の未確立に原因がある。不処罰は法秩序の形成を妨げ、政治介入を容易にする。

　そうした不処罰に関わる問題として、現在最も深刻なものは、マオイストが内戦中の人権侵害に対して包括的大赦を与える条項を含む「行方不明者の調査および真実・和解委員会に関する法令」の承認を求め、制憲議会が紛糾しかけていることである。繰り返される権力闘争は、国家の隅々にまで行き渡った統一的で集権化された権力の未確立に根本原因があるのではないだろうか。政治を法的にコントロールするためには、1個1個の地道な法改革とその解釈・適用による実践とともに、際限のない分権的権力間の闘争を克服できるような集権的権力の確立が不可欠である。最も気懸かりなのは、連邦制の議論の中でこの根本問題の重要性が看過され、稀薄化してしまうことである。そうした権力の中央集権化は、民主化の中で否定されてきた権力の絶対化や個人の権利の無視ないし軽視を意味するものではない。

　次章では、この両者の関係を明らかにし、それらを両立させた例がないかどうかを探ってみよう。

---

[22] 筆者は民法典草案（751か条）の作成に最初期から協力してきた。2011年1月に当時の制憲議会に提出された草案は、2014年3月にさらなる改訂審議を行い、再提出の準備をした。
[23] この問題の深刻さと対処の試みにつき、The Kathmandu Post, 23 March 2011参照。

第4章 政治・経済・法の好循環モデルは存在するか

国名	グレートブリテン及び北アイルランド連合王国
公用語・国語	英語
首都	ロンドン
通貨	ポンド
人口	6513万人
人口密度	268人/km²
GDP(MER)／1人当たりGDP	2兆8487億ドル／43794ドル

【ポイント】 前節までは、エジプト、タイ、ネパールの近況を題材にして、政治の混乱が経済を停滞させる中、司法や法が政治権力に利用され（エジプト、タイ）、あるいは法改革が政党の駆け引きの場となって膠着状態に陥り（ネパール）、政治・経済・法の相互作用が悪循環に陥るパターンを概観した。この悪循環から脱する道はどこに見出されるのだろうか。それに答えるためには、そもそも政治・経済・法が相互作用し合って好循環を生み出した例が存在したのか、存在したとすればどのようにして好循環が生じたのか、そのプロセスで法改革がどのような役割を果たしたのかを検討することから始めるのが適切であろう。そうした例を題材にして、好循環が生じた理由や悪循環を回避する方法を理論的に考察することができよう。そこで、視点を現代から歴史に転回し、政治・経済・法の比較的良好な循環が生じたとみられる例を探し出し、そのプロセスを分析することが有益である。ここでは、市民革命・産業革命・法の支配という政治・経済・法の進展を相次いで引き起こしたイギリスに着目する。

1 市民革命と政治制度の変革

王権と議会の牽制　1199年4月に即位したイングランド王ジョンは、王権の伸張を図り、バロン（国王から直接封を受ける貴族）らとの封建契約をしばしば破ったことから、両者間に緊張が生じた。バロンらは王の失政（フランスとの敗戦等）に不満をもつ都市商人らを見方に付け、王権を制限する諸要求を続けてきた。1215年6月、ジョンはウィンザー城を出てテムズ河畔の草

地ラニミードに赴き、大憲章（Magna Carta）に署名した。それは、王に対する楯金（軍事的役務の代わりに支払う金銭）および援助金は王国の一般評議会（Commune Consilium）によらなければ課されないこと（12条）、バロンらは彼らが望むバロン25名を選び、同憲章によって保障された諸自由を確保するために、王の城・土地・財産の差押え等の可能な手段によって強制する権限をもつこと（61条）を含むものであった[1]。また、1265年には国王ヘンリー3世の失政に抗すべく、旧寵臣シモン・ド・モンフォールが王を捕え、諸侯・聖職者・騎士・市民によって選出された代表者からなる集会を開いた（最初の選出議会）。その後、シモンはヘンリー3世の子エドワード1世の反撃で戦死するが、1295年、エドワード1世（在位1272-1307年）はフランスとの戦費を調達すべく、聖職者・大貴族・州騎士・市民からなる議会（模範議会）を招集した（【図表4-1】参照）。エドワード1世治世25年法律第6号「朕および朕の後継者たちは、今後いかなる事柄に関しても、王国の一般的同意なしには、上納金、賦課金、戦利品の〔強制〕取得をしないことを、大司教、司教、修道院長、修道会副長および神聖なる教会の聖職者に対してだけでなく、伯、バロンおよびすべての国民に約する」、同治世34年法律第4号「大司教、司教、伯、バロン、騎士、都市住民、その他のこの国の自由民たちの善意と同意なしに、朕および朕の後継者たちは、いかなる強制賦課金や上納金も取得せず、もしくは賦課せず」等は、国王が議会の同意なしには臣下に課税してはならないことを国王に義務づけた制定法の一例である[2]。その後も王権と議会は政争を繰り返しながら、国王の権力を貴族や市民からなる会議体が制約する構造が、イギリス政治制度の骨格を形づくってきた[3]。

政治権力の中央集権化　　しかし、同時に、イギリスでは国王が中心になり、政治権力の中央集権化が進んできたことが看過できない。1485年、ヘンリー・テューダー（ランカスター家）はボズワースの戦いでリチャード3世（ヨーク家）を破り、戦争によって王位を勝ち取った最後のイングランド王ヘンリー7世となった。ヘンリー7世は、ヨーク家エドワード4世の娘でリチャード3世の姪でもあるエリザベスと結婚して、内紛（薔薇戦争）による混乱を収拾し、貴族から武器を取り上げてその武装解除を進めた。

[1] 田中（英夫）1957b：34-54頁。これは9週間後に教皇イノケンティウス3世の上諭によって無効と宣言されたが、それを修正した新たな大憲章が1216年に制定され、1217年、1225年にも修正された。
[2] ホッブズ／田中＝重森＝新井訳24-25頁。引用文中の下線は筆者による。
[3] その背景事情として、1381年の農民一揆（ワット・タイラーの反乱）はじめ、民衆の反乱が政治権力の行使の仕方に影響を与えた側面も看過できない。

その子、ヘンリー8世は庶民出の側近トマス・クロムウェルを用い、王の身内による家産的国家から官僚制国家への移行を進めた。また、1533年には教皇への上訴禁止法[4]を制定してローマ・カトリック教会と訣別し、1534年に国王至上法[5]を制定してイギリス国教会を分離・独立させた。1539年には修道院解散法を制定して教会の土地を徴収した。これらの教会権力排除政策も国家の中央集権化に寄与した[6]。さらに、1535～1542年にウェールズ法諸法を制定してウェールズにもイングランド法を統一的に適用し、1543年にはアイルランド王の称号使用も宣言し、国王統治権の拡充と確立に努めた。

清教徒革命　王権の拡張に対しては議会が抵抗を示した。1553年、ヘンリー8世の娘エリザベス1世（テューダー家）が即位し、議会との協調を保ったが、子がなく、1603年、ジェームズ1世（スチュアート家）が即位した。王は王権神授説を信奉し、スペイン王、フランス王のような絶対君主となることを望み、様々な品物を専売品と認定してその独占的販売権を国王支持者に与え、権力基盤を拡大した。それは取引の自由と市場の形成を阻害するものであった。これに対し、1623年、議会は専売条例を制定し、国王が新たな専売品を設けることを阻止した。

1625年、ジェームズ1世を継いだチャールズ1世も王権神授説に基づく王権の強化を目指し、議会の招集を拒否したまま、専売条例の対象外であった国際取引における専売品の認定、国王への強制融資制度の導入、船舶税の賦課等により、議会との対立を深めた。1628年、議会は国王が議会の承認なしに課税しないこと等を確認する**権利請願**を可決した。1640年、スコットランド反乱軍のイングランド侵攻に対し、チャールズ1世は戦費調達のために増税すべく、議会の招集を余儀なくされた。4月に議会を招集したが、議員の不満が続出して3週間経たずに解散された。しかし、11月に再度招集された議会では、国王支持派と王権制限派が激しく対立した。1641年11月、議会は国王大権を制限し、議会権限の優位を主張する**大諫言**（Grand Remonstrance）を賛成159・反対148で可決し、**議会派**（円頂党）と**国王派**（騎士党）に分裂した。同年12月、議会が民兵条例を可決したのに対し、チャールズ1世が議会派の中心議員5人の逮捕を命じたことから、これを批判する議会派

---

[4] 国王自身の離婚問題を含め、結婚・離婚、遺言訴訟なども国王の司法裁判所の管轄に服するものとし、教皇や外国法廷への上訴等を禁じた。
[5] イングランド国王をイングランド国教会における地上の唯一最高の首長と宣言した。
[6] Acemoglu Robinson 2012：p. 186（鬼澤訳・上2013：255頁）．

【図表4-1】イギリス・モデルの軌跡

1251	ジョン王、大憲章（Magna Carta）を承認
1265	最初の選出議会
1295	模範議会
1381	ワット・タイラーの反乱
1485	ヘンリー7世即位。貴族の非武装化開始
1509	ヘンリー8世即位。1543アイルランド王の称号使用
1516	モア『ユートピア』刊行。1529大法官。1535処刑
1533	トマス・クロムウェルが主導し、教皇への上訴禁止法制定。1534国王至上法制定、イギリス国教成立。1539大修道院解散法成立。1540修道院解散完了
1535	ウェールズ法諸法（～1542）制定
1623	専売条例制定。議会とジェームズ1世の対立激化
1628	権利請願
1640	ホッブズ『法学原理』発表、フランス亡命。1651帰国、『リヴァイアサン』刊行
1641	大諫言。清教徒革命開始（～1649）
1642	議会とチャールズ1世の対立激化、内乱勃発
1649	オリバー・クロムウェル、議会派の独立派を主導し、長老派を追放、チャールズ1世処刑。共和政宣言
1660	チャールズ2世帰還。王政復古
1687	ニュートン『自然哲学の数学的諸原理』刊行。1688庶民院議員に選出
1688	ウィレム3世イギリス上陸。名誉革命開始
1689	『権利章典』制定。暖炉税廃止。土地課税の強化 ロック『統治二論』刊行
1694	イングランド銀行設立。産業資金の融資拡大
1707	イングランド・スコットランド合同法制定
1708	ダービー、コークス製鉄法発明
1710	議会法制定
1712	ニューコメン、大気圧蒸気機関製作
1716	7年議会法制定
1733	ケイ、飛び杼発明
1736	マンチェスター法制定
1769	アークライト、水力紡績機発明。ワット、蒸気機関実用化
1776	スミス『諸国民の富』刊行
1779	クロンプトン、ミュール紡績機発明
1800	オーウェン、ニューラナークで社会改良実験
1801	アイルランド合同法発効
1815	穀物法制定。1846撤廃
1832	第1次選挙法改正。1867第2次。1884第3次
1870	教育法。1891教育無償化。1893修業年齢11歳、…
1891	ピータールーの虐殺

出典：筆者作成。

チャールズ1世の処刑（1649年）
"The Kings and Queens of England" by Williamson, D. (1998).
https://commons.wikimedia.org/wiki/File:Contemporary_German_print_depicting_Charles_Is_beheading.jpg

が国王軍と内戦に突入した。

　議会派は下級貴族、ジェントリ（富裕化し、所有地を拡大した農民層）、新興商人、都市市民らを代表する議員が多かったが、一枚岩ではなく、急進的な**水平派**、穏健で国王との和解を探る**長老派**、その間にあって革命を積極的に推進した**独立派**等に分かれていた。何れも国教会の改革を唱えるカルヴァン派（清教徒）の影響を受けたが、長老派は国教会から分離せずに内部改革を目指し、分離派（水平派はその1つ）は国教会からの分離を主張し、独立派は両者から距離を置いた。独立派のオリバー・クロムウェルは、国王軍に対して当初劣勢であった議会軍を次第に優勢に導いた。1645年6月のネイズビー戦で国王軍を撃破し、チャールズ1世はスコットランドに亡命した。その後、長老派が多数を占めた議会は軍の解散を求めたが、独立派のクロムウェルはこれを拒んだ。1648年11月、チャールズ1世は再度の決起に失敗して投降した。同年12月、クロムウェルは議会から長老派を実力で締め出し（プライドのパージ）、1649年1月1日、独立派議員のみとなった**残部議会**は特別裁判所設置法案を可決した。同月27日、同裁判所はチャールズ1世を反逆罪等で死刑とし、同月30日、死刑が執行された。残部議会は王政・枢密院・貴族院を廃止し、国家評議会を設置する議決を行い、同年5月19日、イングランド共和国の樹立を宣言した。ここに王政はいったん廃止された。

王政復古　クロムウェルは、1653年4月、残部議会を解散させて、軍を統制するためのベアボーン議会（140名）を発足させ、共和国憲法の制定を目指した。しかし、議員（ほとんどがジェントリで、保守派約40人・改革派約40人・穏健派約60人）の未経験、法律知識の欠如、利害関係の不一致等から実現困難とみたクロムウェルは、同年11月、同議会にも解散を求めて実行した。共和政憲法の失敗は、イギリスの歴史を大きく左右したと思われる。同年12月、クロムウェルは軍幹部が作成した統治章典に基づき、自ら護国卿（Lord Protector）に就任した。1654年1月に第1議会を招集したが、財政難から軍隊の縮小を求める議会と対立したクロムウェルは、1655年11月に同議会を解散し、全国を11軍区に区分、軍政長官を派遣して支配する軍事独裁を敷き、賭博、飲酒、娯楽を取り締まった。1656年9月、クロムウェルは総選挙を経て第2議会を招集した。1657年3月、議会は上院復活を含む「謙虚な誓願と提案」をクロムウェルに提出し、一部修正を経て成立した。それに基づき、同年6月、議会はクロムウェルの護国卿就任式を行い、議会として護国卿の地位を承認した。しかし、1658年2月、議会の議事が捗らなかったことからクロムウェルは議会を解散した。同年9月、クロムウェルが死去し、子のリチャード・クロムウェルがその地位を承継したが、軍と議会の抗争を統制できず、復活させた残部議会に辞表を提出して身を引いた。

　その後、政権のイニシアティブはクロムウェル統治下でスコットランド方面軍司令官であったジョージ・マンク将軍が握った。マンクはプライドのパージによって追放された長老派を復帰させて新たな議会を準備すべく、1660年3月に議会を解散した。総選挙を経て招集された議会は、同年5月、チャールズ1世の子チャールズ2世を君主と承認し、1661年4月23日、戴冠式が行われた。ここに王政が復活した（王政復古）。

名誉革命　議会を尊重することを約束して即位したチャールズ2世であったが、カトリックの復活を図り、カトリックの官職追放を企図した議会の改正審査律（1673年）を無視する等、議会との対立を深めた。1685年、跡を継いだ弟のジェームズ2世も審査律を無視してカトリックを重用し、プロテスタントの大臣を罷免する等、カトリック復活政策を推進した。議会内にはトーリー党（王権を尊重する保守派）とホイッグ党（市民の自由を尊重する改革派）があったが、ジェームズ2世の議会無視に対しては両党共闘し、1688年6月、ジェームズ2世の娘婿で甥にも当たるオランダ総督ウィレム3世とその妻メアリーにイングランド王への即位を要請した。同年11月、ウィレム3

世はイギリスに上陸して進軍し、1689年1月にジェームズ2世がフランスに亡命した後のロンドンに入り、同年2月、メアリーとともに即位した。国王ウィリアム3世と女王メアリーは、王位に対する議会の優位を認めた**権利宣言**を承認し、それに基づいて同年12月に議会が**権利章典**を制定した。それは国王が法律を無視し、執行を停止し、国会の承認なしに効力を停止すること、国会の承認なしに平時に常備軍を徴収すること、国王への請願を理由に収監や訴追をすることは違法とする等[7]、国王に対する議会の**優位**を法的にも決定づけた。

2　産業革命と経済制度の改革

経済制度改革　王権と議会の闘争の末、名誉革命で決定的となった議会の優位は、17世紀末以降、イギリスの経済制度を多様な市民の経済活動に沿うように改革することを可能にした。それは各種商品の専売権の廃止、投資促進法の制定と投資対象物の所有権の保護、発明特許の保護、製造業者を圧迫した暖炉税の廃止と土地税の賦課、物品税の徴収強化、複雑な土地利用権の統廃合と所有権の簡素化[8]、イングランド銀行の設立（1694年）による金融市場の拡大、新興業者が製造した物品の使用禁止の撤廃（1736年マンチェスター法等）、海外の商取引を保護するための海軍の増強等に関する制度改革であった[9]。

技術革新　経済制度改革の結果、18世紀初頭から発明が相次いだ。エイブラハム・ダービーのコークス製鉄法（1708年）、トーマス・ニューコメンの大気圧蒸気機関（1712年）、ジョン・ケイの飛び杼（1733年）、リチャード・アークライトの水力紡績機（1769年）、ジェームズ・ワットの実用蒸気機関（同）、サミュエル・クロンプトンのミュール紡績機（1779年）の発明等々である。これらの発明の保護は投資の保護と拡大と相俟って、生産を著しく増大させた。また、運河、道路、鉄道への投資の保護はインフラを増強させ、生産と流通の増大を促した[10]。

[7]　田中（英夫）1957a：79-83頁。
[8]　戒能1980：187-263頁。
[9]　Acemoglu and Robinson 2012：pp. 192-201（鬼澤訳・上2013：262-272頁）。
[10]　中村（勝己）1994：302-314頁。

産業革命　こうした技術革新は、経済制度改革と相俟って、**産業革命**の一因となった。産業革命とは、18世紀後半から19世紀半ばに、200年以上続いたマニュファクチュアの技術的限界を機械の発明によって克服し、工場制に移行する全産業の構造変革である。それは国内の生産技術・経営組織・流通システム・金融システム・経営倫理・労働倫理を変化させた。それはまた、発展途上国を原料供給地と製品市場として生産と消費の1つの連関の中に組み込む作用も生じさせた[11]。こうして16世紀から本格化した政治制度の変革が、17世紀以降の経済制度の改革に通じ、それによって18世紀に本格化した技術革新と生産・取引を効率化する経済制度が産業革命を促し、国内の経済組織と国際関係を変化させ、19世紀にかけてそれまでにない経済成長を可能にしたとみることができる。産業革命が名誉革命の数十年後にイングランドで始まったことは、偶然ではないとみるべきである[12]。

3　好循環の始動と法の支配の形成

法制度の変化と好循環　政治制度の変革に促された経済制度の改革、それによって生じた経済成長は、より多くの人々の経済状況を徐々に改善し、さらなる政治参加を求める動きに通じた。それは一連の**選挙法改正**（1832年、1867年、1884年）によって有権者を拡大した。また、大地主の利益を確保すべく穀物価格の下落時に輸入を禁じた穀物法（1815年）は、第1次選挙法改正（1832年）の結果、地主層の発言力が相対的に低下した議会で、1845年に廃止された。さらに、一般市民の政治参加の拡大は、一連の**教育法**改革（1870年、1891年、1893年、1902年）により、政府による普通教育の提供・無償化・修了年齢の引上げ、貧困家庭の子のための措置、中等教育の提供等を促した。**累進課税**の導入・強化がそれに続いた[13]。これらは民主化の基盤を形成した。こうした政治制度の変革、経済制度の改革、法制度の改革、それによるさらなる政治制度の変革（民主化）、……に、好循環の始動を見出すことができる（【図表4-2】参照）。

法の支配の形成　こうした好循環の結果であり、また次の好循環の原因と

[11] 中村（勝己）1994：298-299頁。
[12] Acemoglu and Robinson 2012：pp. 208-212（鬼澤訳・上2013：280-284頁）。
[13] Acemoglu and Robinson 2012：pp. 314-317（鬼澤訳・下2013：104-107頁）。

【図表4-2】イギリス・モデルの分析

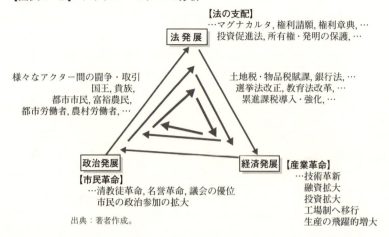

出典：著者作成。

もなった法改革を通じて、イギリスならではの**法の支配**（the rule of law）が形成された。それは国王、貴族、裕福な市民、貧困者を問わず、法が同じように適用され、権力者の権力行使をも拘束することである。問題は、なぜ法の支配がイギリスで生まれたかである。それは互いの権力行使や行動を監視し合う多元的政治制度の副産物であるとの説がある。つまり、「多くの党派が権力を共有してテーブルを囲んでいたため、全員に法と制約を適用するのは当然のことだった」というのである[14]。そして、そうした多元的政治制度の形成自体は偶然の産物であるとみる[15]。しかし、そうであるとすれば、ネパールのような党派対立の激しい状況下でこそ、法の支配が形成されて然るべきであろう。ところが、現実は、不処罰の問題に悩む等、法の支配からなお遠い状況にある（第3章3参照）。

4 イギリス・モデルの特色と含意

法の支配の定着原因　法の支配がイングランドに定着した原因として、以下の点が考えられる。第1に、王権と長らく権力闘争を繰り返してきた**議会**が、大憲章、権利請願、大諫言、権利宣言、権利章典、……と権力行使に関

---

[14] Acemoglu and Robinson 2012：pp. 306-307（鬼澤訳・下2013：94-95頁）。
[15] Acemoglu and Robinson 2012：p. 212（鬼澤訳・上2013：284頁）。

するルールを、何度踏みにじられようとも粘り強く国王に要請し、最終的に議会の優位を確立した。第2に、**裁判官**の役割がある。エドワード・クックは王権神授説に基づく国王大権の超越を主張するジェームズ1世に対し、大憲章を含む**コモン・ロー**がイングランドの最高法であり、王権も神と法の下にあると主張し、王の気まぐれから新興商人の利益を擁護し、商取引法の発展を促した[16]。その後継者たちもコモン・ローや**ローマ法**や**自然法**を援用して国王の権力行使を抑制した。第3に、以下にみるように体系的な法原理を確立し、中央集権化した権力の統制に理性的根拠を与えた**法学者**の役割がある。それは以下にみるとおりである。

絶対主義化の回避　イングランドの政治制度の特色は、中央集権化された政治権力が、国王の度重なる試みにもかかわらず、絶対主義に至らなかったことである[17]。政治権力の**中央集権化**は絶対主義化に通じやすいが[18]、権力の集権化が絶対化を意味するとは限らない。政治権力の中央集権化は実効的な法システムの必要条件であり、したがってそれは民主化にとっても不可欠の基盤でもある。権力の集権化を欠く状況下での民主化運動が際限のない大衆暴動の繰り返しに陥った例は、すでにみた[19]。それは民主化が統制された集権化を必要とする証左である。

　集権化された政治権力がイングランドでは絶対化を免れ、統制された理由は、第1に、15世紀後半から16世紀にはバロン・地方の騎士・富裕な農民・都市商人等が議会を通じ、王権の拡張を牽制できる対抗勢力を形成していたことである[20]。

　第2に、このような政治的理由と並んで、法思想の形成・普及を軽視することができない。トマス・ホッブズは1640年に『法学原理』を発表し、一方で、集権化の意義を説き、「生まれながらに平等な人間の間で争いが起こり、互いに破壊し合う可能性がある」自然状態を脱し、安全を確保するために、人々が「1人の人または1つの合議体」である**主権者**（sovereign）に従うと信約することにより、統一（union）としての政治体（body politic）または政治社会（civil society）が必要であるとした[21]。他方で、ホッブズは、**主権者**

---

[16] North and Thomas 1973：pp. 147-148（速水＝穐本訳1994：200-202頁）．
[17] ここで絶対主義とは、政治権力が1人ないし一部の者に集中し、かつその濫用や逸脱に対する制度的歯止めがない状態をいう。
[18] 例えば、ルイ14世統治下のフランスなどである。
[19] 本書第1章～第3章で取り上げた、エジプト、タイ、ネパールの最近の状況に見られる。
[20] Acemoglu and Robinson 2012, pp. 186-187（鬼澤訳・上2013：256頁）．

をすら支配する法の存在を説き、それは**国民の安全**（salus populi）（生命の保全だけでなく、その便益や幸福の保持）を目的とし、**人民に対する良い統治を実現するための主権者の義務**を生じさせるが、それは**主権者の利益となる統治**でもあることを体系的に根拠づけた[22]。その際、ホッブズは人々が平和を求める**理性**（reason）の力を強調した[23]。王権と議会の、また各々内部の諸権力が相克を繰り返し、膠着した状況下でこそ、権力行使の正しさを根拠づける法原理に具体化された理性が現実的な力をもちえたと考えられる。1640年、ホッブズが王政支持と疑われてフランスに亡命する直前に発表された本書は、亡命中に執筆され、帰国した1651年に発表された『リヴァイアサン』とともに、国内外で広く読まれた。革命前からホッブズは主権者を「1人の人または1つの合議体」としていたが、その法理は王政（亡命前）とも共和政（亡命中1649年に成立）とも両立可能であった。オリバー・クロムウェルによる共和政下のイングランドに帰国したホッブズは、1660年、亡命中に家庭教師をしていたチャールズ2世による王政復古を迎えた。しかし、ホッブズが丹念な記述をもって体系的に構築した法原理は、権力の絶対化を阻止すべくイングランドの政治構造に深く打ち込まれた楔になったように見える。それは中央集権化とその統制が原理的に矛盾しない法理を明確にすることにより、王政から共和政へ、クロムウェルの軍事的独裁から王政復古へ、復古王政から名誉革命への展開の背後で、政治権力の絶対主義化への転落阻止に寄与したように思われる。

---

[21] Hobbes, II.14.12, II.19（伊藤＝渡部訳 2012：1239頁、1278-1285頁）.
[22] Hobbes, II.28（伊藤＝渡部訳2012：1380-1386頁）.
[23] Hobbes, II.14.14（伊藤＝渡部訳2012：1240頁）.

第Ⅱ部
開発と
シビル・ロー型の法改革

　1960年代から、東アジアの発展の象徴となった日本、韓国、台湾は、いずれもローマ法を継受したヨーロッパ大陸の法システム（いわゆるシビル・ロー体系）をベースにして法改革を行った。開発のためにシビル・ロー型の法改革を採用した背景事情、メリット、デメリットはどこにあるのかを探ってみる。

【左上】東京（日本）における開発——隅田川から新宿方面を望む（2016年1月、深沢瞳撮影）
【右上】ソウル（韓国）における開発——漢江(ハンガン)の両岸を上空より望む（2015年12月、筆者撮影）
【左下】新宿高層ビルから見た東京市街（日本）（2015年12月、深沢瞳撮影）
【右下】南山公園から見たソウル市街（韓国）（2005年10月、深沢瞳撮影）

第5章　日本社会の発展と法改革（その1）——日本モデルの基層形成と近代化への道

国名	日本
公用語・国語	日本語
首都	東京
通貨	円
人口	1億2695万人
人口密度	335人/km²
GDP(MER)／1人当たりGDP	4兆1232億ドル／32477ドル

【ポイント】 1863年11月、長州藩士・伊藤博文、井上馨、山尾庸三らは、ジャーディン・マセソン社等の斡旋でイギリスに密航した。そこは、前章でみたように、産業革命が最盛期に達し、「世界の工場」といわれた最先進国であった。後に工部卿となる山尾は、ロンドンから当時最先端のハイテク都市グラスゴーに移り、造船所で働く傍ら、カレッジの夜学で学んだ。一方、後に初代首相となる伊藤は、同じく初代外相となる井上とともに、同年の長州事件（長州藩による馬関海峡封鎖、米仏蘭艦への砲撃）の報を受け、半年足らずで帰国したが、攘夷の無謀さに加え、日本の制度改革の方向性を感じ取ったに違いない。同年の薩英戦争後、1865年には薩摩藩も留学生をイギリスに密航させている。この時期の日本とイギリスの接触は、後の日本の政治・経済と法の発展経緯に鑑みて、注目すべきものがある。前章で考察したイギリス・モデルに照らしてみた場合、政治発展・法改革・経済発展の相互関係について、日本のパターンにはどのような特色が見出されるであろうか。

1　国家の形成と律令制度

王権の形成　6世紀末、中国大陸で隋が統一帝国を形成し、朝鮮半島で高句麗、百済、新羅が支配体制を強化しつつ相争っている頃、日本は国家形成の真只中にあった。西部を中心に水田耕作を基盤とする各地域の首長が大王（後の天皇）に貢納する大和政権の体制が形成され、桑と養蚕による絹織物、麻等の布の生産、麦・豆等の穀物生産、栗・柿等の栽培、採集、狩猟、漁労

等も行われた。儒教・仏教・道教は中国・朝鮮からの移住民を通じてすでに各地に浸透していた[1]。

儒教・仏教等の影響　大和政権の内部で権力闘争が激化する中、政務を担った厩戸皇子は、首長等を大王の官人と位置づけて平民からの恣意的収奪を戒めるべく、603年、儒教の徳目に基づく冠位「十二階」を定め、604年、和を重んじ、君を天、臣を地とし、三宝（仏・法・僧）を敬い、群臣礼あれば国家は自から治まると諭した「憲法十七条」を定めた。また、中国大陸で隋が滅びて唐が代わり、朝鮮半島では新羅が勢力を強める中、対外的にも大和政権の正当性を認識させるための国史編纂事業を始めた[2]。

律令の継受と同化　大和政権は、隋から唐への政変を経験して帰国した留学生も参画し、法家思想（支配者は法を用いた信賞必罰によって統治すべきとする）の影響も加わり[3]、中国の律（刑事法）・令（行政法）を継受して国家を建設する作業を本格化させた。

　645年、依然として不安定な政権を皇室中心に立て直すべく中大兄皇子らがクー・デタを決行し、646年の改新詔勅は、公地公民制、行政区画、戸籍・計帳に基づく班田収授制、租調庸等の税制を定め、中央集権化を図った。それらは中大兄が668年に天智天皇として即位して後、近江令（日本最初の法典編纂といわれるが、異論もある）に集成された。670年には庚午年籍（全国的な戸籍）の作成が試みられた。

　壬申の乱で政権を掌握して即位した天武天皇は、675年、軍事力を強化しつつ、公地公民制、食封制（官人としての首長等への給与）、租税徴収を強め、中央官制の整備と地方への国宰の任命・派遣を行い、681年、浄御原令の編纂を始めた。それは天武死後、689年に完成・施行され、初めて「日本」の国号、「天皇」の称号を定め、日本が名実ともに誕生した。同令は諸国の国宰に戸籍の編製を命じ（庚寅年籍）、班田、租税徴収、兵士動員の基礎台帳となった。690年、即位した持統天皇は、班田の実施、中国風の都城・藤原京の造営を行い、譲位後も太上天皇（上皇）として政務を掌握し、701年、大宝律令を完成・施行した。それは儒教的な**農本主義**に立脚し、「本格的な

---

[1] 網野1997（上）：72-77頁。同時に山川石木等の自然に神を見出し、祭祀を行う慣行も形成された。
[2] 620年の『天皇記』、『国記』等と伝わる。681年、天武天皇が命じた『帝紀』、『旧辞』の編纂を経て、『古事記』（712年）、『日本書紀』（720年）に結実する。
[3] 勝田1996：282頁。

国家としての日本の確立」を内外に示した[4]。

政治と法の関係　こうして約1世紀かけて継受され、日本風にアレンジされた律令は、改正を重ね、統一的な文字・文書によって郡司・里長等の末端の役人（女性を含む）にも浸透し、律令を学ぼうとする彼らの内発的意欲を高めた[5]。これは、イギリスのように臣民・市民の権利・自由を確保するために議会が王権との闘争を経て制定し、裁判所が解釈・適用を通じて形成した法（の支配）と異なり、権力闘争を抑制して王権の支配を確立・強化・維持すべく、王権がその臣民と平民に付与した法を意味する[6]。これは日本における政治－法関係の原型をなす最基層であるということができる。

2　封建制の形成と武家法の発達

律令国家の矛盾と弛緩　律令国家の支配は都から諸国に派遣される国司を介して行われた。しかし、土着性をもたない国司は、地域の統治を行うために、地方の首長を郡司に任命する等、土着の支配者に依存せざるをえなかった。郡司は位階が上がっても国司になれなかった反面、裁判権をもつ終身の職務であった。かかる国司と郡司による二重支配は、律令の形式と社会の現実との乖離を生んだ[7]。政府は財政難から郡司らからの貢納を増すべく、743年、723年の三世一身法を改め、墾田永年私財法を定めて墾田の私財化を認めた。それは畿内の有力貴族や寺社による荘園開発を促す結果となった。班田は10世紀初めを最後に行われなくなり、律令国家統治は弛緩した[8]。

荘園・公領制の形成と武士の進出　1069年、後三条天皇は荘園整理令を発し、新たな荘園開発を規制する一方、既存の荘園と国衙（国司が所在する公領）の区分を明確にすべく、荘園の所在・領主・田畑の面積を報告させ、荘

---

[4] 網野1997（上）：112頁、116頁。
[5] 網野1997（上）：115頁。
[6] もっとも、律令制下で全官庁を統括した太政官は、有力氏族の代表から構成される合議機関として天皇の権力を制約し、両者の緊張関係は時に対立に通じた（網野・前掲（注1）上・120頁）。しかし、太政官は王権の内部的制約であり、構成員は限定され、王権を外部から制約する独立した権力機関としての議会とは性格を異にする。
[7] 律令を修正した格、律令の施行細則たる式の制定、編纂（弘仁、貞観、延喜の格・式）、令の解釈基準を示した『令義解』（834年施行）、養老令の私撰注釈たる『令集解』（868年頃）も編纂された。
[8] 902年に発令された班田が最後となった。同年、延喜の荘園整理令も発令され、貴族による新たな荘園の拡大が禁止されている。

【図表 5-1】 日本における統治と法の変遷

6c以前	固有の制度。アニミズム。神道思想
6c頃	仏教の伝来
7c〜8c頃	律令制度の継受。近江令、浄御原令、大宝律令。儒教思想、法家思想の影響。古事記、日本書紀
8c〜11c頃	荘園の形成。荘園記録所の設立。武士団の形成。律令制度の弛緩
1180	鎌倉幕府開設（〜1338）。1192源頼朝征夷大将軍
1232	御成敗式目（貞永式目）。武家法の形成
1334	建武の中興
1338	室町幕府開設（〜1573）
	戦国時代。豊臣秀吉関白。太閤検地。刀狩（農民の武装解除）
1603	徳川幕府開設（〜1868）。徳川家康征夷大将軍。1615禁中並公家諸法度、1615武家諸法度、1742公事方御定書
1825	幕府、諸大名に外国船の打払いを指令（異国船打払令）
1842	幕府、異国船打払令廃止、薪水食料の給与を許す（薪水給与令）
1853	ペリー（黒船4隻）入港（浦賀）
1854	日米和親条約（下田）
1858	日米修好通商条約
1867	大政奉還、王政復古
1868	五箇条御誓文、政体書
1871	版籍奉還。地券発行開始（東京府下）。戸籍法
1872	田畑永代売買解禁。地券発行開始（全国）、地租改正
1877	西南戦争終結
1880	刑法・刑事訴訟法（ボアソナード起草）。1882施行
1881	国会開設の詔
1889	大日本帝国憲法。商法（1892施行延期）
1890	11.29第1回帝国議会（〜1947.3.31第92回）。民法（ボアソナード等起草）。民法（商法）典論争。1892施行延期
1891	大津事件
1896	民法1〜3編、民法4〜5編（1898）、施行（1898）
1945	ポツダム宣言受諾。農地調整法改正（12）。労働組合法
1946	日本国憲法（11.3）。自作農創設特別措置法
1947	独占禁止法（1953改正）、過度経済力集中排除法
1951	日米安全保障条約
1952	サンフランシスコ講和条約
1950代〜60代	繊維工業設備臨時措置法・機械工業振興臨時措置法（1956）。割賦販売法（1961）
1960	日米安全保障条約改定（1）、貿易・為替自由化計画大綱（6）。所得税倍増計画（12）
1967	公害対策基本法
1969	公害健康被害救済法
1989	土地基本法
1994	製造物責任法
1999	民法一部改正（成年後見制度の導入）
2000	消費者契約法
2003	民法一部改正（担保物権・民事執行制度の改善）

出典：筆者作成。

園整理の実施機関として記録荘園券契所（記録所）を設置した。白河天皇・同上皇は荘園整理を承継し、検注による大田文（一国内の公領・荘園の田数・領主等を記載した文書）の作成を進め、国司と荘園支配者（本所）、本所相互間の訴訟を記録所に裁決させた。こうして荘園・公領制というべき土地・租税制度が定着した。

そうした上・中級貴族の荘園の管理を中・下級貴族が請け負ったが、各地の武装豪族（武士）の中にも下司・公文等の荘園管理者に補任されて貢納物の納入を請け負い、その職を世襲し、現地との結びつきを深める者が現れた。国守によって郡司等に補任される武士もあった。武士は白河上皇と鳥羽天皇、鳥羽上皇と崇徳天皇間、崇徳上皇と後白河天皇間の権力闘争でも動員され、その力が認識されていった。平氏のように国守に補任される武士も現れた。

武家支配の成立と武家法の形成　武士の台頭は、支配領域や権益をめぐる武士間の対立へと展開した。荘園整理を進め、王土思想を打ち出した保元新制（1156年）、平治の乱（1158年）後、太政大臣に昇進した平清盛に対し、反平氏勢力が現れ、1180年、これと結んだ源頼朝は鎌倉に本拠を置き、東国武士を動員して平氏を打倒した。1183年、頼朝は後白河上皇との交渉により、東海・東山道諸国の国衙に対する指揮権の公認を得た。頼朝は北陸道も支配下に置き、1185年、その他の五畿四道についても諸国の国地頭（田地を知行する権限をもつ職。後の守護）、荘園の地頭を任命する権限を獲得した。これは、全国に対する土地管理権と軍事警察権の掌握であり、武家政権の確立を意味した[9]。1192年、後鳥羽上皇没後、頼朝は征夷大将軍に任命された。

承久の乱（1221年）後、執権北条泰時は、評定衆（有力御家人等を構成員とし、その合議と多数決によって統治権を行使する主体）11名を定め、1232年、その連署起請文に基づいて御成敗式目（51か条）を定めた。これは律令格式と内容的に異なり、道理に従い、公正な裁判を行うための裁判法で、将軍による東国（ほぼ三河・信濃・能登以東の東日本）の統治権行使の基本となり、追加法によって補充された。それは尾張・加賀以西の西国の裁判権は京都の六波羅探題が管轄し、最終的に天皇が裁断することを承認するものであり、日本は東西の二元的法制度をもつことになった。もっとも、東西の政権は、相呼応して交易を統制する沽価法（市場での公定価格、物品の換算率を定めた

[9] その後、土地管理権は西国の謀反人の荘園・公領に制限され、軍事動員権は頼朝の家臣となった御家人に限定された。網野1997（中）：106頁。

法）を定め、守護・地頭らが平民に撫民の計らいをもって接するよう求め、奢侈・博打・人身売買を禁じる等、**農本主義**に基づく徳政を統治の基本政策とした[10]。

商業・貨幣経済・信用経済の発達　しかし、農本主義を徹底しようとする新制の制定は、経済の実態面での正反対の動きを反映していた。13世紀後半には農業生産力の上昇、年貢の銭納化等を背景に、中小名主らによる商業、有力名主・僧侶・神職等による金融業、問丸による運送業・倉庫業、手工業者による商工業等が活発化した。貨幣経済が発達し、荘園・公領の年貢、公事・夫役の負担等がすべて銭に換算され、市場取引可能となった。海上交通等の交通網のネットワーク化は、手形等による送金を容易にし、各地に両替屋が成立して、信用経済も進展した[11]。こうした動きを受け、東西の政権内外で商業活動を積極的に促進せんとする**重商主義**政策支持者も現れた。農本主義者と重商主義者の路線対立は、負債を抱えた御家人の所領の流質等による移動の禁止、質流れ地の無償回復許容、債権取立訴訟の不受理、敗訴事件の再審理（越訴）不受理等を含む**徳政令**の発布をめぐって表面化した。その発布（1267年、1273年、1284年、1297年、1334年等）と廃止は、両者の調整・妥協の結果である[12]。両者の相克は続き、16世紀になるとむしろ商工業にプラスの価値を置き、農業は苦しみの多い生業として低くみる見方も現れ、そうした重商主義思想は浄土真宗、日蓮宗、キリスト教によって支持された[13]。

天皇政権と武家政権の相克　公家の荘園・公領にも支配を及ぼそうとする武家政権と公家政権の対立は、相克を繰り返した。1333年、後醍醐天皇は執権北条高時が率いる鎌倉幕府を滅ぼし、天皇の主導権の下に日本を統一的に支配する公家一統を達成した（建武の新政）。しかし、1336年には政権を支えた足利尊氏らの武士層の離反によって瓦解し、足利氏を中心とする室町幕府・北朝の武家政権と後醍醐天皇による吉野山の南朝政府・公家政権に分裂した。

[10] 例えば、1261年、幕府による関東新制（61か条）に呼応し、公家新制（同年21か条、1263年41か条）が制定された。
[11] 網野1997（中）：120-188頁。
[12] 1297年、北条貞時は永仁の徳政令を発したが、翌年には越訴、債権取立訴訟を復活した。しかし、所領の回復に対する訴訟が絶えなかった。
[13] 網野1997（下）：85-86頁。

1392年、南北朝統一を斡旋して成功した将軍足利義満は、1394年、将軍職を息子義持に譲って太政大臣の任命を受けたが、1395年にはこれを辞して出家し、僧侶・神官の位階の叙任権と官位の叙任権という聖俗両権を掌握した。1401年、義満は金閣で政務初めの儀式を行い、明に遣使して日本国王であることを表明した。1402年、明の使節がもたらした国書において明の皇帝は義満を日本国王と認めた。義満は皇位簒奪計画をもっていたとされるが、1408年、それを果たす前に急死した。

　その後、武家が権力闘争を繰り返しながら勢力を全国に拡張してゆくが、天皇制は存続し、明治期の王政復古に通じることになる（後述3）。

武家勢力間の闘争と全国統一　室町時代は、守護が国内の武士を土地の安堵と新給によって家臣団に編入しつつ、荘園を侵略して支配権を奪取することにより、地域的権力たる**守護大名**と化した。しかし、守護大名は15世紀半ば以降相互に戦闘を繰り返し、多くが没落した。その一方で、家臣や村を支配する国人層が新興の**戦国大名**として成長した。戦国大名は守護大名に残っていた幕府権力への依存を断ち、地域小国家に対する唯一絶対の権力（公儀）であることを家臣となった地侍や国人に承認させた。その統治のために家臣の所領の検地を行い、全得分量を石高（米）または貫高（銭）で表し、それに応じて軍役等の賦課を行った。そして、統治のために分国法を定めた。鎌倉・室町幕府の法は主に裁判法であったが、分国法はその影響を受ける一方、家臣や農民が生活や取引において守るべき法として、平易な文章によるものが多い[14]。しかし、戦国大名の領国は自給自足の閉鎖的世界ではなく、広域的に活動する商人、廻船人、金融業者等によって信用経済のネットワークに組み込まれていた。こうした経済的発展を基盤に、国家の政治的再統一の動きが現れた。

　1582年、天下統一を見ずに本能寺で討たれた織田信長に代わり、1585年、羽柴秀吉は各地の対抗勢力を撃破し、刀狩令を出して農民の**武装解除**を進めた。同年、秀吉は関白に就任し、天皇の権威の下で日本国を統治する方法を選んだ。秀吉は、1587年、九州の島津氏を、1590年、関東・東北の大名を全て服属させ、1591年、全国的統一検地令を発し、御前帳（土地台帳）と国郡絵図を作成させて国土の把握を、人払令（身分法令）発して家数人別帳を作成させて国民の掌握を図った（1594年再実施）。

| [14] 大内氏壁書、今川氏かな目録、伊達氏塵芥集、武田氏信玄家法、三好氏新加制式等が知られている。

秀吉死後に権力を徐々に伸張した徳川家康は、1603年、征夷大将軍となり、1605年に将軍職を秀忠に譲った後も、国家統一を進めた。同年、家康は改めて御前帳・家数人別帳を作成させ、蝦夷地と琉球へ支配を拡大した。1615年、秀頼を討って日本国の統一を達成した家康は、一国一城令、武家諸法度、禁中並公家諸法度、諸宗諸本山法度を制定し、天皇が直接叙任しうる官位の限定等、幕府と天皇の関係を制度上明確化した。ここに日本全国を覆う権力の統一が達成され、中央集権化が進んだことは、日本の法制度の発展にとって極めて大きな意義をもったと考えられる。

徳川時代の経済・社会　　家康、秀忠の死後、1635年、家光は新しい武家諸法度を発布し、大名・旗本の区分を明確化し、500石以上の大船の建造禁止等、大名への統制を強めた。日本船の列島外への渡航、在外日本人の帰国も禁止した。1639年、ポルトガル人の追放と来航禁止、1641年、オランダ商館の長崎出島への移設等、海外貿易・情報の規制、幕府による海外貿易・情報の独占体制が敷かれた。

徳川幕府は儒教思想に基づく農本主義を貫き、石高制を維持した。しかし、その一方で、17世紀前半には、権力の安定と平和の下で、貨幣経済の発達、商品作物の栽培、流通システムの整備、職能の分化、都市の発達に伴う消費需要の拡大、コメ市場の成立、先物取引・手形・両替屋の発達等が進んだ。18世紀後半には田沼意次の商工業重視の政策の下、酒造業、綿・絹織物業等の一部では奉公人を雇った工場制手工業もみられた。もっとも、18世紀末、松平定信による寛政改革は商人に対する規制を強める等、重商主義と農本主義は相克を繰り返した[15]。

3　明治維新の改革と課題

幕府滅亡と王政復古　　1825年、イギリス船来着の段階では、幕府は異国船打払令を発し、祖法たる鎖国に固執した。しかし、1853年、ペリーがアメリカ東インド艦隊艦船を率いて開国を求めた時、幕府は諸大名に開国の可否を諮問する一方、フランスの援助を得て軍制改革、洋学所設置、人材登用等の改革を進め、条約締結の勅許を求めた。攘夷派や討幕派の反対等で勅許がな

---

[15] 網野1997（下）：132-145頁。

い中、1858年、幕府は通商条約に調印した。これに対し、イギリスから武器、艦船、技術等の援助を得ていた薩長は、倒幕へと突き進む。冒頭に述べた下関事件に対する報復として、1864年、四国連合艦隊による砲撃を受けた長州は、イギリスから帰国した伊藤、井上らがリードし、尊王攘夷から開国進取、富国強兵、尊王討幕へと方針転換した。1866年、薩長同盟の成立により、倒幕への流れが加速した。

1867年10月14日、薩長両藩への倒幕の密勅と同日、徳川慶喜は大政奉還を申し出た。岩倉具視を中心とする討幕派はこれを受理させ、12月9日、幕府の廃止、総裁・議定・参与の三職設置等を命じる王政復古の大号令が発せられた。

中央集権化の徹底と政治制度の変革　1868年、国家の基本方針を示した五箇条御誓文に続いて発布された政体書により、明治政府は全権力を太政官に集中させ、中央集権化をさらに徹底しつつ、**立憲政体の詔書**（1875年）による元老院（議会）・大審院の設置等を通じて、漸次的に立憲的な方向へと統治改革を進めた[16]。封建制から王政への復古のために、藩主が土地・人民を天皇に返上し（版籍奉還。1869年）、藩主をいったん新政府の官吏として藩知事に任命し、藩政改革を進めたうえで、藩を廃して中央政府から知事を派遣する府・県に一元化した（廃藩置県。1871年）。藩主・藩士の俸禄は家禄としていったん政府から支給されたが、禄制改革を経て、金禄公債による処分が決定された（秩禄処分。1876年）。

1871年、明治政府は東京府を皮切りに、土地所有者の確定と地券の発行を始める一方[17]、1872年、田畑永代売買の禁止令（1643年）を解除し、以後は「四民」誰でも地所を「売買」、「所持」できるものとした[18]。これは、誰でも土地所有者になりうることを通じ、法人格の平等を認めたもので、四民平等を裏付ける制度的基盤として極めて重要である。それは、いったん版籍奉還を受けた天皇政権が、律令制度の構成要素として維持してきた公地公民制を名実ともに放棄することを意味する。他方、所有者からは券面額の3％が地租として徴収された（地租の定率金納化）。1873年、地租収入は租税収入の約93％を占め、明治政府の財政基盤となった[19]。

---

[16] 後述するように、内閣制度の設置は1885年、憲法制定は1889年、国会開設は1890年である。
[17] 1871年太政官布告682号、1873年太政官布告272号。
[18] 1872年太政官布告50号。
[19] 同じく1875年は約85％、1877年は約70％であった。

憲法制定と議会開設　イギリスの場合と異なり、日本では明治維新に至るまで、政権を制約する組織としての議会が設立されることはなかった。1874年、板垣退助らの結成した愛国公党が民選議院の設立等を求めて左院に提出した建白書は「士族および豪家の農商」を代表者とするものであり、1877年、立志社が提出した国会設立の建白もブルジョア手工業者、豪農・中農等を基盤とするものであった。このように民主化の担い手が社会の上層部・富裕層から始まり、漸次的に広がった点では、イギリス・モデルとの接点も見出される。これらの担い手による民主化要求に接し、伊藤博文、大隈重信らは、政府のイニシアティブで国会を開設する必要を感じ取った。しかし、大隈のイギリス的議会主義の構想と、伊藤、井上毅らのプロイセン的欽定憲法の構想が対立した。1881年、大隈は排除され、1890年の国会開設が宣言された。

　そして、伊藤、井上毅らが中心になり、プロイセン憲法に範をとった欽定憲法が準備され、枢密院で審議されたのみで、国民に公表されないまま、1889年2月11日、天皇の名で公布された。その内容的特色は、天皇大権の範囲が広いことである。それは、宣戦・講和、条約締結、憲法改正発議、議会の開会・閉会・解散、内閣から独立した統帥権、広範な独立命令の大権等を含んでいた。これらに対しては議会（貴族院、衆議院）の権限が及ばない一方、衆議院の立法権は天皇の独立命令、緊急勅令等の大権によって制限された。1890年、同憲法に基づいて第1回総選挙が行われ、国会が開設された。貴族院は皇族・貴族・高級官吏・学識者からの勅選議員と高額納税議員から、衆議院は直接国税15円以上を納入する25歳以上の男子によって選挙された。

個別の法改革　憲法制定・議会開設よりもずっと前から、経済活動や社会生活に必要な包括的な法改革が進められた。その多くが西洋法をモデルとするものであった。例えば、刑法（1880年）、勧解略則（1884年）、登記法（1886年）、憲法（1889年）、旧民法・旧商法・民事訴訟法・刑事訴訟法（何れも1890年）、民法（1〜3編1896年、4〜5編1898年）、不動産登記法・商法（何れも1899年）等がある。しかし、これらは単に外国法の移植とは異なり、「天然之性理」に基づいて「人類ノ交義」を探求する一方で[20]、慣例等の既存の制度を考慮し、取捨・改変・アレンジされたものであった[21]。

---

[20] 詳しくは、第6章1〔59-60頁〕参照。
[21] 勝田1996：291-292頁。

【図表5-2】 英・仏・独・米と日本の1人当たりGNP（GNI）の変化

	イギリス	フランス	ドイツ	アメリカ	日本
＊1	227(1765年頃)	242(1831年頃)	302(1850年頃)	474(1834年頃)	136(1886年頃)
1965年	1,870	2,047	1,939	3,580	876
＊2	38,999	41,223	42,569	51,709	46,530

＊1　近代経済成長初期時点（西暦）の国内総生産（GNP）（1965年時点アメリカ・ドル換算）。
＊2　2012年の国民総所得（GNI）（アメリカ・ドル換算）。
出典：南亮進『日本の経済発展〔第3版〕』（東洋経済新報社、2002年）4頁、UNDP, *Human Development Report 2013*, p. 144.

産業革命と経済成長　明治政府は殖産興業政策を掲げ、既存の商人資本を活用しつつ、先進諸国の産業技術や経営技術の導入を促進した。その結果、製糸業、織物業等の軽工業において手工業から機械制工業への転換が促され、生産量が飛躍的に増大した。それは日清戦争（1894年）後の綿糸・雑貨等の輸出市場、鉄鋼・大豆粕等の輸入市場の拡大にも助長され、明治30年には輸出が輸入を凌駕した。そして、日露戦争（1904年）後は鉄鋼業、電力事業、造船業、車輛業、機械工業等、重工業製品の国内生産体制が確立した。こうして日本は、江戸時代（あるいはそれ以前）から明治初期に蓄積した諸条件を基盤に、1880年代中頃に近代経済成長を開始し、明治末から大正初期にかけての重工業部門の確立により、産業革命を達成したとみられる[22]。

　もっとも、第二次大戦後の改革期までの経済発展は、先進諸国と比べると、さほど大きくはない（【図表5-2】）。その理由を探る必要がある。

日本モデルの基層　以上に概観したように、日本では、①天皇権力が武家政権と闘争しながらも融合的に政治権力を中央集権化し、何度かの検地・戸籍調査・武装解除がそれを実効的にした。②律令を基層とする法はかかる統治を基礎づける手段であった。③経済政策は農本主義を基盤としつつ、13世紀以降は重商主義と相克を繰り返してきた。こうした土壌の上に、明治政府の主導で議会制度の導入、近代法の整備、産業革命が短期間のうちに試みられたが、政治・法・経済の担い手と受益者は何れも限定的で、発展の規模も限られ、権力の絶対化の歯止めとなる制度の形成は不十分であった。この課題は、その後克服されたのであろうか。

[22]　南2002：3-5頁、25-26頁、東京大学教養学部・日本史研究室編1961：223-227頁（しかし、近代的大工業と伝統的中小経営の不均衡な併存、足尾銅山等の公害問題、労働争議、小作争議等の問題も生じさせたことも看過することができない。同前225頁、228頁参照）。

第6章　日本社会の発展と法改革（その2）——日本モデルは何を語るか

【ポイント】　前章でみた明治維新の政治的性質をどうみるかは議論があり、軽々に論じえないが、市民革命というには担い手が一部雄藩の有力者に限られ、権力内部のクー・デタに近いものであったとの見方が穏当かもしれない。そうであるとすれば、王権と相克しつつ、議会が法を用いて徐々に王権を制約し、市民革命を経て産業革命を達成し、法の支配を定着させてきたイギリス・モデル（本書第4章）は日本には当てはまりそうにない。むしろ、王権と武家政権が相克を繰り返しながら国家統一と中央集権化を徐々に進めてきた日本は、明治維新を契機に、ようやく会議体による政治的意思決定への制度改革に乗り出した。それは王政復古の大号令による三職（総裁・議定・参与）の設置、「広ク会議ヲ興シ万機公論ニ決スベシ」に始まる五箇条の御誓文[1]、政体書による太政官（立法・行政・司法）の設置と議定官（立法官）・行政官の兼職禁止（1868年）から開始され、元老院の設置（1875年、立憲政体の詔書）を経て、帝国議会の設置（1889年、大日本帝国憲法。そのうち衆議院は「公選セラレタル議員ヲ以テ組織ス」同35条）へと続いた。こうして「1890年までに、日本は成文憲法を有するアジア最初の国になり、選挙で選ばれた国会と独立した司法制度を持つ立憲君主国をつくりあげた。こうしたさまざまな改革が、日本がアジア最大の産業革命の受益者になれた決定的要因だった」との評価もある[2]。たしかに、明治維新は重要な転機であった。しかし、その後も重要な制度改革が続き、今なおそれは道半ばである。日本の経験は発展モデルとして何を語るのであろうか。

[1]　すでに坂本龍馬作と伝わる船中八策（1867年）にも「上下議政局ヲ設ケ、議員ヲ置キテ万機ヲ参賛セシメ、万機宜シク公議ニ決スベキ事」（第2）とある。
[2]　Acemoglu and Robinson 2012：p. 297（鬼澤訳・下2013：81頁）。

1　明治維新以後の法改革

殖産興業政策と法改革　立憲政体の漸次的確立に伴い、明治政府は上からの経済改革を強力に推進した。前章でみたように日本の産業革命は1880年代中頃に始まったと考えられるが、産業化のプロセスをリードしたのが殖産興業政策である。それは遣欧米使節団（1871年～1872年）から帰国後に明治六年の政変（1873年）で権力を掌握した大久保利通が主導した[3]。大久保は同年内務卿に就任し、翌1874年に提言した「殖産興業に関する建議」で次のように述べている。

　大凡〔おおよそ〕国ノ強弱ハ人民ノ貧富ニ由リ、人民ノ貧富ハ物産ノ多寡〔たか。多いか少ないか〕ニ係ル。而〔しかし〕テ物産ノ多寡ハ人民ノ工業ヲ勉励スルト否ザルトニ胚胎スト雖〔いえど〕モ、其〔その〕源頭ヲ尋ルニ未〔いま〕ダ嘗〔かつ〕テ政府政官ノ誘導奨励ノ力ニ依ラザル無シ。…抑〔そもそ〕モ国家人民ノ為メニ其責任アル者ハ深ク省察念慮ヲ尽シ、工業物産ノ利ヨリ水陸運輸ノ便ニ至ルマデ総ジテ人民保護ノ緊要ニ属スルモノハ、宜〔よろ〕シク…之ヲ以テ行政上ノ根軸ト為シ、…未ダ就緒〔しゅうしょ。事業のいとぐちにつく〕ナラザルモノハ之ヲ誘導セザル可ラズ。……人民殷富〔いんぷ。富み栄えること〕充足スレバ国随〔したが〕ツテ富強ナルハ必然ノ勢〔いきおい〕……[4]。

　これは、政府主導による開発国家の理念を余すところなく示している。大久保は1878年に暗殺されるが、殖産興業政策は大隈重信、伊藤博文らによって承継・実施された。
　その一環として、明治政府は経済インフラの構築に注力し、鉄道敷設、製造業振興等のハード・インフラと並んで、前章でみた土地所有権の導入、商取引の自由化のためのソフト・インフラを整備する制度改革に着手した。それに属する立法として、商法大意（1868年）、専売略規則（1871年）、田畑永代売買解禁・日本銀行条例・国立銀行条例（1872年）、地租改正条例・地所質入書入規則・代人規則・保証人に関する規則・会社設立の許可主義・訴答文例・出訴期限規則（1873年）、会社の設立自由主義・株式取引条例（1874

[3]　富永1990：157-158頁参照。
[4]　中村＝春日＝石井1988：16-19頁。傍点は引用者による。

年)、建物書入売買規則・裁判事務心得（1875年）、債権譲渡に関する規則（1876年）、船舶抵当・契約証書に関する規則・利息制限法（1877年）、為替手形約束手形条例（1882年）、商法条例・勧解略則（1884年）、専売特許条例（1885年）、登記法（1886年）、小作条例（1887年）、商標条例・特許条例・意匠条例（1888年）等がある[5]。

法典編纂　政府はこれらの個別立法と並行して法典編纂作業を進めた。民法典はG・ボアソナード、商法典はK・ロエスレル、民事訴訟法典はE・テヒョー等が起草支援し、各法案は元老院決議と枢密院諮詢を経て、1890年4月公布された。明治政府は、前述した個別立法によって実務に対応しつつ、不平等条約改正に向けて近代法典を準備した。条約改正交渉は①治外法権の撤廃と②関税自主権の回復を軸に1871年に始まったが、難航した。井上馨、大隈重信、青木周蔵、榎本武揚を経て、陸奥宗光外相が1893年7月から対英交渉に入り、1894年7月①治外法権は廃止、②税権には触れない、③内地解放、④批准後5年経過によって発効という条件で調印した。その後各国と同様の条約を締結した。②税権の回復は1901年の条約改正によって達成された[6]。

　もっとも、明治政府は法典編纂を条約改正の手段にとどめず、西洋法の単なる移植でもなく、日本の既存の制度を実際に改革する一方、現実社会との調和も図ることを目指した。大木喬任司法卿は1876年5月地方慣例調局を置き、生田精を主任として地方慣習を調査した[7]。その後、ボアソナードに民法典草案の起草を依頼した。そこには日本社会を改革し、かつそこに根付く民法典を編纂することへの大木の基本姿勢が表れている。大木は立法政策指針の中で、民法典編纂の意義をつぎのように述べている。いわゆる「完成之民法トハ天然之性理ニ基キ全国人民之便益ヲ考究シ夫婦父子ノ権義ヲ明カニシ婚姻離婚相続之制ヲ定メ後見人管財人之条則ヲ設ケ其他契約之方法等ニ至ルマテ之ヲ制定スル」ものである。その効益は「人道ノ大節ヲ守リ権利ノ不可犯ヲ画スル等」はもとより、「一家ノ経済ヨリ一国ノ富強ヲ生シ家庭ノ平穏ヨリ邦家〔ほうか。国家〕ノ安寧ニ及ホサシムル所以〔ゆえん〕」である。日本国内に生を託す者でその生の初めから終わりに至るまで「民法ノ庇蔭

---

[5]　なお、刑事法に関しては、律令をベースにした新律綱領（1871年）、改定律令（1873年）の後、G・ボアソナードが起草した刑法・治罪法（1880年）が成立し、施行されている。
[6]　東京大学教養学部・日本史研究室編1961：220-222頁。
[7]　その結果は『日本民事慣例類集』（1878年）に取りまとめられた。その訂正版『全国民事慣例類集』（1880年）も刊行された。

〔ひいん。助け守ること〕ニ由テ其権利ヲ保全シ其財産ヲ安固ニシ家庭ノ斉整〔せいせい。整えそろえること〕」を得ない者はない[8]。つまり、民法は「天然之性理」〔自然の理性〕に基づき、夫婦・親子・後見・契約等によって結ばれた人々の権利・義務関係を明らかにすることにより、一家の平和から国家の安寧をもたらし、ひいては「人類ノ交義」を可能にする基盤である。これはローマ法と自然法を経て形成されたシビル・ローの法典編纂理念を実質的に共有するものともいえる。

　もっとも、「法典編纂ニ関スル法学士会ノ意見」(1889年)を契機に、法典間の不整合、法典と日本の民情風俗との不整合等を理由に施行延期論争が起こり、帝国議会(第1回は1890年11月29日)では法典施行延期の是非が議論された。第3回帝国議会は1896年12月31日まで民法典・商法典の施行延期を決議し、その前に修正を終わったものは延期期限内でも施行可能とした(1892年11月24日)[9]。民法典・商法典の一部規定と現実の慣行との間に相当の乖離があったことは事実であり、法典の規範と社会の現実との調整という観点から、同論争は先にみた大木の法典編纂理念にはむしろ叶うものであったといえる。

　その後、政府は「法典調査会規則」(1893年2月勅令11号)に基づいて内閣総理大臣の下に「法典調査会」を設置し、民法・商法・附属法律の「調査審議」を開始した。同規則5条に基づき、内閣総理大臣が「法典調査規程」(1893年4月。草案の作成・審議方法等)を定め、法典調査会は同年5月までに「法典調査ノ方針」(新法典は既成法典の修正によるが、パンデクテン方式を採用し、証拠編は民法から外す等)を決定した。民法第1編～第3編は1896年3月衆議院・貴族院で可決、4月公布され[10]、第4編・第5編は1898年6月公布され、全編が同年7月施行された。一方、商法は1893年に会社・手形・破産・商業登記・商業帳簿に関して一部施行されたが、1899年3月新たに商法が公布され、同年6月施行され、法典編纂作業は一段落した。

地主・小作関係の形成と法改革　田畑永代売買解禁・地租改正条例・地所質入書入規則、登記法・民法により、土地の私的土地所有権の導入と取引自由の制度基盤は整った。しかし、それが「近代的土地所有」を創出したかと

---

[8] 大木喬任司法卿から右大臣岩倉具視宛「法律起業之儀ニ付申稟」(1876年9月)。
[9] 民法典論争に関し、穂積1980：328頁、中村(雄二郎)1967：31頁・77頁、星野2013、松山大学法学部松大GP推進委員会編2014参照。
[10] 詳しくは、広中1986：3頁参照。

いうと疑問がもたれており[11]、小作人から高率の現物小作料を収取する地主制を成立させ、地主・小作人関係の調整が新たな立法課題として立ち現われた。1895年の河川法は治水事業を進展させ、1899年の耕地整理組合法は地主層の主導による耕地整理を促進し、これに日清戦争を契機とする大豆粕の輸入増大、魚肥・化学肥料の使用増加、米の新品種の普及、新しい農具・農法の導入等が加わり、米麦の反当たり収量を増加させた。しかし、治水費負担の上昇、国税・地方税の増徴等が農民の負担を増す一方、1880年代の松方正義大蔵卿によるデフレ財政も影響し、中小地主の没落、大地主への土地集中が生じ、1890年頃の小作率は約40％に達した。1898年施行の民法は地主に有利な永小作権・賃貸権を規定し、活発化した小作争議は1899年の治安警察法による小作争議の取締強化に通じた[12]。

　地主・小作人関係を調整すべく、大正時代にも立法が試みられたが実現せず、日中戦争開始（1937年）後、農地調整法（1938年）等の戦時下立法により、小作人の利益保護が一部図られた。しかし、改革はそれ以上進まなかった。産業化の進展にもかかわらず、第二次大戦後の改革期までの日本の経済発展が先進諸国と比べてさほど大きくなかった理由は、政府による経済政策の成果の享受者が地主や企業家の富裕層に限られていたことによるものと考えられる。

2　第二次大戦後の法改革

農地改革立法　　1945年8月15日のポツダム宣言受諾による無条件降伏から間もなく、政府は同年11月「農地制度改革に関する件」を閣議決定し、農地調整法改正法案を帝国議会に提出した。審議が難航する中、同年12月9日連合国総司令部（GHQ）が「農地改革についての覚書」を発出し、それが同法案支持と解されたこともあり、一部修正の上同月18日可決成立した（第1次農地改革立法）。それは不在地主の小作地全部および在村地主所有の5町歩（約5 ha）を超える小作地を小作農の申出によって強制譲渡させ、5年間で約150万町歩の自作農創設を計画した。しかし、これに不満のGHQは1946年4月諮問機関たる対日理事会に付託し、そのイギリス案に基づき、在村地主の所有上限を1町歩（約1 ha）とする非公式勧告を同年6月政府に行っ

---

[11]　中村（勝己）1994：391頁。
[12]　東大教養学部・日本史研究室編1961：225頁。

た。その結果、同年10月、憲法改正に先立ち、①農地調整法改正・②自作農創設特別措置法（自創法）制定が実現した（第2次農地改革立法）[13]。②は国が不在地主の小作地および在村地主の1町歩超（世帯または農業共同体単位）の小作地を直接買収し、小作農に売り渡す方法を採用した。約1年後①・②とも改正され（1947年12月）、小作牧野の解放、小作権の強化等が加えられた（第3次農地改革立法）。農地改革に対する地主勢力の違憲訴訟・抵抗が激化する中、GHQは「農地改革に関する覚書」（1948年2月）を政府宛に発出し、①・②の厳格な実施を支持した。また、農地改革完了予定日（1948年末）の接近に伴い、農地買収打切論が起こったが、ポツダム政令を発令して継続した。さらに、①・②は改正されたが（1949年）、平和条約発効（1952年4月）後に農地改革が後戻りすることを危惧し、①・②と③土地譲渡に関する政令（1950年）を統合し、1952年7月④農地法・⑤農地法施行法が制定された。同年10月までに国による小作地買収面積約198万8,000町歩、被買収地主数約250万人、売渡受領小作人約426万人（いずれも農地）となった。自作地をまったく所有しない農家は26％（1938年）から4％（1952年）に、小作地を耕作する農家数は同じく約70％から40％に減少した。

農地改革訴訟　農地改革立法の後は農地改革違憲訴訟が続いた。最高裁（多数意見）は、自創法に基づく買収対価が「正当な補償」（憲法29条3項）に当たらないとの訴えに対し、「正当な補償」は「その当時の経済状態において成立することを考えられる価格に基き、合理的に算出された相当な額」をいい、「必ずしも常にかかる価格と完全に一致することを要するものでない」とした。そして、自創法の対価が「地主採算価格」によらず「自作収益価格」によったことは「農地を耕作地として維持し、耕作者の地位の安定と農業生産力の維持増進を図ろうとする」農地調整法から自創法に及ぶ「一貫した国策に基く法の目的」に照らして「正当」とした[14]。これに対し、客観的な市場価格でなければ違憲とする4裁判官の反対意見が付された。井上登＝岩松三郎反対意見は、自創法に基づく買収は占領中にGHQ司令官によって「憲法外」で行われた「革命的な場合」であり、講和成立後の今日は内容が違憲の法規を裁判所は適用できないとした。これにつき、GHQ政治部法制司法課長だったA・オプラーは、「反対意見は説得力のある法律的根拠を持っている」が、「多数意見には、純粋な法律解釈を越えても考慮すべきで

---

[13] この間の経緯は、ワード／小倉1997に詳しい。
[14] 最大判昭和28年12月23日民集7巻13号1523頁。

あると考えざるをえない事情があった」とし、その「合理的な実用主義」を評価する[15]。本判決の意義は、自創法による買収対価の正当性を最高裁が認めたことにより、違憲の疑いがあった農地改革立法を司法の一貫した支持によって完遂させたことにある[16]。

産業経済政策と戦略的立法　　農地改革は財閥解体、労働法改革による労働者の利益擁護等と相俟って、経済発展の推進主体と利益享受者の範囲を拡大した。政府は企業を支援する方針として、効率性追求と雇用拡大、成長と衡平（growth and equity）の両立を求め[17]、労働者の所得増加・需要増加・供給増加による規模の経済の実現という好循環の形成を促した[18]。この方針の下、政府は重要産業基盤を整備すべく、繊維工業設備臨時措置法・機械工業振興臨時措置法（1956年）、合成ゴム製造事業特別措置法・電子工業振興臨時措置法（1957年）、航空機工業振興法（1958年）等を制定し、合理化の基本計画の策定、生産品種の制限等の共同行為を求める一方、設備資金の確保・斡旋、税制上の特別措置等を実施した[19]。これらの戦略的立法は政策に法的根拠を付与する時限法であったが、適宜改正・延長された。産業経済政策を法律に書き込み、制度化することは、政策を着実に実施するアンカーないし逆流防止装置の機能を果たし、政治の介入・政党間の対立・政府部内の対立等による政策の変更・後退を阻止し、政策財源を確保するとともに、政策への国民の理解を促し、政府・企業・市民社会の官民協調の基盤になった[20]。それが国民所得倍増計画（1960年12月）と呼応し、高度経済成長に通じる制度的要因になったと考えられる（【図表6-1】）[21]。

　この時期の経済政策は貿易・為替自由化計画大綱（1960年6月閣議決定）に基づく自由化の漸次的実施であった。それは政府が一方的に策定したのではなく、財界の強い意志と要望を背景とした。政府は産業・輸出振興政策を

[15] オプラー／内藤監／納谷＝高地訳1990：280頁。
[16] 本判決は、その後の農地改革関連訴訟判決（最判昭和29年1月22日民集8巻1号225頁、最大判昭和29年11月10日民集8巻11号2034頁、最大判昭和30年10月26日民集9巻11号1690頁）の先例的・指導的役割を演じた。内野2006：504頁。
[17] 大蔵省1954。
[18] 浅沼＝小浜201：324-326頁。
[19] 来生1996：56-57頁、78-79頁、82頁。
[20] 浅沼＝橋本＝松尾2014：9頁（浅沼）、10頁（橋本）、11頁（松尾）。
[21] 一方、高度成長の副作用としての公害問題や消費者問題に対応すべく、公害対策基本法（1967年）、大気汚染防止法・騒音規制法（1968年）、公害対策基本法改正（経済の健全な発展との調和条項の削除）・公害防止事業費事業者負担法・海洋汚染防止法・水質汚濁防止法・廃棄物の処理及び清掃に関する法律（1970年）等が制定・改正された。これらも市場と企業の自由を側面から確保する意味をもった。来生1996：82頁参照。

【図表6-1】 日本の国民1人当たりGDP・同成長率の推移

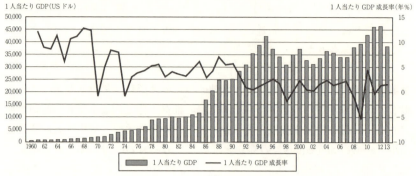

出典：World Bank, *World Development Indicators*, 2014 に基づき、著者作成。

実施したが、民間の活力とイニシアティブを重視し、工業化の局面移行を促進する働きをした。かかる政府主導・民間主体というべき官民協調体制が、高度経済成長期の急速な工業化と輸出拡大に通じた[22]。

　通産省（当時）は協力的な官民関係を制度化し、自由化に対応できる民間企業の国際競争力強化に向けて誘導行政の実施を図るべく、特定産業振興臨時措置法案を準備した（1963年3月閣議決定）。それは官庁間・産業界内部・政党間の足並みの乱れにより、審議未了・廃案となったが、官民協調方式は行政指導の形で、投資調整と企業規模拡大のための合併促進の領域で進められた。かかる産業経済政策の実施は独占禁止法の解釈・適用をめぐる競争政策と緊張関係に立つとともに、政府と企業の間には絶えず指導と反発の緊張関係が存在した[23]。

3　日本的発展モデルの可能性

経済成長の諸要因　　高度経済成長（【図表6-1】）は、日本の政治・経済・法制度改革の産物にほかならない。まず、①政治権力の中央集権化、国民による権威と法への畏敬、立憲的秩序の漸次的構築による政治的安定が、経済活動を促す各種インフラ整備の効用を高めた。とりわけ、②比較的識字率の高い人的資本の蓄積、③灌漑、陸上・海上交通等の物的インフラの整備、情報伝達・物流・為替、米等の取引市場と証券化・先物取引等のソフト・イン

[22] 浅沼＝小浜2007：326-330頁。
[23] 来生1996：86-103頁、浅沼＝小浜2007：330-336頁。

フラの発達等が重要である[24]。ついで、これらを基盤にして、一連の法改革が経済制度の変革を促した。すなわち、④土地所有権の確定と金納地租の確保、不動産の財産価値の活用制度の発達、⑤基本法典の整備による家族間・私人間・個人と政府間の権利・義務関係の明確化、⑥農地改革等の経済の民主化立法の実施による経済成果の享受主体の拡大、⑦産業経済政策・立法の実施による企業・労働者間、企業・政府間の協力関係の構築等が、広範囲の国民に経済活動へのインセンティブを創出した。その結果、多くの国民の間に早く「豊かになりたい」という「想い」を[25]、強烈かつ持続的に醸成させた。このことが、経済成長の鍵を握ったといえよう。

発展の諸側面のバランス　しかし、経済成長は発展の一面に過ぎない。議会による行政のコントロールと立憲政治の歴史は浅く、市民は政治参加に未習熟である。縁故主義は根深く、社会的・文化的価値としての真の意味の個人主義の尊重はまだ十分に浸透していない。その結果、日本の発展は経済・政治・社会の諸側面で跛行(はこう)的である[26]。また、経済活動自体にも勤労民衆を尊重しない利己性、フェアでない営利性が顕在化し、パーリア的（手段を選ばぬ営利追求による）経済行動がバブル経済とその崩壊を特徴づけているという指摘も、看過することができない[27]。さらに、漸進的な立憲主義が政治の安定をもたらした一方で、急速な経済成長は都市と農村の乱開発とアグリーな空間を生み出した。日本の発展モデルは、開発国家による法改革を道具とする経済成長政策の成功の秘訣と副作用を端的に示す先例的意義をもつといえよう。

[24] 浅沼＝小浜2007：15-23頁。
[25] 浅沼＝小浜2007：324頁参照。
[26] 富永2013：220-221頁。
[27] 中村（勝己）1994：423頁。

第7章　韓国における法改革と経済・政治の発展

国名	大韓民国
公用語・国語	韓国語
首都	ソウル
通貨	大韓民国ウォン（KRW）
人口	5061万人
人口密度	504人/km²
GDP(MER)／1人当たりGDP	1兆3778億ドル／27222ドル

【ポイント】　第4章では、市民革命を経て、議会が王権を制限し、その手段としてのコモン・ローに特有の法の支配が浸透して、産業革命を成し遂げたイギリス型発展モデルを、第5章・第6章では、市民革命を経ずに、政府が王権と協調し、法改革を開発戦略の手段として用いて、産業革命を達成した日本型発展モデルをみた。では、最も急速に経済成長した韓国のモデルはどのように特徴づけられるであろうか。このうち日本型のモデルに関しては、韓国を看過することができない。韓国も日本と同様にシビル・ロー（大陸法）をベースに法改革を進め、両国は「世界で最も似通った法体系」をもち、韓国法は「鏡の中の日本法」ともいわれる[1]。本章では、「アジアの次なる巨人」[2]と特徴づけられた韓国の法改革が、より短期間のうちに経済成長を達成したこととどのように関わるのか、それが政治発展にどのような影響を与えたかを考察することにより、シビル・ロー型法改革の優れた点と陥りやすい危険性について検討する。

1　第2次大戦までの政治・社会状況

統一王朝の成立　　朝鮮半島では新石器時代の原始的な氏族共同体を経て、古朝鮮・扶余・高句麗・沃沮・東穢・三韓（馬韓・辰韓・弁韓）等の部族国家が興亡し、北方の古朝鮮・扶余では家父長制社会が発達した[3]。高句麗・

---

[1] 尹2009：40頁、69頁。
[2] Amsden 1989。
[3] 李＝石井2008：1-2頁（李）、高2010：3-4頁。

百済・新羅の三国時代（1世紀～7世紀）には王族・貴族の支配階級が被支配階級を治める政治形態が発達し、律令制度が採用された。百済は6～7世紀の日本に仏教・律令等を伝えた。このうち新羅が百済と高句麗を滅ぼし（660年・668年）、三国を統一し、中国（唐）の律令制度を組み換えて中央集権的政治体制を強化した。9世紀末、統一新羅は後三国に分裂するが、高麗が再統一し（936年）、唐律を選択的に継受して高麗律を定め、加えて勅令・慣習律および慣習法（民事関係）をもって統治した（【図表7-1】参照）。

朝鮮時代　1392年、高麗の武将李成桂は革命派士大夫（学識官僚）と計って恭譲王を廃し、譲位を受けて朝鮮を建国した。朝鮮は**儒教政策**をとり、**朱子学**が国教的地位を得るとともに、両班（文臣・武臣）、仲人（郷吏・胥吏〔庶民身分の下級役人〕・技術官等）、常民（農民・手工業者・商人）、賤人（白丁〔被差別民〕、奴婢）からなる身分制度を敷いた。

　朝鮮は政局を安定化させるために**人治主義**から**法治主義への転換**を図り、**成文統一法典の編纂**を進めた。太祖（李成桂）は建国草創期の教令を集成した韓国史上最初の成文統一法典である経済六典（1397年）を制定・公布し、諸制度の基本準則とした。第4代世宗はこれを補完・増補する続六典（1429年）を編纂した。第7代世祖（1455～1468年）はこれらを全般的に再調整・統一すべく経国大典を編纂し、修正・増補を経て、第9代成宗が確定・施行した完成版（1485年）が今日完全な形で伝わっている[4]。これは①吏典（中央・地方官制等）、②戸典（戸籍・土地・租税・通貨・負債と利息・商取引、その他財政・経済関連制度）、③礼典（科挙・外交・祭礼等）、④兵典（軍制・軍事）、⑤刑典（後述する大明律に対する特別刑法）、⑥工典（道路・橋梁・度量衡・殖産等）から構成された。その後、これを補完する続大典（1746年）、それらを統合した大典通編（1785年）が編纂された。このように行政、民・商事、刑事を含む包括的な成文法主義の伝統が14世紀末から連綿と形成されていたことは、後にみる韓国政府の法令管理・法令情報処理能力の高さに鑑みて、注目に値する。

　なお、刑事に関しては、中国（明）の大明律（1367年。1375年・1397年改正）が借用されたが、太祖はこれを分かりやすい吏読文に翻訳し、朝鮮社会の実情に適合させるべく大明律直解（1395年）を編纂した[5]（【図表7-1】参照）。

[4]　李＝石井2008：1-2頁、4-6頁（李）；高2010：6-8頁。
[5]　李＝石井2008：1-2頁、5-6頁（李）；高2010：8頁。

大韓帝国　19世紀末になると朝鮮では中国（清）等の外国勢力による影響が増大し、国内の政治・経済・社会の混乱が増した。日清戦争（1894〜1895年）により、朝鮮における清の勢力が排除されたことから、親日開化派が甲午改革によって政権を樹立し、奴婢（ぬひ）制度の廃止、婚姻適齢の引上げ（男性20歳・女性16歳）、寡婦（かふ）の再婚承認等の改正を行った。

しかし、朝鮮とロシアの接近を恐れて日本が明成王后を暗殺した事件（1895年）を契機に反日感情が高まって親日政権は崩壊し、高宗が皇帝に即位して大韓帝国の設立を宣言した（1897年）。大韓帝国は近代的法令集としての法規類編（1896年）、韓国最初の近代的憲法である大韓国国制（1899年）等を編纂し、自主独立国であることを内外に示した。しかし、日本はロシアとの戦争を始めて朝鮮に一方的に軍隊を派遣し（1904年）、韓日議定書を強要して軍事行動の自由と内政干渉を承諾させ（同年2月）、第1次韓日協約（同年9月）を調印させて大韓民国の財政・外交を支配する顧問政治を始めた。さらに、日本は第2次韓日協約（1905年11月）に基づく統監府の設置（1906年）、第3次韓日協約（1907年7月）に基づく統監府による司法権の掌握を進めた。統監府令を通じて日本の勅令が大韓帝国にも適用され、立法権も日本人顧問によって統制された[6]。

こうして実質的に植民地化を進める中で、日本は民法典編纂のために不動産調査委員会を設置して土地所有権等調査を行い（1906〜1907年。会長は梅謙次郎）、土地家屋証明規則が公布された（1906年。同規則は、それまで刑罰をもって禁止されていた外国人の土地所有を合法化し、日本人による土地の強制的収奪に用いられた）。その後、同委員会に代わり、主要法典の制定準備のために法典調査局が設置され、慣習調査を行った（1907〜1910年。梅は顧問）[7]。しかし、法典編纂事業は日韓併合（1910年。後述）によって中断された（【図表7-1】参照）。

日本による植民地支配　1910年8月22日、日本は軍を動員して韓日合邦条約を調印させ、大韓帝国は朝鮮と改称され、朝鮮総督府が設置された。日本は朝鮮に施行する法令の件（1911年）を公布し、必要な法律事項は朝鮮総督府の命令（制令。植民地期間を通じて676件）によって規定するものとした。そのうち、朝鮮民事令（1912年。制令7号）により、日本の民法・信託法・商法等23の民事法律が適用されたが、親族・相続に関しては韓国の慣習法が

---

[6] 李＝石井2008：6-7頁（李）；高2010：10-17頁。

[7] 李（英美）2005：47頁、113頁。梅は1910年8月25日、漢城府（ソウル）で急死した。

【図表7−1】 韓国の政治・経済・法の発展経緯

~BC58	古朝鮮・扶余・高句麗・沃沮・東歳・三韓等
BC18~	三国時代（高句麗・百済・新羅（~AD668）
668~	統一新羅（~936）
936~	高麗（~1392）
1392~	朝鮮（~1896）。経済大典等の法典編纂
1897~	大韓帝国（~1910）。大韓国国制（1899）
1910~	日韓併合。日本による植民地支配（~1945）
1945	日本敗戦。朝鮮半島解放。アメリカ・ソ連による占領
1947	農地改革（第1次）
1948	初の総選挙（5.10）。大韓民国憲法（7.17公布・施行）。大韓民国樹立。李承晩大統領による新政権
1950~	朝鮮戦争（~1953）。停戦（1953）。韓米安保条約。農地改革（第2次）
1960	韓国民法施行。4.19革命、李大統領亡命
1961	朴正熙を首班とする5.16軍事クーデタ
1962	第1次5か年計画（~1966）
1963	大統領選挙、朴正熙当選。民主共和党創設
1965	日韓基本条約
1967	第2次5か年計画（~1971）
1972	第3次5か年計画（~1976）
1979	経済安定化プログラム（4）、朴大統領暗殺（10）
1980s	金融セクター自由化、財閥による証券会社設立、外資導入
1987	憲法裁判所創設
1997	アジア金融危機。短期資金の大量流出

出典：筆者作成。

適用された（ただし、同令11条の4回の改正により、日本法の適用範囲は徐々に拡大した）。一方、朝鮮刑事令（1912年。制令11号）により、日本の刑法、刑事訴訟法等12の刑事法律が適用された[8]。

2　第2次大戦後の政治体制と経済開発

大韓民国の独立　1945年8月15日、韓国は日本の敗戦によって光復（解放）を迎えたが、アメリカと旧ソビエトによる朝鮮半島の南北分断占領の下で、復興を開始した。1948年5月10日、韓国政治史上初の総選挙が実施され、同年5月31日に制憲国会が成立した。制憲国会は憲法起草委員会を設置

[8] 李＝石井2008：7-8頁（李）；高2010：17-27頁。植民地時代の日本法の適用（依用）の状況等に関しては、向2007；鈴木（敬夫）1989参照。

し、同委員会が作成した憲法草案に基づき、同年7月12日、制憲国会は大統領中心制・単院制国会・統制経済制度等を含む憲法案を可決し、同月17日公布された。同月20日、憲法規定（当時）に基づき、国会の間接選挙で大統領に李承晩（イ・スンマン）が選出され、同年8月15日、大韓民国独立宣布式が行われた（同年9月9日、朝鮮民主主義人民共和国が樹立宣言）。同年12月12日、国際連合は韓国を承認した[9]（【図表7-1】参照）。

立憲的法秩序の再編　大韓民国憲法100条は「現行法令は、この憲法に抵触しない限り、効力を有する」としたことから、旧韓国、日本植民地時代、アメリカ軍政期の法令もその限りで効力をもった。一方、1948年9月15日、大統領直属の法典編纂委員会が設立され（大統領令4号・法典編纂委員会職制による）、法律の体系的整備作業が始まった。同委員会は刑法案・民法案を作成し、刑法案は1953年9月可決・10月3日施行、民法案は1958年可決・1960年1月1日施行された[10]。

土地改革　1947年にアメリカ軍によって土地改革（第1次）が実施され、日本人から没収した土地を小作農に分配した。また、その他の土地の地代に上限を設けた。そして、その後は国会での長い討議を経て、1950年には韓国政府自身が土地改革（第2次）を開始し、地主から名目的補償によって買収した土地を、約90万人の小作人に配分した。これは朝鮮戦争休戦後に完了した[11]。もっとも、それは土地売却の公募・入札に際して汚職を蔓延させるという副作用も伴った（【図表7-1】参照）。しかし、これら一連の土地改革が土地所有の再配分を促し、その後の韓国の急速な経済発展に与えた影響を軽視することはできない。

4.19革命　この間1950年6月に朝鮮戦争が勃発し、1953年7月に「北進統一」に固執した李大統領を除いた形で国連軍代表と中朝連合軍代表の間で休戦協定が結ばれた。同年10月、韓米相互安全保障条約が締結され、アメリカをはじめとする援助資金による開発が始まった。しかし、経済開発は捗々しく進まず、1人当たりGDPは1960年代前半まで約100ドル前後にとどまっ

---

[9] 李＝石井2008：8-9頁（李）；高2010：27-29頁。
[10] 刑事訴訟法は1954年9月、民事訴訟法は1960年4月、商法・手形法・小切手法は1962年1月に制定された。
[11] World Bank 1993：p. 161（白鳥監訳1994：151頁）。

た。経済成長が進まない中、貧困にあえぐ農民や都市労働者は、効果的な経済的支援を実施しなかった李政権に対して反発を強めた。1960年4月19日、李大統領の選挙不正も加わり、学生らのデモを契機に李大統領はハワイに亡命し、反対党（民主党）の張勉（チャン・ミョン）が政府の首班となった。

5.16軍事クー・デタ　しかし、1961年5月16日、朴正熙（パク・チョンヒ）、金鐘泌（キム・ジョンピル）ら農村出身の陸軍士官らがクー・デタを敢行した。翌日、革命委員会は①反共体制強化、②アメリカ等自由主義諸国との関係強化、③汚職・社会悪の根絶、④新しい社会倫理の確立、⑤自立経済の達成、⑥目的達成後の民政移管からなる革命公約を発表した。その後、朴は1963年に実施された選挙で大統領に当選し、民主共和党（与党）を創設し、民政移行しつつ、経済開発を強力に推進した（【図表7-1】参照）[12]。

経済成長の政治──「漢江（ハンガン）の奇跡」　朴大統領は、経済企画院を中心に経済計画を策定・執行することにより、経済発展に焦点を当てた「経済成長の政治」を推進した。それは、①所得増加と雇用確保のために軽工業から出発して重化学工業へ移行する段階的工業化、②民間企業を産業主体と認めつつ、経済計画指導要綱に基づく政府主導による投融資ないし支援決定、市場・価格管理、③積極的な外資導入、そのための輸出振興、④ある程度のインフレを犠牲にした経済成長最優先の諸政策を含むものであった[13]。

　朴政権は、第1次5か年計画（1962〜1966年）から輸出振興策を推進し、そのためにウォンの対ドル・レートの大幅切下げ、単一レート・変動相場制の採用、輸出産業のための原材料輸入・設備投資の借款供与等を実施した。その確実な履行を担保すべく、経済企画院は財閥別・企業別の月次輸出目標を定め、それが達成できない場合には罰則的な措置もとった。

　第2次5か年計画（1967〜1971年）では、機械工業振興法、造船工業育成法、電子工業育成法、石油化学工業育成法等、個別の産業育成法を制定し、経済政策の確実な実施を担保しようとしたことが注目される。こうした開発戦略的立法は、前章2で戦後日本の産業振興法についても触れたように、政策を着実に実施するアンカーの機能を果たし、政治の介入・政党間の対立・政府部内の対立等による政策の変更・後退を阻止し、政策を着実に実施するアンカーの機能を果たし政策財源を確保するとともに、政策への国民の理解

[12]　しかし、超憲法的な国家再建最高会議が非常立法機構として機能した（後述3冒頭参照）。
[13]　浅沼＝小浜2013：73-79頁。

【図表7-2】韓国の国民1人当たりGDP・同成長率の推移

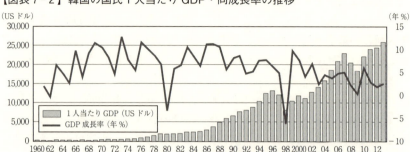

出典：World Bank, *World Development Indicators*, 2014に基づき、筆者作成。

を促す作用をもったと考えられる[14]。この第2次計画の間に、韓国の実質GNP成長率は約9.5%を達成し、目標値の7.0%を大きく上回った。こうして「東アジアの奇跡」の中で最も顕著な「漢江の奇跡」が本格化した（【図表7-1】、【図表7-2】参照）。

第3次5か年計画（1972～1976年）では、朴政権は産業構造の高度化を選択し、重化学工業化を推進した。とりわけ、鉄鋼・化学・自動車・造船・機械工業・電子工業等の育成が重視された[15]。この中には、世界銀行の融資を取り付けることによって成功に導いた浦項製鉄（POSCO）プロジェクト（約36億ドル）、現代造船プロジェクト（1973年操業開始。1984年までの累積実績1,000万トンで世界最大を達成）が含まれている。前者は国営企業によるものであるが、後者は財閥企業を主体とするものであり、これを契機に、サムスン（Samsung）、デウー（Daewoo）も造船分野に参入し、韓国が世界最大の造船王国となるプロセスを後押しした（【図表7-1】参照）。

1979年10月、朴大統領は暗殺され、開発主義的な工業化戦略は終焉を迎えた。その後、韓国政府は1980年代に金融セクターの自由化に乗り出し、商業銀行の民営化、銀行以外の証券会社等による金取引への参入の自由化、特定産業への優遇金利等の廃止等へと経済政策をシフトさせた。その結果、財閥による証券会社の設立が相次ぎ、それを経由して急速に外資導入が進んだ。ところが、1997年、短期資金の大量流出を契機に、韓国経済はアジア金融危機の犠牲者となった（【図表7-1】参照）。

---

[14] 本書63頁。浅沼＝橋本＝松尾2014：9頁（浅沼）、10頁（橋本）、11頁（松尾）。
[15] 浅沼＝小浜207：79-87頁。

3　民主化の進展

超憲法的措置からの脱却　1961年の5.16クー・デタ後、革命委員会を改称した国家再建最高会議は、超憲法的な非常立法機構として絶対的統治権を行使し、旧法令整理に関する特別措置法（1961年）を制定して旧法令を整理する一方、反共法（1961年）、暴力行為等処罰に関する法律（同前）、軽犯罪処罰法（1964年）等を制定した。また、朴大統領の暗殺後の混乱に対処すべく、1980年10月27日から1981年4月10日までは、国家保衛立法会議という超憲法的な立法機構により、多くの法律が制定された。その中には、政治風土を刷新するための特別措置法、独占規制・公正取引に関する法律、社会保障法、労使協議会法等が含まれていた。そうした重要な法律が非常立法機構によって制定されたことは、韓国における法の支配の実現に対する障害要因として作用した。しかし、その一方で、それによって韓国の法制度が「主権国家としての面貌を備えたものに発展した」面も評価されていることが注目される[16]。

民主化への法改正の進展　1980年代以降は、民主化に対する国民の期待を反映して、民法・商法・民訴法・刑法・刑訴法等を含む基本法制が、発展した経済力と民主政治に相応しい方向へと大きく改正された。そして、1987年10月29日に告示された大韓民国憲法改正（第9次）によって憲法裁判所が創設され、違憲法令審査および国民の人権保障に寄与してきた[17]。また、この時の憲法改正により、大統領の任期を5年に短縮し、再任を不可にするとともに、大統領の直接選挙制が導入された（民主化改憲）[18]。こうして韓国は、1990年までには、経済成長と民主化の双方を手に入れたとの評価がされている[19]。

4　韓国型発展モデルの特色と含意

「漢江の奇跡」の諸要因　韓国が1960年代後半以降、奇跡的な経済成長を

[16]　尹2009：44頁。
[17]　韓国憲法裁判所編／徐ほか訳2000、李／在日コリアン弁護士協会訳2012。
[18]　国民投票では、投票者の93.1%が賛成した。
[19]　尹2009：70頁注11。

達成した原因については、(a)開放経済体制を維持し、輸出志向型の工業化路線をとった自由化政策の帰結とみる市場主義者的理解に対し[20]、(b)特定産業に照準を絞った産業政策と政策的介入が奏功したとみる修正主義者の理解がある[21]。後者(b)の修正主義者的理解は、開発主義的志向をもった強力な政府によるハイリスク・ハイリターンの開発、とりわけ複雑な政治・経済のメカニズムを統御した韓国政府の政治指導者とテクノクラートの情熱に着目する。それは、朴政権下の開発戦略を特徴づけるキー・ワードとして、①「急速な工業化による経済成長」、②「政府主導の経済計画」、③「死に物狂いの輸出振興」、④「金融の国有化と金融による財閥（チェボル）支配」の４つを挙げている[22]。私見も(b)修正主義者的理解に共感を覚える。そして、それは《政府主導・民間主体》の官民関係、政府とビジネスの共生関係の形成を促した開発独裁体制の成功例の１つであり、その点では韓国型開発モデルが前回みた日本型モデルとある程度共通性をもっている。そのうえで、韓国モデルは日本モデルにもあった超憲法的な戦略的政策・立法の要素をより強くもつ形態として特徴づけることができるようにも思われる。そのことは、韓国が短期間のうちに経済発展と民主主義の双方を手に入れたとされる一方、国民の間に法曹界の不正・腐敗事件（法曹非理）をめぐり立法府や法執行機関に対する不信が増大しているといわれることと表裏の関係にあるのではなかろうか[23]。

法改革の意義と特色　　14世紀末からの数々の法典編纂、包括的な成文法主義の伝統をもつ韓国は、法令情報の管理・提供において、極めて優れたシステムを発達させている[24]。それは、シビル・ロー型の制定法を開発の手段として道具主義的に用いる場合に大きな効果を発揮した。もっとも、そこでは、政府の権力行使を制約する高次の法による拘束という要素が稀薄になることも否めない。しかし、法の道具作用と権利抑制作用はトレード・オフの関係にある。韓国の法と開発は、シビル・ロー型の法整備を通じて経済成長を成し遂げた朴政権の**正当性**（justness, rightness）の主張と、これに対する**正統性**（legitimacy）の観点からの批判とのせめぎ合いを浮き彫りにしている[25]。

[20] これが多数説であるとされる。浅沼＝小浜2007：92頁参照。
[21] それは少数説であるとされる。浅沼＝小浜2007：92頁参照。絵所1997：148-161頁も参照。
[22] 浅沼＝小浜2007：73頁。
[23] 尹2009：68-69頁。
[24] 韓国法の法令情報へのアクセスに関しては、尹2009：57-68頁、高2004：331-368頁、高2010：357-369頁、姜2004：259-268頁等参照。
[25] 服部1992：3頁参照。

第8章　台湾における「奇跡の発展」と法改革

国名	台湾（中華民国）
公用語・国語	中国語（繁体字）
首都	台北市（最大都市）
通貨	ニュー台湾ドル（台湾元）（TWD）
人口	2300万人
人口密度	638人/km^2
GDP(MER)／1人当たりGDP	5088億ドル／46783ドル

【ポイント】　アジア金融危機（1997年）後、官民挙げての韓流ブームが続いた陰で、2010年頃から台湾映画が香港・中国のみならず日本でも注目を集めた。その「奇跡の成長」を画した2作、魏徳聖（ウェイ・ダーシェン）監督の『海角七号　君想う、国境の南』（2008年）、『セデック・バレ　太陽旗／虹の橋』（2011年）は奇しくも日本と深い関わりをもっている。とくに後者は日本統治下の台湾で起きた先住民による抗日闘争・霧社事件（1930年）を発掘し、台日の視点から異文化衝突、民族アイデンティティ、人間の尊厳、開発と正義を問うている。それらには著名な監督・俳優とメジャー映画会社による人気ジャンルというヒット作の業界常識がどれも当てはまらない。著名とはいえない監督・俳優と小プロダクションが徹底してローカルな視点を堅持し、オリジナルなアイディアを形にする製作法が、思いがけずヒットとグローバルな関心を集めたところに、台湾らしいスタイルがある[1]。

　台湾は1960年から1985年の国民1人当たりのGDP成長率が世界第2位を記録し、「東アジアの奇跡」といわれた高成長アジア経済（HPAEs）における「4虎」の1匹として、経済面でも「奇跡の成長」を達成した[2]。それは権威主義的政府が大陸法系の法システムを道具として、数々の開発政策を主導してきた点で日本や韓国と共通するが、注目すべき独自性ももつ。この共通性と独自性の両視点から発展と法の関係を検討することが、本章の課題である。

---

[1] 暉峻2012：27-30頁。
[2] World Bank1993；pp 2-3（白鳥監訳1994：2-3頁）、伊藤（潔）1993：193-198頁。

1　台湾の統治と政治・法制度の変遷

オランダ、鄭氏から清による支配へ　台湾島および約80の付属島嶼（合計面積約36,000km²）からなる台湾には、マレー・ポリネシア系先住民、漢族の移住民等が居住していたが、統一国家をなさず、中国、日本、オランダ、スペイン等が各々貿易拠点を築いた。1642年、オランダがスペインを駆逐して先住民・移住民に対する支配を始めたが、中国大陸で明（1368～1644年）の復興を期して清（1636年建国）と戦っていた鄭成功（チェン・チェンコン）が、1661年、台湾のオランダ拠点を攻撃して1662年に陥落させ、統治を始めた。しかし、その死後、鄭氏政権は内紛を生じて弱体化し、1683年に清に降伏した。この後、清は台湾をその版図に組み込み、212年にわたって「領有」した[3]。

日本による統治　日清戦争（1894年）の勃発後、講和談判中に日本は澎湖島を占領し（1895年3月）、下関条約（1895年4月）によって台湾の割譲を受けた。台湾では抗日勢力（清の皇帝直属の地方長官たる巡撫、軍人、義勇兵、富豪等）が、1895年5月23日、台湾民主国の独立を宣言した。しかし、同年6月初旬、その首脳は日本軍の基隆侵攻によって逃亡し、樺山資紀総督が台北に入場、6月17日、始政式を行った（【図表8-1】参照）[4]。

初めて植民地経営を始めた日本は、台湾を徐々に内地に同化する方向で統治すべきか（内地延長主義）、あくまで本国と別個の統治を行うべきか（特別統治主義）、基本方針の決まらないまま、日本内地人の殖民を進めるべく、日清条約5条に基づき、樺山総督は台湾及澎湖列島住民退去条例（1895年11月18日）を定め、台湾統治を進めた[5]。

六三法　抗日武力闘争が続く中、伊藤博文内閣提出の法律案に基づき、帝国議会は「台湾ニ施行スヘキ法令ニ関スル法律」（明治29年3月31日法律63号。六三法）を可決し、台湾総督が「法律ノ効力ヲ有スル命令」（律令）を発することを認めた。その施行により、同年4月1日から大本営管轄の軍政に代

---

[3]　伊藤（潔）1993：11-63頁。
[4]　伊藤（潔）1993：65-73頁。
[5]　退去期限は1897年5月8日（日清条約批准2年後）。しかし、退去者は全島住民約260万人中約4,500人（約0.16％）に止まった。退去住民の財産所有に関する裁判につき、後藤（武秀）2009：17-24頁参照。

【図表8-1】 台湾の政治・経済・法の発展経緯

1624～	オランダによる支配（～1662）
1662～	鄭氏王朝による支配（～1683）
1683～	中国（清朝）による支配（～1895）
1895	日清条約（4.17），台湾総督府始政式（6.17），日本の植民地統治。抗日闘争。軍政施行（8.6）
1896	六三法（3.31公布），民政施行開始（4.1），延長
1906	三一法（4.11公布，1907.1.1施行），延長
1912	中華民国樹立（1.1）。宣統帝退位（2.12），清滅亡
1921	法三号（3公布，1922.1.1施行）
1922	勅令406号・407号（9.18公布，1923.1.1施行）
1930	霧社事件。皇民化運動，皇民奉公会結成（1941）
1942	中華民国国家総動員法（3.29公布，5.5施行）
1945	中華民国への台湾返還，受降式（10.25）
1946	中華民国憲法制定（12.25），公布（1947.1.1），施行（12.25）
1948	中華民国動員戡乱時期臨時条款（5.10） 収購大中戸余糧政策（農地改革1）
1949	三七五減租条例（農地改革2）。中華人民共和国成立
1950	米華平和条約
1951	公地放領（農地改革3）
1952～1973	経済建設4か年計画開始（第1期～第6期）
1953	耕者有其田条例（農地改革4）
1973	十大建設計画
1978	12項目建設計画
1987	戒厳令解除（7.15）
1991	中華民国動員戡乱時期臨時条款廃止・憲法増修条文1-10条（5.1公布）
1994	憲法増修条文11-18条（8.1公布）
1992	台湾地区及び大陸地区人民関係条例
1996	初の総統直接選挙。李登輝当選（第9代）
2000	総統選挙で民進党の陳水扁当選（第10代）
2001	WTO加盟
2010	両岸経済協力枠組協定（ECFA）締結

出典：筆者作成。

え、内閣による民政が施行された。律令は、台湾総督府評議会の議決を取り、拓職務大臣を経て勅裁（天皇自らの判断）を請うものとされたが、帝国議会の立法権を実質的に蔑ろにするとして、審議中から憲法上の疑義が提起された（六三問題）。妥協として、六三法は3年の時限法とされたが、3度延長され、この間に六三法に基づいて数多くの律令が民政の実施、治安維持等を目的として制定された[6]。

三一法　日露戦争終結後の1906年、政府は期限を迎えた六三法に代え、台湾では法律を要する事項は勅令（天皇の命令で、副署を要する。副署は国務大臣でなく台湾総督とする）で定める旨を提案したが、再び反対論が起きた。最終的に、法律を要する事項は台湾総督の命令によって規定しうるが、それは主務大臣を経て勅裁を請うものとしたほか、台湾に施行することを要する内地法律は勅令で定めること、5年間の時限立法とすることで、「台湾ニ施行スヘキ法令ニ関スル法律」（明治39年4月11日法律31号。三一法）が帝国議会を通過した。こうして六三法と実質上同じく特別統治主義を維持した三一法は、2度延長された[7]。なお、この間に中国では中華民国が成立し（1912年1月1日。臨時大総統・孫文）、宣統帝（溥儀）が退位して（同年2月12日）、清朝は滅亡した。

法三号　原敬内閣の誕生（1919年）により、原の持論であった漸進的な内地延長主義による植民地統治政策への転換が図られた。政府は1921年、台湾にも内地法を直接適用することを原則としつつ、内地法に該当法令がない、内地法の施行が著しく困難および臨時緊急の場合に限り、台湾総督の命令（主務大臣を経て勅裁を請う）によって規定できる旨の法案を提出した。審議の末、「台湾ニ施行スヘキ法令ニ関スル法律」（大正10年法律3号。法三号）が成立した。それは、①内地の法律でその全部または一部を台湾に施行する必要があるものを勅令で定め、「台湾特殊ノ事情」によって特例を設ける必要あるものは勅令で別段の規定を設け（1条）、②内地の法律がなく、またはその法律に依り難く、かつ「台湾特殊ノ事情」によって必要ある場合に限り、台湾総督の命令（主務大臣を経て勅裁を請う）によって規定でき（2条・3条）、③臨時緊急を要する場合は台湾総督が命令を発した後、直ちに勅裁を請い、それが得られなかったときは命令が将来に向かって効力がないことを公布すべきとした（4条）。

法三号に基づき、「民事ニ関スル法律ヲ台湾ニ施行スルノ件」（1922年勅令406号。台湾民事令）が民法・商法・民事訴訟法・破産法等の民事法を台湾に施行することを定める一方、「台湾ニ施行スル法律ノ特例ニ関スル件」（同年勅令407号）が特例を定め[8]、内地法適用原則が実施された。しかし、台湾と

---

[6] 後藤（武秀）2009：26-27頁、中村（哲）1958：175-192頁参照。
[7] 後藤（武秀）2009：28-31頁、中村（哲）1958：192-195頁参照。
[8] 例えば、「本島人ノミノ親族及相続ニ関スル事項ニ付テハ民法第四編及第五編ノ規定ヲ適用セス別ニ定ムルモノヲ除クノ外慣習ニ依ル」（5条）とした。

内地の相違は予想外に大きく、勅令による特例と台湾特殊の事情による総督の命令が必要になればなるほど、法律＞勅令＞律令の関係が事実上逆転した[9]。

台湾における日本法の正統性　このことは台湾に内地の憲法秩序が形式的にも妥当していたかを疑わせる。加えてそれは、台湾人が内地臣民と同等の権利・義務を実質的にも認められていなかったのではないかという問題にも目を向けさせる[10]。

もっとも、植民地にどのような法を適用して統治すべきかは、台湾領有直後から議論された。六三法が制定された1896年、早くも台湾総督府・民政局は台湾の既存の法の調査を開始し、1899年、台湾総督・児玉源太郎、民政長官・後藤新平は京都帝国大学教授・岡松参太郎を起用して「旧慣調査」に乗り出した。「旧慣」とは清朝時代に行われた成文法および法律たる効力をもつ慣習を意味した。岡松指揮下、臨時台湾旧慣調査会（1901年正式発足）第1部（本島法制担当）は、『第1回報告書』（1903年）、『第2回報告書』（1906-1907年）、『第3回報告書』（1910-1911年。臺灣私法）を刊行した[11]。それは旧慣を踏まえた立法を構想していた。岡松は内地法延長主義を批判し、「台湾の法制を完美ならしめ台湾が内地法に倣ふに非ずして、却て日本内地法をして台湾法を模範とするに到らんこと」を目指した[12]。

とりわけ、土地をめぐる権利関係（租税負担者を含む）、地主・小作人関係、土地担保金融等は既存の法を無視できず[13]、それとの制度的連続性を考慮することなしには、法の正統性（legitimacy）を期し難い。にもかかわらず、法三号およびそれに基づく台湾民事令は旧慣上の「業主権」（各人が各人の業をもって土地に関わる意味での「所有」の権利）に内地の民法上の所有権規定を適用し、さらに「民事ニ関スル法律ヲ台湾ニ施行スルニ付改廃ヲ要スル律令ニ関スル件」（律令6号。1923年1月1日施行）は台湾特有の規範と方式を定めた台湾民事令、台湾土地登記規則等を廃止し、内地法延長主義に転換した[14]。

[9] 後藤（武秀）2009：31-35頁、中村（哲）1958：195-200頁参照。
[10] 後藤（武秀）2009：37頁。
[11] 中村（哲）1958：200-203頁、西2009：35-37頁、243-248頁。
[12] 岡松1905：13-26頁。
[13] 西2009：65-242頁参照。
[14] 中村（哲）1958：201頁。

中華民国への返還　1945年9月2日、日本が降伏文書に署名し、GHQは台湾を中華民国（総統・蒋介石）に返還すべきことを命じた（一般命令1号）。中華民国はその前日に台湾省行政長官公署組織大綱を定め、陸軍大将・陳儀を台湾省行政長官に任命し、同年10月25日、台北公会堂の受降式で、台湾総督・安藤利吉から陳儀を通じ、台湾の返還を受けた。しかし、台湾人、とくに戦前から台湾に居住し、本省人と呼ばれるようになった者にとって、中華民国政府（その重要ポストは戦後渡来した外省人がほぼ独占した）と中華民国軍による統治は、必ずしも歓迎すべきものではなく、両者間には暴力的対立（1947年2月28日の2.28事件等）も頻発した[15]。

台湾における中華民国憲法の正統性　中華民国は孫文の三民主義（民族主義、民権主義、民生主義）および五権分立を採用した憲法草案（五五草案。1936年）を経て、1946年12月25日、国民党・青年党・民社党の議論の末、中華民国憲法を制定した（1947年12月25日施行）。しかし、国民党と共産党の闘争により、1948年5月10日、国民党政府は動員戡乱時期臨時条款を公布して憲法を事実上停止し、同条款に基づいて総統・蒋介石は台湾島を除く中国全土に戒厳令を実施した。1949年1月23日、北京が共産党支配下に置かれ、台湾への撤退を覚悟した国民党政府は、5月19日、台湾全土に戒厳令を布告し、7月24日、蒋介石が台湾に逃れた。10月1日、共産党が北京で中華人民共和国の建国宣言をしたのに対し、12月7日、国民党は台北を臨時首都とすることを宣言した。こうした経緯により、動員戡乱時期臨時条款および戒厳令によって効力を停止され、事実上総統（蒋介石は1949年1月に総統を退いた後、1950年3月1日に復帰）の権力独占を許容したまま、中華民国憲法に基づく法秩序が台湾に持ち込まれた。しかし、それが正統性を獲得できるかという問題が生じた[16]。

　一方、権威主義体制は経済成長政策等の開発戦略の策定と実施に便宜を提供した。また、中央集権化された政府は、立法・行政・考試・監察と並ぶ司法組織の構築においても優位性をもった[17]。

台湾における民事法・刑事法　中華民国政府は、1920年代末～30年代初め

[15]　後藤（武秀）2009：87-89頁。
[16]　中華民国は、1942年の国家総動員法（3月39日公布、5月5日施行）も廃止しないまま台湾に持ち込んだ。後藤（武秀）2009：89-98頁参照。台湾国民が関与せずに持ち込まれた法秩序は民主的正統性を欠く。簡2009：77-78頁。
[17]　簡2009：78-84頁参照。

に、民法典（総則・債権・物権・親族・相続からなるパンデクテン体系）[18]、会社法、手形法、海商法、保険法、民事訴訟法、刑法、刑事訴訟法等、一連の民・刑事法も整備して、台湾にもち込んだ。それらは市民の最も基本的な権利・義務を具体化する制度であり、それが台湾の経済・社会の発展に与えた影響は少なくなかったと考えられる[19]。

2　経済成長の軌跡

輸入代替工業化から輸出志向工業化へ　　台湾政府は、1945年～52年の混乱の収拾（とくに高金利政策によるインフレの収拾）期を経て、1950年代は一次産品を中心とする輸入代替工業化政策を推進した。しかし、台湾市場の狭隘さによる飽和、保護政策の弊害等により、1960年代から輸出志向工業化政策に転換し、植民地時代からの食品加工に加え、紡織、アパレル、家電製品、技術水準の低い部品・材料等の労働集約型産業を促進した。それらの輸出が投資を促し、それによって一層輸出が促される好循環が働き始め、輸出主導型の成長軌道に入った。また、1970年代には十大建設計画（1973年）、12項目建設計画（1978年）、官民合弁会社の設立等により、鉄道、高速道路、空港、港、造船、製鉄、石油化学コンビナート等の重化学工業を促進した[20]。

産業構造の高度化促進と空洞化阻止　　政府は、低賃金労働力が不足するようになると、製造業等の労働集約産業の海外シフト（いわゆる台商）を促す一方、台湾内では工業技術研究院の設立等による技術導入プロジェクトを推進し、技術集約型・資本集約型の機械工業へと一層の産業構造の高度化を促進する一方、投資の自由化、科学工業園区の開設等を通じた投資環境の改善等により、産業の空洞化を阻止しようとした。その結果、パソコン、半導体

[18] これはドイツ民法典、日本民法典、スイス債務法典、スイス民法典等を参考にしている（1929年～1931年に公布・施行）。詹／宮下訳2009：409-411頁。その起草者の中には日本に留学した者も多かった。陳（自強）／黄＝鈴木訳2011：968-910頁。
[19] これらの基本法が台湾の経済・社会にどのように根付き、それらに影響を与えていった経緯は、重要な研究課題である。ちなみに、中華民国法制研究会（松本丞治〔代表〕、我妻榮、川島武宜、宮沢俊義、田中耕太郎、鈴木竹雄、石井照久、菊井維大、兼子一、小野清一郎、団藤重光、江川秀文等）が組織され、中華民国法（憲法草案、民法総則・物権・債権総則・債権各則、会社法、手形法、小切手法、海商法、民事訴訟法、刑法、刑事訴訟法、法院組織法、外国人の地位）に対する註解シリーズが刊行されており、関心の高さが窺える。高見澤2014：83-198頁参照。
[20] 佐藤（幸人）2001：238-249頁。

【図表 8-2】 台湾の国民1人当たり GDP・同成長率の推移

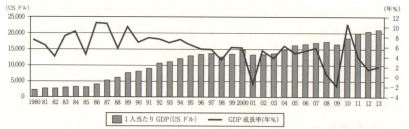

出典：IMF, *World Economic Outlook Database*, April 2014 に基づき筆者作成。

等の電機・電子部品の比率が持続的に高まるとともに、重化学工業等との産業相互間の需要も増大させた[21]。

　こうして台湾は、石油危機（1974年）からはV次回復を果たし、アジア金融危機（1997年）、リーマンショック（2008年）の影響も比較的軽微で、安定成長を続けてきた（【図表 8-2】参照）[22]。

分業ネットワークと官民パートナーシップ　こうした発展は、政府主導の政策のみには帰せられず、民間の力が深く関わっている。台湾では中小企業の比重が高く（各部門の9割超）、起業資金も株式市場等よりも人間関係を中心に個別に調達されて投資リスクが分散され、ニッチ戦略等による資本の効率的利用を可能にする一方[23]、分業ネットワークを発達させた。その結果、参入障壁が低くなり、創意工夫と創造的破壊を促し、相次ぐサクセス・ストーリーが「台湾ドリーム」としてモデル化されることが、リスク・マネー（不確実性は高くとも高収入のチャンスをもつ事業への投資資金）の提供者を出現させた。政府もそうしたリスク・マネーを提供する――しかし比較的大規模の、またインフラ投資も行う――1プレーヤーであり、パートナーとしての役割を担った[24]。それは先にみた権威主義的政府の別の顔でもあったことが台湾の特徴といえる。

---

[21] 佐藤（幸人）2001：250-258頁。
[22] 佐藤（幸人）2001：240頁、255頁参照。
[23] World Bank1993：p. 161-162（白鳥監訳1994：151-153頁）. 一方、伊藤（潔）1993：203-204頁は中小企業の多さを台湾経済の弱点とみる。
[24] 佐藤（幸人）2001：260-266頁。

3　台湾における経済・政治の発展と制度的要因

農地改革と所得分配の改善　　台湾の経済成長には多様な原因が複合的に作用しているが[25]、国民党政権によって遂行された一連の農地改革は看過できない。それは、①大地主に余剰米の供出を命じた収購大中戸余糧（1948年）、②小作料を37.5％に軽減した三七五減租（1949年。1951年に三七五減租条例）、③日本人から接収した土地の一部を小作人に払い下げた公地放領（1951年）、④水田 3 ha・畑 6 ha を超える地主の土地を政府が買い上げて国営企業株を与え、小作人に優遇価格で払い下げた耕者有其田条例（1953年）である[26]。これは孫文の平均地権の理念に基づき、大陸の共産党政権の土地政策を意識したもので、それゆえに熱意をもって遂行された。

　その効用は、第1に再配分を実現し、社会的・政治的安定を育み、農業生産を増大させ、輸出の原材料と輸入の外貨獲得に通じ、輸出主導型高度成長を可能にした[27]。第2に、土地を失った多くの地主を前述した中小企業経営者に転身させ、台湾経済を支える存在を創出したことが看過できない[28]。

法改正による法の正当性の獲得　　1で述べたとおり、台湾の住人は幾度も外部から支配され、法をもち込まれた。そうした法は**正統性**（legitimacy）を容易にもちえない。しかし、それは絶対に不可能ともいえないことを台湾の人々は示唆する。それを可能にするものは、持ち込まれた法の内容が人々の意思と経済・社会の変化に適合し、**正当性**（justness）を高めることを通じて正統性を取得ないし補完すべく、政府と市民が不断のコミュニケーションを継続する忍耐と努力にほかならない。

　実際、台湾では**中華民国憲法増修条文**により、台湾とその国民に適合する方向へと憲法修正が進行してきた（1991年、1994年）[29]。

　民法典、会社法等も経済・社会の動向に従って改正され、実務との乖離の是正が図られている[30]。また、アメリカ法（統一商法典第9編）を参考に制

---

[25] 伊藤（潔）1993：117頁、193-198頁。
[26] 中村（治兵衛）1953：263-272頁、陳（振雄）2002：59-66頁。
[27] World Bank1993：pp. 161（白鳥監訳1994：151頁）。台湾の経済発展は所得分配の改善を伴う点に特徴がある。佐藤（幸人）2001：248頁。
[28] World Bank1993：p. 161（白鳥監訳1994：151頁）；陳振雄2002：65-68頁。
[29] 後藤（武秀）2009：108-114頁。
[30] 詹／宮下訳2009：411-429頁、後藤（武秀）2009：114-117頁、宮畑2011：45-49頁。

定された動産担保取引法（1965年）、債権の流動化に伴う金融資産証券化条例（2002年）等、法系にこだわらない経済実務の便宜への配慮が窺われる[31]。

民主化への歩み　民主化要求と弾圧事件が繰り返された後、内外の圧力が高まる中、1987年7月15日、蔣経国総統は1949年から38年間存続した戒厳令を解除した[32]。2000年の総統選挙では初めて民進党の陳水扁（チェン・シュイピェン）が当選し、その後公民投票法が公布・施行された（2003年12月31日）。それは国民大会が保持していた領土変更権限を国民投票に委ねることを可能にした（2005年6月10日、憲法増修条文1条改正）。2010年、台湾は中国と両岸経済協力枠組協定（ECFA）締結し、一層の経済連携を深める方途を開いた。台湾は安定した経済を構築した上に民意による政治への途を切り拓こうとしている。

[31] 沖野2009：110-114頁参照。
[32] 動員戡乱時期臨時条款は1991年5月1日に廃止された。後藤（武秀）2009：98-101頁。

第Ⅲ部
開発とコモン・ロー型の法改革

　東アジアには、マレーシア、シンガポール、香港のように、イギリス法に由来する英米法のシステム（いわゆるコモン・ロー体系）をもち、目覚ましい発展を遂げている国もある。そこでは、コモン・ロー型の法制度がどのような経緯で採用され、どのような実態をもっているのであろうか。シビル・ロー型の法改革と対比しつつ、各国に特有の展開を追跡する。

香港雨傘革命（2014年10月11日、香港）
©Pasu Au Yeung, CC BY-SA 2.0、
https://commons.wikimedia.org/wiki/File:Umbrella_Revolution_in_Admiralty_Night_View_20141010.jpg

第9章 マレーシアにおける法改革と経済・政治の発展

国名	マレーシア
公用語・国語	マレー語
首都	クアラルンプール
通貨	リンギット（MYR）
人口	3033万人
人口密度	91人/km²
GDP(MER)／1人当たりGDP	2962億ドル／9766ドル

【ポイント】　第Ⅰ部（第1章〜第4章）の序論に続き、第Ⅱ部（第5章〜第8章）では日本・韓国・台湾を題材にして、高成長アジア経済（HPAEs）におけるシビル・ロー諸国の法改革が、政治構造および経済発展とどのような関係をもったかを考察した。そこでは政府が国づくりや開発政策を主導する手段として法を積極的に活用する様子を確認した。

　一方、HPAEsにはマレーシア・シンガポール・香港というコモン・ロー諸国（地域）もある。しかも、経済成長のためにはコモン・ローの方がシビル・ローよりも有利であるという仮説も提示されている[1]。はたしてこれらのコモン・ロー諸国（地域）では、法は国家の開発のためにどのような役割を果たしてきたのだろうか。

1　マレーシアにおける統治制度の変遷

多民族国家　マレーシアは、①海峡植民地2州（ペナン、マラッカ）、②マレー半島の旧スルタン領・英領マレー9州（プルリス、クダ、ペラ、クランタン、トレンガヌ、スランゴール、パハン、ヌグリ・スンビラン、ジョホール）、③旧英領ボルネオ2州（サラワク、サバ）からなる多民族の連邦国家である[2]。何れも植民地化されたが、異なる歴史をもつ。

---

[1] 関連文献とともに、松尾2011：185-199頁参照。

[2] 人口2,995万人（2013年。マレーシア統計局）のうち中国系約25％、インド系約7％に対し、マレー系・その他が約67％を占め、宗教的にはイスラム教（連邦宗教）約61％に対し、仏教約20％、キリスト教約9％、ヒンドゥー教約6％、儒教・道教約1％、その他に分かれる。

最も早くから発展した①のマラッカは、15世紀以降、中国とインドの貿易の中継地として栄え、ポルトガルおよびオランダの支配を受けた後、イギリスの支配下に入り、ペナン、シンガポールとともに海峡植民地を形成した（【図表9-1】）。②の半島部は19世紀からゴムのプランテーション、錫鉱山等の開発が進み、中国・インドからの労働者がこれに従事した。その結果、この地域ではマレー系を中心とする土着民族（ブミプトラ）が約55％に対し、中国系が約33％、インド系が約10％を占める。他方、③のボルネオ島北部には先住民が居住し、イバン族（サラワク）、カダザン族（サバ）の人口がマレー系住民のそれを上回る。この地域の開発は20世紀から始まった。

海峡植民地　1786年ペナン獲得、1795年マラッカ占領、1819年シンガポール取得、1824年英蘭条約等を通じてイギリスの支配下に置かれたペナン、マラッカ、シンガポールは、1851年にインド総督の統治下に置かれ、1867年にイギリスの直轄植民地となり、コモン・ロー制度が導入された。「現地の状況に従って適用することができ、かつその状況によって修正を経たイングランド法」をペナンの法とする原則（1807年勅許状）は、マラッカ、シンガポールにも拡大された（1826年司法勅許状）[3]。1867年、海峡植民地最高法院が置かれる等、司法制度の整備が進み、イギリス本国の枢密院司法委員会が最終の上訴管轄権をもった。会社・銀行・代理・運送・保険等の特定商事分野は、特別法がない限り、事件が生じた時点のイングランド法によるものとされた（1878年民事法条例。1956年民事法に承継）。

英領マレー　英領マレー諸州では、主権はスルタンに残すが、宗教（イスラム教）および慣習（アダット）を除く一切の行政・租税事項はイギリスの駐在官（Resident）に委ねるものとされた。1895年、ペラ、スランゴール、パハン、ヌグリ・スンビランの4州はマレー連合州を結成し、司法制度を整備した。1905年、最高法院が設置される一方（最上級審はイギリス枢密院司法委員会）、1909年、連合参事会が立法権を獲得した。1937年、前記海峡植民地と同様の民事法条例が制定された。一方、連合州に非加入の非連合州のうち、ジョホールはシンガポールの影響を受け、プルリス、クダ、クランタン、トレンガヌはシャムの支配を受けた後、1909年、イギリス・シャム条約により、イギリス法の導入が始まった。

[3] 以下、マレーシアの法発展に関しては、Tan 1997：pp. 57-73；安田2000：168-191頁、桑原2009：240-266頁による。

この地域では19世紀後半にインドで法典化されたイギリス法をモデルに立法が行われたが、家族法・宗教法等の属人法（personal law）に関しては、マレー系住民にはイスラム法と慣習法が、中国系住民には出身地の慣習法が、インド系住民にはヒンドゥー法が適用された。しかし、それらの解釈・適用は何れも普通裁判所で行われた。

英領ボルネオ　サラワクでは1928年、サラワク法令により、王令によって修正されない限り、かつ現地の事情に適合する限り、イギリス法が適用された。サバは北ボルネオ会社の支配を受けたが、1938年、民事法条例が制定され、両地域に適用された。1951年、最高法院が設置された。

マレーシアの成立　これらの地域は1942～45年に日本軍の占領下に置かれ、戦後イギリスに返還された。マラヤ共産党がイギリス復帰に対抗して武力闘争を行う中、1946年、ペナン、マラッカ、連合州、非連合州はマラヤ連合（Malaya Union）を結成し、1948年には中国系住民が多いシンガポールを除いてマラヤ連邦（Federation of Malaya）を成立させ、1957年に独立した。マラヤ共産党は武力抗争を続け、フィリピン、インドネシアも国益を維持すべく干渉する中、1963年、シンガポール、サバ、サラワクも参加して連邦国家マレーシアが結成された。もっとも、1965年、シンガポールはマレーシアを離脱した（第10章1〔98頁〕参照）。

法的統治の形成　マレーシアは立憲君主制に基づく法的統治を採用した。それは前述した各地域におけるイギリス法の導入を経て、1957年マラヤ連邦憲法（8月31日公布）に至るプロセスを経て形成された。同憲法は1963年のマレーシア結成時に一部修正され、現在の統治構造の骨格をなしている。それは、①イギリス的な議院内閣制を採用する（43条）一方で、②憲法の最高法規性を認める（4条）等、アメリカ憲法的要素も導入した。③「マレー人」の1要件としてイスラム教徒であることを定め（160条）、④後述する1969年暴動後は、民族間格差を実質的に緩和すべく、「マレー人」等の優遇を憲法上保障した（153条）。また、⑤移動の自由、言論・集会・結社の自由等に法律の留保を付し（9条、10条）、司法審査の対象外とすることを認める（4条2項）等の特色をもつ。

　このうち⑤は議会主権主義に基づき、法律に優位する規範の定立に消極的なイギリス憲法学説の影響によるとの指摘もある[4]。しかし、④マレー人優

【図表9-1】 マレーシアにおける政治・経済・法

1400	マラッカ王国成立
1511	ポルトガルがマラッカ占領
1641	オランダがマラッカ占領
1795	イギリスがマラッカ占領
1824	英蘭協約
1874	イギリス領マラヤ成立
1941	日本軍がマレー半島上陸
1942	英軍がシンガポール引渡し、日本軍がマラヤ全域占領
1947	マラヤ連邦結成、イギリスの植民地
1956	第1次マラヤ計画
1961	第2次マラヤ計画
1957	マラヤ連邦建国、イギリスから独立
1963	マレーシア連邦結成
1965	シンガポール離脱
1966	第1次マレーシア開発計画（~1970）。新産業促進法（PIA）
1968	ジャンカ・トライアングル・プロジェクト開始
1969	マレー系住民と中国系住民の対立による民族暴動
1971	第2次マレーシア計画、新経済政策（NEP）
1976	第3次マレーシア計画
1981	第4次マレーシア計画
1986	第5次マレーシア計画。投資促進法
1991	第6次マレーシア計画。国家開発政策（NDP）
1996	第7次マレーシア計画

出典：筆者作成。

遇政策を進め、実質的な民族間格差を緩和するために、妨害となる言論・その他の活動を制約するという多民族国家ならではの開発プロセスに特有の事情を看過することができない。

　政府を構成する国王（伝統的にスルタン等の世襲王を擁した9州の統治者の中から互選され、任期は5年）・国会・内閣・裁判所の各権限の相互関係には特色がある。例えば、国家元首である国王は、国会の構成要素でもあり、行政権の行使主体でもあり、首相の助言に従って裁判官弾劾裁判所を設置する等、立法・行政・司法に跨る権限を与えられている。

　こうしてイギリス法、伝統法、民族間対立の緩和を特に目的とする政策立法等が融合して形成されたマレーシアの法的統治体制は、開発プロセスの真

[4] 安田2000：183頁。

只中にあった1950年代末から1980年代にかけて、政府の存立および政策に正統性を付与し比較的安定した経済・社会環境の維持を支えたものと解される。

2　マレーシアの開発政策と経済成長

経済成長の推移　マレーシアは1957年の独立以降、一貫して経済成長を遂げ、1965～90年のGDP成長率は平均7.1％、1人当たりGDPは約287米ドル（1961）、1796米ドル（1981）、10961米ドル（2013）と増大した[5]。もっとも、シンガポールはそれを遥かに上回る経済成長を達成しており（【図表9－2】）、隣接地域における相違の理由を探求することが重要な課題となる。

マレーシアの経済は、第2次大戦前はマレー人による稲作を中心とする自給自足の農業、輸出産業としての宗主国イギリスおよび華僑資本によるゴムのプランテーション、錫を中心とする鉱業等によって支えられていた。独立直後のマレーシア政府の課題は、経済成長のエンジンを何に求めるかであった。

輸入代替政策　政府は合成ゴムの普及等による交易条件の悪化にもかかわらず、ゴムの植替え・未開の土地開発・新技術の導入等によるゴム、パームオイル等のプランテーション・セクターの生産性向上[6]、灌漑設備の整備・化学肥料の普及・高収量品種の導入等の緑の革命（Green Revolution）による稲作農民の生産性向上、木材・石油・ガスの生産・輸出等、第1次産品の輸出に注力した[7]。こうして1950～70年にかけて、政府は農村開発の促進とインフラ整備を積極的に推進するとともに、工業部門での雇用機会を創出するために消費財の輸入を減らし、天然資源の加工を増加させる輸入代替政策を実施した（第1次・第2次マラヤ計画、第1次マレーシア計画。【図表9-1】）。それらは国内需要を増大させ、製造業部門の成長を促した。

同時に、貿易重視の産業政策を維持し、1957年には天然ゴムおよび錫の輸出はGDPの約3分の1を占めた[8]。マレーシアは植民地支配を脱して以降

---

[5] 1961年の数値はIMF 2014による。
[6] その一環としてのジャンカ・トライアングル・プロジェクトにつき、浅沼＝小浜2013：33-38頁参照。これは当時増大していた貧しい土地なし農民および零細農民に生活基盤を提供することも企図していた。
[7] 浅沼＝小浜2007：104-106頁。

【図表9-2】マレーシアとシンガポールの経済発展

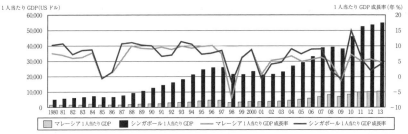

出典：IMF, *World Economic Outlook Database*, April 2014 に基づき筆者作成。

一貫して貿易志向の経済政策を遂行し、総貿易率（〔輸出額＋輸入額〕÷GDP）は高水準を示した[9]。こうして農業と鉱業を中心とする広範な第1次産品の輸出がマレーシア経済の成長エンジンであった。

1969年暴動と再配分政策の加速　しかし、経済成長は潜在的にあった民族間の経済格差を遠因とする対立を顕在化させた。1967～68年の不況を経て、1969年、セランゴール州で選挙運動における衝突を契機に、マレー人が中国人を相手に暴動を起こした。政府は1971年、マレー人と中国人の資産・所得格差、その原因にある職業分野の格差を縮小すべく、**新経済政策**（New Economic Policy：NEP）を策定し、雇用・教育面でマレー人を優遇するクォータ制の導入等を行い、**成長に伴う再配分**（redistribution with growth：RWG）へと成長政策を転換した（第2次マレーシア計画）。もっとも、それは日本・韓国・台湾で行われた農地改革のように既存の資産には及ばず、新たに生じる所得の分配に焦点を当てるものであった[10]。1976年時点の所得分配は、①所得上位20％世帯の所得シェア率56.1％、②所得下位20％の所得シェア率3.5％、③①の②に対する比率16.03 であった。高度成長期の日本の場合、それぞれ①41.0、②7.9、③5.2（1969年）であり、マレーシアでは上位階層のシェアがより大きい[11]。

---

[8] これはプランテーションと鉱業部門の経済的・政治的重要性を背景とするものであった。World Bank 1993：p. 134（白鳥監訳1994：133頁）。

[9] マレーシアの総貿易率は0.89（1970）／1.00（1980）／1.09（1988）と推移した。同じ時期に日本は0.19／0.25／0.11、韓国は0.32／0.63／0.66、台湾は0.53／0.95／0.90であった。World Bank 1993：p. 39（白鳥監訳39-40頁）。

[10] 浅沼＝小浜2007：106頁。

[11] World Bank 1993：p. 248（白鳥監訳1994：237頁）。

輸出主導型工業化政策の連結　　一方、再配分の原資となる成長を達成すべく、政府は従来の輸入代替工業化政策を補完する形で、輸出主導型工業化政策を連結した（第3次・第4次マレーシア計画）。それは**新産業育成法**（Pioneer Industries Act）等の投資促進法の制定により、投資促進と輸出振興のための優遇措置を実施し[12]、自由貿易区・輸出加工区を設け、輸出用原材料の免税輸入を許す倉庫の設置等を行い、ゴム・パーム油・木材・石油等の天然資源、繊維・履物・衣服等の軽工業製品の輸出を積極的に奨励した。1980年代には、国営企業マレーシア重工業公社（Heavy Industries Corporation of Malaysia：HICM）の設立による鉄鋼・自動車・セメント・製紙という重工業分野の創設を図った。その際、当初は国内の幼稚産業を保護するために輸入関税の引上げ等も行った[13]。

自由化の推進　　しかし、1980年代半ばの国際商品市場の不況による交易条件の悪化、従前の積極財政による財政の悪化等を契機に、政府は民間投資の振興へと政策転換し、国営企業の民営化や貿易の自由化を図った[14]。1986年投資促進法による農業・工業・観光業等への投資インセンティブの付与、為替レートの自由化、通貨切下げ、社債格付機関の設立等、自国の産業部門を国際競争に晒しながら、輸出を促す多様な措置が実施された（第5次マレーシア計画）[15]。その結果、日本をはじめ北東アジア諸国からの直接投資（FDI）が急増した[16]。これは日本や韓国と同様に政府主導・民間主体の経済成長政策といえるであろうか。もっとも、政府は特別な税制やFDIを優遇する関税政策をとらず、むしろ複雑な税制上の優遇措置を1980年代後半には廃止し、安定的なマクロ経済・労働供給・法制度（税制を含む）に意を用いた点にマレーシアの特色がある[17]。

官民のコミュニケーション　　1983年、マレーシアは日本・韓国をモデルにして審議会制度を導入した。それによって政府が関連分野の国内外の動向を

---

[12] 例えば、輸出実績と国産材投入比率に連動した所得税減免措置、輸出関連支出に対する課税控除措置、所定の輸出実績のある企業に対する減価償却措置、保証・輸出信用に対する低利の再割引制度等である。World Bank 1993：p. 135（白鳥監訳1994：133頁）。
[13] 浅沼＝小浜2007：106-107頁；World Bank 1993：pp. 134-135（白鳥監訳1994：133頁）。
[14] World Bank 1993：pp. 310-311（白鳥監訳1994：293-294頁）。
[15] World Bank 1993：p. 22（白鳥監訳1994：23頁）。
[16] その結果、1980年代には輸出加工区からの輸出の約70%が外国企業によるものとなった。しかし、その割合は次第に低下し、1989年には約40%となった。World Bank 1993：p. 135（白鳥監訳1994：134頁）。
[17] 浅沼＝小浜 2007：107頁。

把握する一方、企業・労組・ジャーナリスト・学者等の民間部門の参加者は政府に直接具申するチャンネルを取得し、相互の情報の流れを改善し、信頼を高め、官民協調を図った。それは多民族国家において公平を伴う成長を推進するためにも必要であった[18]。

また、政府は郵便貯金制度を創設することにより、小口預金者の貯蓄の安定性を向上させ、低所得者や地方居住者の貯蓄を公けの金融部門に結びつけた。政府はこれを効率的に運営することに努めた。さらに、民間貯蓄に対し、年金基金への拠出を義務づけることにより、高い預金金利を保証させた[19]。

3 マレーシアにおける政治・経済と法改革

最高裁判所長官弾劾事件――効率的な行政 vs 司法の独立　1985年、マレーシアは連邦裁判所の判決（民事）に対し、イギリス枢密院司法委員会に上訴する制度を廃止し、イギリス司法との連接を切断して、連邦裁判所を最高裁判所とし、それが名実ともにマレーシアの最上級裁判所（呼称は1994年に再び連邦裁判所とされた）となった[20]。しかし、これは司法の独立強化を意味するものではなかった。

1980年代半ばに経済成長が停滞する中（【図表9-2】）、行政権の肥大化傾向の合法性を争う訴訟の一部で、裁判所は行政府敗訴の判決を下した。マハティール首相（1981年〜2003年在任）はこれに反批判を加え、行政と司法の対立が深まった。ちなみに、1983年の団体法・公的機密法の改正は法律問題の最終決定権を所管大臣に付与し、法廷で争えないとする規定を導入していた。これに対し、1987年、サレー最高裁長官は行政府による司法権の侵害であると批判した。

1988年2月4日、高等裁判所は最大与党の統一マレー人国民組織（UMNO）がマハティールを総裁に選出した党大会決議が無効である旨の判断を示した。理由は、UMNOの8000分会中30分会が団体登録しないまま党大会まで活動をしたというものである。しかし、役員選挙のやり直し請求は

[18] World Bank 1993 : pp. 183-184, 353（白鳥監訳1994：175-176頁、337頁）。
[19] World Bank 1993 : pp. 16, 218-219（白鳥監訳1994：16頁、208-210頁）。
[20] 刑事については、すでに1976年司法裁判所（改正）法13条により、イギリス枢密院司法委員会への上訴制度（国王が事件を付託）が廃止された。

棄却したことから、原告（UMNOの反マハティール派）が最高裁に上訴し、サレー最高裁長官はこれを判事9人全員で審理するという異例の決定を下した。

これに対し、マハティール首相は1988年2月15日、新UMNOを結成して団体登録の認可を取得し、反対派を締め出す一方、3月15日、連邦の司法権が裁判所に帰属することを定めた憲法121条を変更すべく、裁判所は「連邦法によって付与された司法権を有する」との憲法修正案を上程した。3月18日、下院はこれを通過させ（賛成142、反対18）、4月5日、上院は全会一致で可決した。この修正（憲法121条1項・1B項・2項）は、裁判所がその判断により、イギリスのコモン・ロー、他の英連邦諸国の判例を援用して判決を下すことが困難になったことを意味する。これは不文法たるコモン・ローが司法の独立の名の下に恣意的に運用され、行政の効率を妨げているという、マハティールの主張に由来する。

他方、サレー最高裁長官は、前記憲法修正案が下院を通過した直後の1988年3月25日、国王および州統治者に書簡を送り、首相の司法批判を止めさせるよう要請した。

これに対し、マハティールは、サレー最高裁長官の罷免を求めて弾劾委員会を設置することを国王に勧告し、1988年6月11日、国王はこれを受け容れて同委員会を設置し、6月29日、審理が始まった。サレー長官は出席を拒否し、弾劾委員会から国王への報告・勧告の提出を差し止める仮処分を求めて緊急上訴した。ところが、これを認めた最高裁の5裁判官に対し、別途弾劾委員会が設置された。8月6日、サレー長官は有罪とされて更迭、10月6日、他の5裁判官のうち2名は更迭、3名は無罪となった[21]。

この事件は、開発プロセスでしばしば顕在化する効率的な行政と司法の独立ないし法の支配との緊張および相克を如実に示している。

マレーシアにおけるコモン・ロー　マレーシアの法源は、①連邦の法律（act）とその委任立法、②州の法律（enactment, ordinance）とその従位立法、③上位裁判所および各裁判所の判例、④慣習法、⑤イスラム法（連邦直轄領のシャリア裁判所）等である。このうち、③では先例拘束性（stare decisis）が認められ、コモン・ローの要素が維持されている。しかし、**イギリス枢密院司法委員会への上訴廃止**（1985年）後、同司法委員会の判例を最高裁判所

---

[21] 木村1988：356-360頁；Teik 1999：pp. 205-219.

ないし連邦裁判所のほか、控訴院も変更しており[22]、コモン・ロー諸国の判例は説得的法理を含む場合に事実上用いられるにとどまる。一方、既述のように開発プロセスでは経済政策の遂行手段として①・②立法が多用され、憲法・立法が司法審査の対象を制限し、行政が司法に優位し、これを抑制した例もある。この意味では、マレーシアの法体系は純粋にコモン・ロー的とはいえない一方で、シビル・ローの要素をも多分に含んでいるといえよう。さらに、法律が人権を制約する可能性を留保し、かつ司法審査の対象除外とする独自性もみられる。

[22] 桑原2009：258-259頁。

第10章 シンガポールにおける法改革と経済・政治の発展

国名	シンガポール共和国
公用語・国語	英語、マレー語、標準中国語(北京語)、タミル語
首都	シンガポール
通貨	シンガポールドル（S$）（SGD）
人口	553万人
人口密度	7708人/km^2
GDP(MER)／1人当たりGDP	2927億ドル／52889ドル

【ポイント】 1950年代、失業者と荒れ果てたスラムをもって特徴づけられたシンガポールは、1960年代から成長軌道に乗り、2007年に1人当たりGDPが日本を抜いて以降、アジアで最も豊かな国の地位を維持している。2013年の1人当たりGDPは5万5128米ドル（世界第8位。日本は3万8429米ドルで同24位）に達している[1]。国連開発計画（UNDP）による人間開発指数（HDI）でも、2013年のシンガポールは世界第8位となり、アジアでは香港と韓国（同15位）、日本（同16位）がこれに続いている[2]。今ではF1唯一のナイトレースが行われるマリーナベイ・ストリートの優雅な光景に象徴されるシンガポールが、過去50年間に達成した驚くべき変化は、一体どのようにして起こったのだろうか。そのプロセスにおいて法改革はどのような役割を果たしたのだろうか。かつてともに1つの国家を形成したコモン・ロー国マレーシアに引き続き、本章ではシンガポールの発展モデルと法の役割を探求する。

1 シンガポールにおける統治と法の変遷

イギリス植民地への編入　マレー半島の南端、シンガポール島と小島群からなるシンガポール（面積約716km^2）は、マラッカ王国（1402年）、ポルトガル（1511年）、ジョホール王国（1528年）、オランダ（1641年）の支配を経た。1819年、オランダの支援下でシンガポール島を支配していたジョホール王国から、イギリス東インド会社のラッフルズ（Thomas Stamford Raffles）が商

---

[1] World Bank, *World Development Indicators 2014* による。
[2] UNDP, *Human Development Index 2014* による。

館建設の許可を得て、実質的支配を取得し、シンガポールと改称した。1824年、シンガポールはジョホール王国からイギリスに正式に割譲され、同年英蘭条約で獲得したマラッカとともに、1791年に植民地となっていたペナンを中心とする管区に統合される形で、1826年、イギリスの海峡植民地（Straits Settlements）を構成し、1832年その首都と定められた（【図表10-1】）。こうしてシンガポールには原国家が存在しないままイギリス植民地となり、イギリス法が導入されていった[3]。

植民地時代の統治　イギリスは、第1次司法勅許状（1807年）によってペナンに置いた裁判所の権限を、第2次司法勅許状（1826年）によってシンガポール、マラッカにも拡大するとともに、シンガポールにも裁判所を設置した。さらに、第3次司法勅許状（1855年）は、シンガポールの裁判所の管轄権をペナンの裁判所のそれから分離し、シンガポールとマラッカに及ぶものとした。

　1855年、海峡植民地は東インド会社の解散によってインド政府の管轄に移されたが、1866年、イギリスの海峡植民地統治法（The Government of Straits Settlements Act：1867年4月施行）によって独立の植民地となり、同地域内の立法権をもつ立法参事会（Legislative Council）が設立された。立法参事会は海峡植民地条例を制定し（1867年）、シンガポールの判事を海峡植民地主席判事とし、同地の裁判所を海峡植民地最高法院に改組した（1868年）。その後、控訴院（Court of Appeal）も設置されたが（1873年）、最終審たる上訴裁判所はイギリス枢密院の司法委員会（Judicial Committee of the Privy Council）に置かれた。1878年、立法参事会は民事法条例（Civil Law Ordinance）を制定し、代理、会社、組合、銀行、陸上・海上運送等の商事法（mercantile law）に関しては、法律（条例）に別段の定めがない限り、その時点のイギリス法を適用するものとした。

　シンガポールは、日本軍による占領（1942〜45年）の後、1946年にペナンおよびマラッカが**マラヤ連合**（Malaya Union）に参加し、1948年に**マラヤ連邦**（Federation of Malaya）を結成して、1957年に独立したために[4]、単独の植民地として取り残された。シンガポールの独立運動は、社会民主主義の人

---

[3] 以下、シンガポールの法制度の発展経緯については、Leoug 1990；Chan 1995；Woon 1997：pp. 314-355；安田2000：196-211頁による。

[4] マレーシアでは、1946年、ペナン、マラッカおよび英領マレーの諸州がマラヤ連合（Malaya Union）を結成した。そして、1948年、中国系住民が多いシンガポールを除き、マラヤ連邦（Federation of Malaya）を成立させ、1957年に独立した。本書88頁参照。

民行動党（People's Action Party：PAP）と共産主義のマラヤ共産党との熾烈な闘争の中で進められた。1957年にイギリスから自治領（Dominion）として認められた後、1958年、イギリスのシンガポール国家法（Singapore State Act）に基づき、1959年に独立国となった。

マレーシアとの合併と分離　　当時の人口約200万人の小都市国家シンガポールが、経済的・政治的にどのように自立できるかは、独立前後を通じて大問題であった。独立前の総選挙（1959年）で左派との政治闘争に勝利したPAPのリー・クアン・ユー（Lee Kuan Yew：1959〜90年首相）らが模索したのは、後背地と資源をもつマラヤ連邦との合併であった。1961年以来、財政収入の分配方法、自由取引に不利な保護関税の拒否権等、シンガポールの権益確保をめぐる交渉が難航した末、1963年、シンガポールのほか、サバ、サラワクも参加して、**マレーシア連邦（大マレーシア）**が成立した。しかし、中華系住民が7割を超すシンガポールは[5]、マレーシア政府のマレー人優遇政策に批判的で、平等政策を主張し、1963年の総選挙では、マレーシア与党の統一マレー国民組織（UMNO）とPAPが相互の地盤を奪い合う選挙合戦を展開した。1964年には、マレー人優遇政策を求めるマレー系住民のデモ隊と中華系住民が衝突するシンガポール人種暴動が発生した。1965年8月9日、マレーシアのトゥンク・アブドゥル・ラーマン首相とPAPのリー・クアン・ユーの合意により、シンガポールはマレーシア連邦から分離され、独立した（第9章1〔88頁〕参照）。

分離・独立後の統治　　1965年、シンガポール共和国独立法が制定され、1959年独立当時のシンガポール国憲法に加え、マレーシア連邦憲法の一部の規定も引き続き有効とされた。1980年、これらに憲法修正条項も統合したシンガポール共和国憲法が編集され、公刊されている（第1部〜第14部）[6]。

　シンガポール憲法は共和制を採用し、国家元首として大統領が存在する。しかし、イギリス型の議院内閣制をベースとし[7]、大統領の権限は元々儀礼的なものであった。しかし、1991年の憲法改正は、大統領の直接選挙制を導入するとともに、大統領の執行権限を拡大する一方、その補佐機関として大

---

[5] 2013年9月現在、シンガポールは人口約540万人（うちシンガポール人および永住者は384万人にとどまる）、中華系74%、マレー系13%、インド系9％、その他3％と公表されている（外務省「シンガポール共和国・一般事情」による）。
[6] Woon 1997：p. 319.
[7] Woon 1997：p. 325.

【図表10-1】シンガポールの発展経緯

1402	マラッカ王国建国。シンガプラを支配下に置く
1511	ポルトガル領マラッカ成立，マラッカ王国滅亡。マラッカ王族がジョホール王国建国（1528）
1641	オランダとジョホール王国がポルトガル領マラッカを攻撃し，オランダ領マラッカ成立
1819	T・ラッフルズ（東インド会社）がジョホール王国からシンガポール島購入。シンガポールと改称
1824	ジョホール王国がシンガポールを正式割譲
1826	シンガポール，マラッカ，ペナンと共にイギリス海峡植民地となる。首都に指定（1832）
1858	イギリス東インド会社解散
1866	海峡植民地統治法（1867発効）。立法権を立法参事会に委譲。海峡植民地条例
1868	海峡植民地最高法院。控訴院設置（1873）。最上級審はイギリスの枢密院司法委員会
1878	民事法条例（Civil Law Ordinance）
1946	海峡植民地解体。自治領の地位獲得（1957）
1958	シンガポール国家法（State of Singapore Act）によりイギリスから独立（1959）
1961	女性憲章（1981改正）
1963	マラヤ連邦，北ボルネオと大マレーシアを結成
1965	マレーシアから分離・独立（8.9）
1968	雇用法，産業労働関係法
1972	国家賃金協議会設立。賃金決定への政府介入
1984	法律専門職法改正（1986再改正）
1991	憲法改正による大統領直接公選制
1994	憲法改正により，イギリス枢密院司法委員会への上訴制度廃止
1996	親の扶養法（Maintenance of Parents Act）
2007	1人当たりGDPアジア最大

出典：筆者作成。

統領顧問官評議会（Council of Presidential Advisors）を設けた。1996年改正は大統領権限を一層拡大する一方、大統領が顧問官評議会の助言に反して決定等を行った場合、国会が議員総数の3分の2以上の決議で覆しうるとした。この動向をイギリス型の議院内閣制からフランス型の大統領制への接近と解し、その政治的意図を問う見解がある[8]。現時点では、大統領の実質的な権限は依然として相当に制約されている。

　他方、内閣は首相とその大臣からなり、行政権を行使し、国会に対して連帯して責任を負う。首相は国会議員の中から大統領が任命し、他の大臣は首

[8] 安田2000：201頁。

相の助言によって大統領が任命する。

　国会は一院制で、議員任期は5年である。1988年の憲法改正により、従来の小選挙区（定数1）に加え、グループ選挙区（定数3～4。現在は4～6）が設けられ、後者では選挙区の得票数で1位となった政党がその選挙区の全議席を独占する。地方議会は存在しない。現在、総議席数は87（小選挙区12、グループ選挙区15）である。投票に行かない場合は選挙権が剥奪され、再取得するには罰金の支払が必要とされることも作用したため、投票率は90％を超えている。

　与党PAPが議会の圧倒的多数を占める中、首相はリー・クアン・ユー（初代。1959-90年）、ゴー・チョクトン（Goh Chok Tong：第2代。1990-2004年）、リー・シェンロン（Lee Hsien Loong：第3代。2004-）と[9]、すべてPAPに属する。この安定した体制が、分離・独立後のシンガポールの経済成長戦略を一貫してリードした（後述2）。

　司法権は、一定の訴額・刑罰以下の第1審事件を扱うマジストレート裁判所（Magistrates' Court）、区裁判所（District Court）等、一定の訴額・刑罰以上の第1審および控訴事件等を扱う高等法院（High Court）、および高等法院からの上訴管轄権のみをもつ控訴院（Court of Appeal）が担っている。1994年、イギリス枢密院司法委員会への上訴制度が廃止され、控訴院が終審裁判所となった。これら普通裁判所のほか、シャリア裁判所（Shariah Court）があり、一定の家族関係事件について管轄権をもち、その裁判に対する上訴は上訴委員会に対してのみ行われる。

2　シンガポールの開発戦略・政策と経済成長

分離・独立後の経済環境　マレーシアとの合併の維持に失敗したシンガポールであるが、植民地時代から整備され、独立後安定した統治・法体制の下で、開発戦略・政策の策定・実施に取りかかったことは看過すべきでない。シンガポールは、経済成長率ではマレーシアと極めて近い変遷を示しつつ、1人当たりGDPの値はマレーシアを遥かに凌駕した（本書第9章【図表9-2】〔91頁〕参照）。シンガポールは、早くも1966年から1973年までに平均10％の経済成長を達成し、「奇跡に近い快挙」とされるが[10]、それに匹敵す

---

[9]　リー・シェンロン氏は、リー・クアン・ユー氏の長男である。
[10]　浅沼＝小浜2013：54頁。

シンガポール遠景：中央手前の三連棟が
マリーナベイ・ホテル（2013年4月、筆者撮影）

る成長を1980年代以降も達成している[11]。

しかし、分離・独立当初のシンガポールは、国内の華僑系極左グループとマレー系民族主義者等との内紛による不安定要因、従業員3万人・GDP約20％相当の経済的貢献をしたイギリス海軍基地の撤退等、逆境とさえいえるハンディキャップを抱えていた。そうした中、急成長への転換はどのようにして可能になったのであろうか。

リープ・フロッグ戦略　急速な経済成長を達成した日本・韓国・台湾には一定の共通点が存在した。それは政府が経済成長政策を策定し、**労働集約型産業**から、**資本集約型産業**へ、そして**技術集約型産業**へと、各移行局面で産業経済立法等を用いてインセンティブを付与し、民間投資を促してきたことである。シンガポールでも、1960年代に設立された経済開発委員会（Economic Development Board）の主導で、シンガポール島南西部のジュロン工業団地を造成し、製紙・陶磁器等の製造業、造船所の開設等による工業化政策を試みたが、捗々しい成果を生まなかった。そこで、技術水準の高い、輸出志向型の製造業を多国籍企業および国営企業の投資によって一挙に実現するリープ・フロッグ戦略が策定された[12]。リー・クアン・ユーらの指導者およびそのアドバイザーらは、多国籍企業が途上国を搾取するとみる従属論（dependency theory）が提示した一般論にもかかわらず、多国籍企業の行動様式を分析し、比較的教育水準の高い労働力を活用し、電力・道路・港湾設

[11] 成長率の持続性は、シンガポール経済を特徴づける1要素である。その背景には税制・賃金・福祉等、政策の臨機応変な見直しがあった。World Bank 1993：pp. 28, 120（白鳥監訳1994：31頁、120頁）。
[12] 浅沼＝小浜2013：56-58頁。

備等のインフラを整備することにより、同戦略を実行に移した。その結果、テキサス・インスツルメント、フィリップス等々、技術力に定評のある電気・電子機器関連の多国籍企業が競ってシンガポールに進出してきた。こうして1970年代末にはシンガポール政府は第2次工業化政策として、労働集約型産業の新規流入を抑制しつつ、より技術集約型で付加価値の高い先端産業の集積を促進した[13]。それは遺伝子工学、研究・開発活動（R&D）、高等教育・医療サービス、法律サービス、娯楽センター等の拠点づくりへ進んでいる。

国際金融市場の育成　シンガポール政府はまた、ニューヨーク市場とロンドン市場の時間差を利用して国際金融市場の育成にも注力した。そのために、資本取引の規制緩和とルール遵守の金融監督の強化、通信インフラの整備を行った。その結果、国際的な商業銀行がシンガポール市場に参入した。経済開発庁の下部機関として設立されたシンガポール開発銀行は、外国企業との合弁で証券会社等も設立した[14]。

3　シンガポールの経済・政治発展と法改革の役割

社会契約のツールとしての立法　シンガポール政府のリープ・フロッグ戦略の実施を支えた要因として、法律の役割を看過することができない。それは、投資を促すための外国投資法等、他国と共通する法改革にとどまらない。比較的教育水準が高く、労働運動の盛んな労働者事情を踏まえ、**雇用法**（Employment Act）および**産業労働関係法**（Industrial Relations Act）の制定（1968年）、**国家賃金協議会**（National Wage Council）の設立（1972年）等を通じ、政府は労働運動や賃金上昇をコントロールするために、労働市場に介入する装置を創出した。しかし、これらは上からの一方的規制というよりも、外国からの投資を促し、経済成長を優先させることが、延いては労働条件の改善と労働者福祉の増大に通じることについて国民と協議し[15]、**国民との合意を可視化したもの**とみることができる。そうした立法は、**政府と国民との社会契約のツール**といえる。

[13]　浅沼=小浜2013：58-59頁；World Bank 1993：p. 334（白鳥監訳1994：318頁）。
[14]　浅沼=小浜2013：59-60頁。
[15]　官民の協力につき、World Bank 1993：pp. 184, 271（白鳥監訳173頁、257頁）を見よ。

これらの立法は、関連する他の立法との関係、例えば、労働者の年金基金たる**中央年金基金**（Central Provident Fund）の拡大、**住宅開発委員会**（Housing Development Board）による一般市民への住宅供給の促進（実際、1960年代末には人口の約30％を収容した）等に関する立法や政策との関連性をも公にすることにより、政府の開発政策が首尾一貫したものであることを国民にとって理解可能なものとした[16]。

　このように開発プロセスにおいては、法律とその実施が、その用い方次第では、政府と国民との信頼・協力関係を醸成する手段となり、開発の成果達成に資することは、注目すべきである。開発プロセスでは政府が強力な主導権を発揮するあまり、往々にして国民との間に距離を生じ、不信感を強めることも少なくない。開発の成功は、そのための戦略とそれを具体化するための諸政策を政府と国民がどれだけ深く共有し、協力できるかにかかっている。

シンガポールのコモン・ロー　　イギリスの植民地統治を通じ、シンガポールはコモン・ローに属するとみられている。しかし、これまでの考察を踏まえてみると、シンガポールの法制度を単純にコモン・ローと性格づけることは、その特質を見失うことにもなりかねない。シンガポールでは植民地時代から、イギリス法の適用に関してつぎの3原則が維持されてきた[17]。すなわち、①イギリスに固有の法は適用されず、一般的に適用可能なイギリス法が適用される。②イギリス法は現地住民の慣習や宗教がそれを認める場合に適用され、家族・婚姻・離婚・養子・相続等の属人法に関しては、多妻婚の慣習等を含め、固有法が適用される。他方、契約・商事、証拠法・その他手続法に関してはイギリス法が適用される[18]。③イギリス法は現地の立法に従属する。

　このうち、③は立法参事会がシンガポールの実情に応じて必要な法律（条例）を制定・蓄積することを促し、立法の意義を高めたと考えられる。その結果、シンガポールの法システムにおいては立法の比重が実質的に高くなっている点で、シビル・ロー国に勝るとも劣らないといえるように思われる。

財産権保障規定の欠如　　マレーシア憲法との数多くの類似性にもかかわら

　[16] World Bank 1993；p. 163（白鳥監訳153頁）；浅沼＝小浜2013：58頁。
　[17] Woon 1997：pp. 335-337；安田2000：198-199頁。
　[18] もっとも、会社法、証券取引法等の分野では、オーストラリア法、アメリカ法等の影響も増大している。安田2000：210頁。

ず、シンガポール憲法が人権規定を置く第4部「基本的自由」(Fundamental Liberties) のリストは、マレーシア憲法と異なり、財産権を外している。このことはシンガポールが今やアジア随一の富裕国となり、その座を維持していることに照らし、考えさせるものがある。元来、財産権の保障は、そのために国家と法が存在するというコモン・ロー体系の核心的要素であり、経済活動の自由の保障および規制緩和と密接に結びついていたはずである[19]。その欠如は、シンガポールの経済的繁栄が危うい制度的基盤の上に成り立っていることを意味するであろうか。あるいは所有権の絶対性と公共性が本来は対立するものではない事実を、シンガポールの例は示しているのであろうか。その当否を明らかにするためにはシンガポールにおける財産権保護の内実をさらに探求する必要がある。

むち打ち刑事件　シンガポールの法システムは、内容面でも特色がある。1994年3月、マジストレート裁判所は、路上に駐車中の乗用車に塗料を吹きつける等のいたずらをしたアメリカ人少年（18歳）に対し、むち打ち6回、禁固4か月、罰金3500シンガポール・ドル（当時で約23万1000円）の判決を言い渡した。控訴審も第1審判決を認容し、控訴を棄却した。第1審判決に対し、アメリカのビル・クリントン大統領（当時）は、同判決が「間違っている」と批判し、シンガポール政府に再検討を求めて外交問題にもなった[20]。むち打ち刑はマレーシア等にも存在するが、この事件を契機に、アメリカ・テネシー州下院がその犯罪抑止効果に注目してむち打ち刑の復活法案を上程する等の反響も呼んだ[21]。シンガポールは一定量を超える麻薬の密売に死刑を適用する等、厳罰主義でも知られ、人権団体等からは批判も加えられている。

　こうした政府による規制の強さにみられるシンガポール法の内容面の特色は、政府主導の強力な開発政策の推進を可能にした法的要因の一面でもある。リー・クアン・ユーはこれを「立憲的権威主義体制」と呼ぶが[22]、その背景には町会等の草の根的自治組織に見出される集団主義、それを育んだ儒教の影響を受けた家父長主義が存在するとの見方もある[23]。この傾向は、行き過ぎた個人主義の是正、親の子に対する扶養請求を認める親扶養法

---

[19] 本書40頁参照。
[20] 日本経済新聞（夕刊）1994年3月8日2頁、日本経済新聞4月1日8頁、同5月12日10頁。
[21] 日本経済新聞（大阪夕刊）1995年2月4日。
[22] Lee Kuan Yew 2000参照。
[23] 安田2000：210頁。

（Maintenance of Parents Act, 1996）等の家族制度の再評価からも看取される。

政治的自由の現在　もっとも、シンガポール法も絶えず変化している。シンガポールの著名な映画監督エリック・クー氏は、2005年8月9日、独立40周年を機に行われたインタビューで、現行法が言論・表現の自由に対していまだに制限を加えていることについて、「芸術家を育てるには創作活動を制限すべきじゃない。政府はそれを理解し始め、少しずつ自由化に向かっている。映画に対する検閲もずいぶん改善した」と述懐している。そして、不良少年を題材にして2003年にプロデュースした映画『15』が27か所カットされた末に公開されたことを挙げ、「5年前なら間違いなく上映禁止になっていた」とする[24]。法システムに対する評価は、各々の社会の歴史と現状に照らし、それが何を目指し、どのようにして、どのような順序やペースでそれに向かっているかをも考慮し、動態的な視野の下で評価する必要がある。

シンガポールの発展モデル　経済成長と国民福祉の長期的増大の両面の追求を視野に入れた政府の開発戦略・政策と政治指導者の強力なリーダーシップによる実践、そうした戦略・政策の国民との共有と協力、その媒介手段としての法制度の活用、経済成長と比較的平等な社会の実現等に示されるシンガポールにおける経済・政治・法の発展の相互関係は、独立当初から存在する国家存亡の危機感の共有等も背景に、独自の成功モデルを示している。

　もっとも、そうしたシンガポールでさえ、様々な問題を抱えている。ちなみに、2011年5月7日に行われた議会総選挙では、与党・人民行動党（PAP）が全87議席中81議席を獲得し、最大野党・労働者党（Workers' Party：WP）は6議席にとどまったものの、前回2006年選挙と比べ、得票率はPAPが6.5％減（66.6％→60.1％）に対し、WPは8.2％増（38.4％→46.6％）となった[25]。与党への支持低下の背景には、住宅・生活物資等の価格上昇や所得格差の拡大に対する国民の不満、政府批判を含む言論の自由、その他の政治的自由の拡大の要請等もあるといわれる[26]。シンガポール・モデルの真の姿は、これらの問題に政府と国民が今後どのように対応してゆくかをフォローすることを通じ、明らかになるであろう。

[24]　日本経済新聞（夕刊）2005年8月9日11頁。
[25]　*The Straits Times*, 8 May 2011.
[26]　日本経済新聞2014年8月17日13頁。

第11章　香港における法改革と経済・政治の発展

国名	中華人民共和国 香港特別行政区
公用語・国語	中国語（広東語または普通話）、英語
首都	九龍（最大都市）
通貨	香港ドル（HKD）
人口	730万人
人口密度	6605人／km²
GDP(MER)／1人当たり GDP	3099億ドル／42423ドル

【ポイント】　2014年8月31日、中華人民共和国の全国人民代表大会（全人代）常務委員会は、香港（特別行政区）の行政長官の次期（2017年）選挙の方法につき、候補者を最大3名に絞り、かつ候補者は指名委員会（1200人）の半数以上の推薦を必要とする要件を課す方針を決定した。これに対し、有権者の1％以上の署名を集めれば誰でも立候補できるものとすべきことを主張する香港の民主派団体は、抗議集会を開く等して反発を強めていた。そして、9月28日、民主派団体を中心とする抗議者は香港の金融街等を座り込みで占拠する抗議活動を開始した。中心部の占拠活動は拡大し、10月1日には参加者数が10万人規模のデモとなった。警察当局が放つ催涙弾から身を守るために参加者が傘を所持し、壊れやすい傘を所持する市民が武装した警察と対峙する光景から、「雨傘革命」とも報じられている（第Ⅲ部扉写真〔85頁〕参照）。10月21日に行われた政府と学生団体の対話も物別れに終わり、デモは12月半ばまで続いた[1]。

　1997年にイギリスから中国に主権が委譲された後も経済発展を続け、今やシンガポールに次ぐアジア第2の豊かな地域となった香港で起きた反政府運動は、いったい何を意味するものであろうか。シンガポールと同様、コモン・ロー体系に属し、都市国家的統治を推進してきた香港の政治・経済・法をめぐる相互作用をフォローしながら考えてみたい。

---

[1] 日本経済新聞2014年9月1日7頁、9月29日7頁、同（夕刊）3頁、9月30日2頁、10月2日7頁、10月21日7頁、10月25日7頁、11月29日6頁、12月2日7頁。

1　香港における統治の変遷

イギリスによる植民地統治　香港は香港島、その周辺の200以上の島々および九龍半島からなる面積約1,100km^{2}の地域である。この地域は中国と東南アジアを結ぶ交通の要衝として、紀元前214年には秦朝の支配が及び、以後中国王朝の統治を受けてきた。1368年には明朝が水軍基地を設けた。16世紀初頭からはポルトガル人等のヨーロッパ人が進出し、明朝はこれを駆逐した。しかし、清朝が広州を開港すると、イギリス東インド会社が進出し、1711年には広州に商館を建設した。イギリスは中国からの茶葉・陶磁器・絹等の輸入による赤字を埋めるべく、中国にインドからアヘンを輸出し、これを規制しようとする清朝と争い、1839年、アヘン戦争が勃発した。

その後、イギリスは3段階を経て香港を植民地化した。①1841年、香港島を占領し、1842年、南京条約によって永久割譲を受け、1843年、香港総督が着任し、植民地統治を開始した。②1856年、アロー戦争が勃発、1860年、北京条約によって九龍半島の一部と周辺の島々の割譲を受けた。③1898年、イギリスは清朝にさらに圧力を加え、九龍以北・深圳河以南の新界および周辺の島々を99年間租借した[2]。

1941年、日本軍が香港を占領して香港軍政庁を設置し、脱イギリス化を図ったが、日本の敗戦により、1945年、イギリスに返還され、その植民地に復帰した。1949年、中華人民共和国が成立し、共産主義に反対する人々が上海等の本土から香港に移住した。1966年、中国本土で文化大革命が始まり、香港でも共産党支持者が暴動を起こし、鎮静化の際に負傷者が出た。紅衛兵が香港に越境し、これにイギリス軍と香港警察が抗戦、人民解放軍が国境付近に移動し、緊張が生じた。しかし、周恩来が香港を回収しない方針を明確にし、対立は鎮静化した（【図表11-1】）。

イギリスと中国の交渉　1970年代からイギリス政府は新界等租借地の租借期限の延長を求めて中国政府と交渉を重ねた。中国政府はそれを拒否し続け、交渉の末、1984年12月19日、イギリスと中国は共同声明を発表した。すなわち、①イギリスは、1997年7月1日、香港に対する主権を中華人民共和国に返還する。②中国はその後50年間（2047年まで）は社会主義法および社

[2] Leung 1997：p. 67.

会主義政策を香港に実施しない。これは、鄧小平が提唱した「一国二制度」の政策に基づくものである。この共同声明を受け、香港からカナダ、オーストラリア等のコモンウェルス諸国に移住する者が現れる一方、中国から香港への投資が安定的に拡大するようになった。

しかし、1989年6月の天安門事件に際しては、香港でも中国政府に対して「百万人抗議デモ」が発生した。それは、イギリス統治のコモン・ローの下で政治的・経済的自由に慣れ親しんだ香港の人々が、政府による市民的自由の制約に対して極めて敏感であることを示唆した。立法評議会への普通選挙導入要求に一部応える形で、1991年9月、部分的ながら香港で初めて立法評議会議員の普通選挙が実施され、香港民主同盟を中心とする民主派が圧勝した。

急速な民主化を警戒する中国は、香港に対する主権の返還を準備するため、1990年4月4日、香港基本法を制定した[3]。一方、イギリスは、1992年7月、保守党幹事長だったパッテン(Christopher Francis Patten)を香港総督に任命し、香港が中国に返還される前に民主化を加速させるための改革を試みた。パッテンは同年10月、立法評議会の直接選挙議員を大幅に増やす改革を行った。しかし、香港の財界と関係が深い議員および中国政府はこれに強く反発し、中国政府は臨時立法会を成立させた。

香港特別行政区の成立　1997年7月1日、香港に対する主権は中華人民共和国に返還され、香港特別行政区(HKSAR)が成立した。中国政府は立法評議会議員を**立法会**(HKSARの立法機関。基本法66条)議員に移行させる中英合意と異なり、臨時立法会を立法会に移行させ、民主化改革による選出議員を含む**立法評議会**を消滅させ、1998年、改めて立法会議員選挙を行った[4]。一方、行政長官(HKSARの代表者。基本法43条)には董建華が任命され(初代)、中国本土への帰属意識を醸成する愛国教育を実施した。董長官は2002年に再選後、2005年に任期途中で辞任し、補欠選挙で曽蔭権(第2代)が選出され、2007年に再選された。その任期満了による2012年選挙は、選挙委員会(1200人)[5]の8分の1以上の推薦を受けた3名の候補者の中から、選挙委員の投票により、親中国派の梁振英(689票)が、同じく唐英年

[3] 中華人民共和国第7期全国人民代表大会第3回会議で可決。香港基本法に関しては、Cooray with Feng et al. 2010参照。
[4] 香港基本法・付属文書2「香港特別行政区立法会の選出方法と表決手続」1条に基づく、「香港特別行政区初代政府及び第1期立法会の選出方法に関する決定」6条(直接選出議員20名、選挙委員会による選出議員10名、機能団体による選出議員30名)による。

【図表11-1】香港をめぐる統治の変遷

BC214	秦王朝による支配。その後，中国歴代王朝による支配
1368	明王朝による水軍基地の設置
1517	ポルトガルによる占領，明による駆逐
1699	イギリス東インド会社の来航
1839	アヘン戦争（-1842）
1842	南京条約。清がイギリスに香港島を永久割譲
1856	アロー戦争（-1860）北京条約。清がイギリスに九龍半島の一部等を割譲
1898	イギリスが清から新界等を99年間租借
1941	日本軍による占領（-1945）
1945	日本軍による返還，イギリス植民地に復帰
1966	文化大革命始まる
1970s	輸出用の繊維産業等の発達
1980s	金融・貿易・観光業等の発達
1984	中英共同声明（12.19）
1989	天安門事件
1990	香港特別行政区基本法制定（4.4）
1992	C・F・パッテンを最後の香港総督に任命
1997	イギリスから返還，香港特別行政区成立（7.1）董建華初代行政長官（2002年再選）
1998	立法会選挙（第1回）
2005	曽蔭権第2代行政長官に選出（2007年再選）
2012	梁振英第3代行政長官に選出。立法会選挙（第5回）
2014	次期行政長官の選出方法をめぐる反政府デモ

出典：筆者作成。

（285票）および民主派の何俊仁（76票）を破って当選した。

2014年8月31日、中国の全国人民代表大会（全人代）常務委員会は、次期2017年の行政長官選挙の方法につき、①候補者は2～3人で、指名委員会（1200人）の半数以上の支持を要する、②指名委員会の委員は工商・金融界、専門業界、労働・宗教界、政界の4大分野から選出される、③候補者の中から、18歳以上の市民の普通選挙によって選出する旨の方針を決定した[6]。これに対し、①の要件が民主派の候補者を事実上締め出すものであることへの批判が高まり、その撤回を求めて発生・拡大した運動が、冒頭の「雨傘革命」である。そこには本来「高度の自治」を実施すべきHKSARの首長の

[5] 選挙委員会委員は、①産業界、②法曹・教育・医療等の専門職、③労組・宗教組織等の社会団体、④政界の4グループ（各300人）に分かれ、各業界団体が各々の方法で代表を選んでいる。しかし、産業界や職能団体は中国本土との関係が強く、親中国派を代表に選ぶ傾向にあるとされる。日本経済新聞（夕刊）2014年11月11日2頁。
[6] 日本経済新聞2014年9月1日7頁。

選出方法を中国政府の介入によって改正すること自体への抵抗、その正統性への疑問も看取される[7]。

「雨傘革命」の政治的・経済的背景　学生団体、民主派を中心に「真の普通選挙」を求めて拡大した抗議行動は、12月も続き、梁行政長官は事態の収拾に手を焼いた。その背景として、第1に、前述のように、香港の返還以前から英中間で始まっていた民主化およびそのペースをめぐる民主派と親中国派との対立が底流に存在することは看過できない。

第2に、民主化運動を直接・間接に支持する市民にとって、香港住民の間での所得・資産格差の増大、労働者の賃金の伸び悩み、住宅費・食費・その他の生活費の上昇等に対する不満が広がっていることにも目を向ける必要がある[8]。実際、学生団体は改正後の指名委員会が財閥や裕福なビジネスマンによって占められ、約100万人に上る貧困層の声が反映されないとして、業界団体ごとに指名委員を選ぶ方式を変更し、民意をより反映すべく、有権者の1％以上の署名を集めれば立候補できる「有権者指名」の導入を提案した。これに対し、2014年10月下旬、コメントを求められた梁行政長官は、「単純に数を反映すれば香港の人口の半分以上を占める月収1800ドル以下の人たちのための政治になってしまう」と失言し、世論の反発を買った[9]。しかし、これは香港の支配層の本音を代弁したものと受け取られている。

「商人治港」としての「港人治港」　香港に対する主権の返還交渉に際し、鄧小平らは共産主義への恐怖心を取り除くべく、北京政府が香港を統治する「京人治港」ではなく、香港人が香港を統治すべき「港人治港」の採用を強調した。しかし、その内実は、労働者階級ではなく、財閥やビジネス・エリートを中心とする「商人治港」を容認するものであった[10]。共産党政権にとって矛盾するかにみえるこの政策判断は、香港の経済発展の特質と深く関わっている。

---

[7] 行政長官の選挙方法については、基本法・付属文書1「香港特別行政区行政長官の選出方法」によるが、その改正は立法会全議員の3分の2以上の多数で可決し、行政長官が同意し、全人代常務委員会に報告、批准を受けることになっている（7条）。今後は、全人代常務委員会の方針決定（2014年8月31日）を受け、香港政府が選挙法改正案を準備し、2015年に立法会で審議される見込みである。もっとも、全人代常務委員会決定に先立ち、2014年7月に香港政府が報告書を提出しており、全人代常務委員会の決定はこれを踏まえている。

[8] International New York Times, October 6, 2014, p. 15.
[9] 日本経済新聞（夕刊）2014年11月11日2頁（強調は引用者による）。
[10] 中園2014。

2 香港の経済発展

財閥、ビジネス・エリート中心の経済成長　香港の経済は、主として中国本土と諸外国との中継貿易を通じて成長し、第2次大戦後は、東南アジア諸国との流通ハブとして発展してきた。返還後数年の停滞を経て、2004年頃からは顕著な回復を示し、1人当たりGDPは安定的に増大し、シンガポールに次いでアジア第2位に到達した。成長率の推移は中国と類似傾向を示しつつ、金融危機の影響はより深刻に受けている（【図表11－2】）。香港の経済成長の主な源泉は貿易および諸外国からの投資にあった[11]。香港政府は、イギリス統治時代から、低額・低税率の課税、様々な経済取引に対する緩い規制等の経済的自由を維持してきた。イギリス統治下で継受されたコモン・ローによる私有財産、契約自由、結社の自由、表現の自由等の諸自由の保障、それに最重要の価値を置く法体系は、その制度的基盤となった。

香港では、個人所得税率約15％（最高税率17％）、法人税率16.5％と低く、消費税・配当税・株式や資産の売却益へのキャピタルゲイン課税・相続税・関税等は存在せず、社会保障費用の法人負担は低く、情報統制も少ない[12]。こうして投資を誘発するための「自由」な制度環境の中で形成されたのが、財閥やビジネス・エリートによる統治である。

香港政府は、1970年代にいったんは中継貿易から繊維産業等の製造業への産業構造の転換を図った。しかし、1980年代に入ると製造業の拠点は徐々に中国本土の珠江デルタ地区への移転が進み、代わりに貿易・金融・保険・不動産経営・流通・観光等々のサービス業の伸びが顕著になった。1990年代以降、政府は製造業に代わり、物流や金融のセンターへと産業構造の転換を図った。その結果、2012年時点で、第3次産業がGDPの93.1％を占め、第1次産業の0.05％、第2次産業の6.9％を遥かに凌いでいる。今や香港は日本の農林水産物の最大の輸出先であり（2013年で約1250億円）、金融・不動産がGDPの約4割を占める特殊な経済構造を形成している[13]。

低所得層への配慮と住宅供給　一方、香港政府は低所得層への配慮も欠いてはいなかった。とりわけ、大規模な公共住宅建設事業を通じ、多くの市民

---

[11] World Bank 1993；pp. 39, 52（白鳥監訳1994：40頁、52-53頁）．
[12] World Bank 1993；pp. 39, 52（白鳥監訳1994：218頁）；在香港日本国総領事館・経済班2014．
[13] 在香港日本国総領事館・経済班2014．

【図表11-2】香港および中国における経済成長の推移

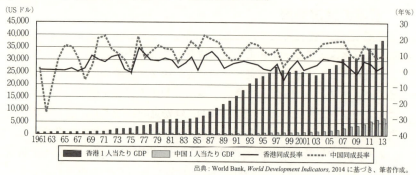

出典：World Bank, *World Development Indicators*, 2014 に基づき、筆者作成。

に低価格の住宅を提供した。香港の人口は1945年の約60万人から、1950年には約240万人へと急増し、スラムの形成、失業等の貧困問題を生じ、1967年には暴動が起こった。政府はそうした社会不安を解消し、市民の生活環境を改善すべく、1972年に公共住宅建設プロジェクトを開始した。その結果、1987年までには人口の約40％が公共住宅に居住するようになった[14]。この住宅供給政策は、①非エリート層が抱く不平等感を和らげ、政府の諸政策への協力を促した。また、②住宅建設事業は失業問題の解消に通じ、さらに、③安価な住宅を入手しやすいことは賃上げ要求を抑制することにも寄与した。それは労働集約型製造業にとりわけ有利な条件を提供した。こうして、社会不安を削減することは、投資家にとって魅力的な社会的安定性の確保をもたらした。

3　香港の法体系の特色と経済・政治発展への影響

「商人治港」とコモン・ロー　　イギリス統治下で継受されたコモン・ローは、私有財産、取引の自由、結社の自由、表現の自由、情報への自由アクセス等を保障することにより、財閥やビジネス・エリートがリードする経済成長を促す一方、これらの者が関与する政治構造が中国本土の社会主義法の導入を抑制し、コモン・ローの維持に寄与したと解される。イギリス統治下では、イギリスの制定法も継受された[15]。その結果、香港法はアジア地域の

[14] World Bank 1993：pp. 39, 52（白鳥監訳1994：153頁）．
[15] Wesley-Smith 1994：pp. 87-129.

中でもイギリスのコモン・ローの特色を最もよく維持しているように思われる。

香港法はイギリスの統治下で継受されたコモン・ロー、制定法に加え、慣習法（中国法の影響を含む）等から構成されている[16]。この法体系は、イギリスからの返還後も制度的に維持されている。すなわち、基本法は「従来香港で施行されていたコモン・ロー、エクイティ、法律、下位法令及び慣習法は、本法に反しない限り、かつ香港特別行政区の立法によって修正されない限り、維持される」としている（基本法8条）。その結果、中国本土と異なり、自由な政党結成が可能であり、死刑制度も存在しない。

HKSARにおける法律の制定・改正・廃止の権限は立法会にある（基本法73条1号）。2010年6月、立法会はその議席数を60から70に増加する基本法（付属文書2、1条1項）改正案を可決した。2012年9月、改正基本法の下で行われた第5回立法会選挙では、70議席中民主派が24議席を獲得し、議員選出方法等に関する規定改正の否決に必要な3分の1以上の議席数を引き続き維持した。

司法制度　　司法制度は、高等法院（High Court）、地方法院（District Court）、治安法院（Magistrates' Court）、少年裁判所（Juvenile Court）、検視官裁判所（Coroner's Court）が担ってきた[17]。さらに、土地審判所（Lands Tribunal）、労働審判所（Labour Tribunal）、少額請求審判所（Small Claim Tribunal）等、より簡易・迅速な紛争解決機関も機能している。加えて、1997年6月30日まで最終審であったイギリス枢密院司法委員会に代わり、返還後は終審法院（Court of Final Appeal）が設けられ、香港の最高裁判所となった（基本法82条）。HKSARには終審権を含む独立した司法権が付与されたが（基本法19条）、終審法院はその受け皿となった。ただし、基本法の最終的な解釈権は全人代常務委員会に留保されている（基本法158条）。終審裁判所の設立に伴う変更を除き、HKSAR成立以前に香港で実施されていた司法体制は維持される（基本法81条2項）。

香港における法の支配　　しかし、返還後の法制度の構築に際しては、混乱も生じた。例えば、①永住者の認定要件に関する基本法22条の解釈、それに関して終審裁判所が判決を下す前に全人代常務委員会に解釈を要請（基本法

[16] Wesley-Smith 1994：pp. 3-224；Dobinson and Reobuck 1996：pp. 21-29.
[17] 香港の裁判制度につき、Dobinson and Reobuck 1996：pp. 67-81参照。

158条3項)すべきか否か、香港の裁判所は全人代および常務委員会の決定が基本法に抵触するか否かについて司法審査権をもつか、②HKSARは反逆・国家分裂・反乱扇動・中央人民政府転覆・国家機密窃取を禁止する法律を自ら制定しなければならないとする基本法23条の実施方法、③返還後に制定された新公安条例(デモの事前届出を含む)に基づくデモ参加者の逮捕が言論・報道・出版の自由、結社・集会・行進・デモの自由等を保障する基本法27条に反するか、④刑事訴追の裁量権行使をめぐる不平等、⑤公共調達の手続における透明性と公平性の欠如等が問題となった[18]。

このうち、とくに①・②は「一国二制度」に起因する問題が顕在化した例といえる。②に関し、香港政府は「国家安全条例」を2003年7月までに成立させることを目指して法案を準備した。しかし、同法案は香港市民の自由と人権を脅かすとして反対運動が高まり、同年7月1日には50万人規模の反対デモが行われた。その結果、同法案は9月に廃案となった。

これらの事件も契機にして、2000年代以降、香港政府は法制度整備を加速させているようにみえる。さらに、上海、深圳等の中国本土での港湾インフラ整備が進む中、流通ハブとしての競争力強化を迫られる香港にとって、行政・司法手続を含む法的手続の簡易・迅速・公平が喫緊の要請である事情も加わる。ちなみに、世界銀行の法の支配指標(契約の執行、財産権の保護、警察ならびに裁判所の質および犯罪・暴力の発生可能性に関し、行為者が当該社会のルールを信頼し、遵守する程度についての知覚を表現した指標。-2.5(弱い)～2.5(強い)によれば、2000年から2010年の間に香港の法の支配指標は0.79から1.56へと大幅に改善している(同時期、日本は1.29から1.31、韓国は0.83から0.99、台湾は0.78から1、タイは0.55から-0.21、マレーシア0.31から0.52、シンガポール1.27から1.69、インドネシア-0.75から-0.64)[19]。この時期、香港の1人当たりGDPは、返還直後の減少からの回復、さらには上昇を示している(【図表11-2】参照)。

「一国二制度」の行方　2014年9月に始まったデモは、香港の発展プロセスの中に位置づけてみると、返還後の香港における統治の改善を求める市民の度重なるデモの1つであることが分かる。それはより良い統治を目指す市民と香港政府・中国政府との間の息の長いコミュニケーションの一環であるとみることもできる。それを通じ、「商人治港」と特徴づけられた香港の統

[18] Chen Cheung 2004：pp. 253-272.
[19] Kaufmann et al. (http://info.worldbank.org/governance/wgi/index.asp).

治が今後どのように変容してゆくか、とりわけ所得・資産格差の問題にどのような変化が生じるか、注目される。そして、2047年を目途に「一国二制度」がどのように「一国一制度」に再編されてゆくのか、中国の制度がHKSARのそれを呑み込むか、反対にHKSARの制度が中国のそれを呑み込むか、何らかのハイブリッドが形成されるか、あるいは「一国二制度」がなおも維持されるか。HKSARの法・経済・政治の発展は引き続き強い関心の的となるであろう。

第IV部
社会主義市場経済による開発と法改革

　1980年代の後半から、アジアにおける発展の中心地は、中国、ベトナム、ラオスへと拡大している。これらはいずれも社会主義の政治・経済体制をとりながら、市場経済を導入することによって発展している国であり、社会主義市場経済を構築するために、数多くの立法や法改正を行っている。そうした法改革の特色がどこにあるか、検討を加える。

【左】ハノイ（ベトナム）における開発——北方向ヘタイ湖（右上）を望む（2015年11月、筆者撮影）
【右】ホーチミン（ベトナム）における開発——サイゴン川支流運河周辺（2015年11月、筆者撮影）

第12章 中国における法改革と経済・政治の発展

国名	中華人民共和国
公用語・国語	中国語（普通話）（簡体字）
首都	北京
通貨	元（CNY）
人口	13億7122万人
人口密度	142人/km²
GDP(MER)／1人当たりGDP	10兆8864億ドル／7925ドル

【ポイント】　第Ⅱ部の大陸法諸国（第5章～第8章）、第Ⅲ部のコモン・ロー諸国（第9章～第11章）の法改革に続き、社会主義国における市場経済の導入に伴う法改革と経済・政治の発展について検討する必要がある。なぜなら、今や世界に4か国といわれる社会主義国のうち3か国は東アジアにあるが、いずれも最も順調な経済成長を遂げているからである。本章ではまず中国を取り上げる。中国は1980年代から経済成長を加速させ、GDPは2009年または2010年に日本を抜き、アメリカに次ぐ世界第2位の経済規模に成長した。こうした経済発展が今、法改革を求めている。

　2014年9月23日、中国共産党第4回中央委員会全体会議（中共4中全会）最終日に採択されたコミュニケで、習近平党総書記（国家主席）は腐敗防止、経済システムの透明化等、国政全般にわたって法に基づく統治（法治）の推進を強調した。すなわち、一方で、汚職対策を徹底し、党最高幹部たる政治局常務委員経験者にも初めて追及の手を伸ばした[1]。そこには、対立する政治勢力の力を削ぐ権力闘争とは別の、経済発展のこの段階で法治を求めざるをえない理由を探る余地がある。他方で、香港の次期行政長官選挙への立候補要件を制限した全国人民代表大会（全国人代）常務委員会の決定に対し、民主化要求デモが拡大した問題についても、法治を理由に同決定を貫く意思を表明した[2]。それは民主派の意見を反映する手続こそが法治に適うとする主張との解釈のずれを顕在化させた。はたして中国における法改革は経済および政治の状況からどのような影響を受け、どのような影響を与えているであろうか。その社会主義との関係も念頭に置いて検討を加える。

---

[1] 日本経済新聞2014年12月24日4頁。
[2] 日本経済新聞2014年10月14日7頁。

1 中国における統治と法の変遷

帝国の誕生と法家思想　中国では紀元前5000年前後に黄河中・下流域で農耕が始まり、黄河文明が発達した。いくつかの都市国家を統合した諸王朝（夏、殷、周等）が勃興し、春秋戦国時代の内戦を経て、紀元前221年、秦の政王（始皇帝）が中国を統一し、秦帝国が成立した。秦では紀元前4世紀半ば孝王に仕えた公孫鞅（商鞅）が旧制を変革すべく戸籍制度、県制度、農地改革、度量衡統一、法の遵守を統治の要とする変法（制度改革）を実施した。後にこれらを韓非が法家思想として集成し、始皇帝の宰相李斯が実践した。法家思想に基づく諸政策を実施した秦帝国は、郡県制を敷き、縁故や世襲によらない官僚制と常備軍を兼ね備えた世界最初の中央集権国家を構築した[3]。それは中国の国家と正統な統治の概念を刻印した。以後中国は帝国の分裂、郡国制・家産制の復活、中央集権化による再統一、郡県制・官僚制の復活を繰り返した（【図表12-1】）。

帝政期の法体系　帝政期には帝国の絶対主義的支配を支える**法家思想**と家族秩序を国家道徳へ拡大する**儒教思想**とが絶えず緊張関係に立った。両者は、皇帝は徳の力で人民を教化することを理想とし、教導が困難なときに法による制裁をもって補う「**明刑輔教**」という形で融合し、帝国の統治原理を構成した。罪と罰を定めた律、国制を定めた令を基軸とする法体系が、三国・東西晋・南北朝時代に発達し、隋から唐初期に基本法典に体系化された。これに皇帝自身の単行命令（詔、制、勅、諭、旨等）および現行法を明らかにした副次法典が加わった[4]。

清の統治と帝国の滅亡　清（1636-1912年）は当初は明時代（1368-1644年）に編纂された律、条例（副次法典）、会典（機動性を欠き、実用性に乏しくなった令が廃れ、行政が単行命令や先例に依拠するに至ったため、制度全体の把握が困難になった国制を体系的に記述）等を承継し、大清律例、会典等を編纂した。しかし、19世紀半ば以降、アヘン戦争、日清戦争を経て、西洋法の継受による近代法典の編纂と立憲君主制への改革に着手した。それは当時の法を改正した大清現行刑律（1910年）および民商事・刑事法の諸草案の完成に至

---
[3] Fukuyama 2011：pp. 110-150（会田訳2013：168-223頁）．
[4] 木間ほか2012：6-10頁（高見澤）、石岡ほか2012：8-34頁（石岡）．

った。しかし、辛亥革命（1911年）によって各地の省が清からの独立を宣言し、孫文を臨時大総統とする中華民国政府が南京に成立（1912年1月）、皇帝溥儀が退位して清朝は滅亡し、中国の帝政は幕を閉じた[5]（【図表12－1】）。

内戦時代の統治と法　1912年3月、中華民国は清朝の首相も務めた袁世凱が臨時大総統に就き、その国体と抵触しない限り、清代の法令を適用した。国会議員選挙では孫文が率いる国民党が勝利したが、袁は国民党への弾圧を強め、議会を解散した。袁は一時中華帝国の成立を宣言し、自ら皇帝に就いたが、政権内外の反対で退位した（1916年）。これを承継した北京政府に対し、1917年、孫文は広州で広東軍政府を樹立し、相互に正統性を主張して立法競争を繰り広げた。1925年の孫文死後、1926年に蔣介石が国民党軍を率いて北伐を開始、1928年に北京に入って中華民国を再統一した。中華民国政府は、訓政綱領・国民政府組織法・刑法・刑訴法（1928年）に続き、会社法（1929年）、民法（1929-1930年）、民訴法（1939-1931年）等を制定した[6]。これら中華民国の立法は、その後の改正や新法とともに、台湾の法体系の基礎を形づくることになった[7]。

中華人民共和国の成立　1919年5月4日、第1次大戦後の講和条件等を話し合うパリ講和会議で、日本がドイツから取得した山東省の権益を承認した対独講和条約（ヴェルサイユ条約）に対し、北京の学生らが抗議運動を起こした（五四運動）。これを契機に大衆化したナショナリズムは、中国共産党の成立に影響を与えた。1921年に創立された中国共産党は、第1次国共合作（1924年）に基づいて北伐に参加したが、1927年4月、蔣介石による共産党弾圧クー・デタに対し、8月、江西省南昌で挙兵した。共産党は広東省等の各地の農村の根拠地（ソビエトと呼称）に政権を樹立し、共産党の綱領・決議等に従い、各ソビエトで法令を定めた。1931年11月、中華ソビエト共和国（首都江西省瑞金）の成立を宣言し、従来の根拠地を編入した（【図表12－1】）。

　一方、同年柳条湖事件を発端に満州事変が勃発し、1932年3月、満州国（元首は清朝最後の皇帝溥儀）の建国が宣言された。その後、日本の侵略が本格化する中、第2次国共合作（1937年）が成立し、共産党の軍隊は国民党軍

[5] 木間ほか2012：10-14頁（高見澤）。
[6] Tay 1997：pp. 22-24；木間ほか2012：14-15頁（高見澤）。
[7] 本書80-81頁。

【図表12-1】中国における統治と法の変遷

BC6000	新石器時代。黄河文明
BC1700	夏から殷へ
BC770	春秋戦国時代。諸子百家の登場
BC221	秦の政王（始皇帝）による中国統一。帝政国家期。前漢、新、後漢、三国、西晋、東晋、北朝・南朝、隋、唐、五代、北宋、金・南宋、元、明、清
1911～	辛亥革命。中華民国建国（1912）。清の宣統帝廃位
1919	五四運動。中国共産党成立（1921）。国共合作①（1924）
1927	反共クー・デタ。中華ソビエト共和国成立（1932）
1932	満州国成立
1937	日中戦争。国共合作②
1945	日本敗戦。国共分裂、国共内戦（1946～1949）
1949	国民党六法全書廃棄指示（2）共同綱領採択（9）中華人民共和国成立（10）
1950	三大立法（労組法、土地改革法、婚姻法）
1953	5か年計画（第1次）。普通選挙実施
1954	全国人代開催、憲法採択①
1956	第8回党大会（9）。社会主義への移行宣言
1957	反右派闘争（6）。大躍進政策（1958）
1966	文化大革命（～1976）。憲法採択②（1975）
1978	改革・開放政策開始。憲法採択③
1979	刑法・刑訴法・中外合資経営企業法等
1982	憲法採択④（修正1988、1993、1999、2004）
1986	天安門事件（6）
1987	第13回党大会。社会主義商品経済（初期段階）
1992	南巡講話（2）。第14回党大会。社会主義市場経済
1997	第15回党大会。社会主義市場経済法律体系
2001	WTO加盟。国際人権規約（A規約）批准
2007	物権法。労働契約法。民訴法改正

出典：筆者作成。

に、その根拠地は中華民国辺区に編入され、その法制度下に取り込まれた。

　第2次大戦終結後、国民党軍は共産党根拠地を攻撃し、内戦が再開したが、1948年に入ると共産党側の解放区が拡大し、1949年1月、共産党人民解放軍が北京（当時の北平）に入った。2月22日、共産党中央は「国民党の六法全書を廃棄し、解放区の司法原則を確定することに関する指示」を発し、国民党政府の法令を廃止した。9月21日、中国人民政治協商会議（以下、政協会議）第1回全体会議が開かれ、中央人民政府組織法（27日）、政協会議共同綱領（28日）を採択し、中央人民政府委員会主席・副主席・委員を選挙した（30日）。翌10月1日、同委員会主席に選任された毛沢東は、首都北京の

天安門楼上で中華人民共和国の成立を宣言した[8]。

社会主義への移行　　中央人民政府委員会は、前記共同綱領に基づき、婚姻法・土地改革法・労働組合法の三大立法（1950年）、土地改革（1950-1952年）等を進め、内戦で疲弊した国民経済は1952年末に解放前の水準に回復した。1953年には第1次5か年計画が開始される一方、全国人代のための普通選挙が実施され、憲法起草委員会が設置された。1954年6月、中央人民政府委員会が憲法草案を公開した。人民討論と修正を経て、9月20日、第1期全国人代第1回会議が最終草案を審議し、中華人民共和国憲法を採択した。それは生産手段の①全人民所有、②集団所有、③勤労者による個人所有、④資本家的所有を認め、③・④を社会主義的改造の対象とする等、社会主義への移行期に対応する憲法であった。その後、所有制の社会主義的改造（公有化）は当初の予想よりも早期に完了した。1956年9月、中国共産党第8回全国代表大会（8全大会）は社会主義への移行を宣言し、以後は刑法・民法等を法典化し、適法性を重視する旨の方針を示した[9]。

反右派闘争から文化大革命へ　　1956年4月以降、毛沢東は民主化を促すべく、言論自由化政策（百花斉放・百家争鳴）を実施した。しかし、党が国家を代位する以党代政、党と国家を区分しない党政不分等に対する予想を上回る批判を受けた。これに危機感をもった毛ら党中央は1957年6月、8全大会の適法性重視の方針を転換、党批判を行った知識人等を右派分子として断罪する反右派闘争を開始し、多くの法曹・法学者の職を奪い、法典化の推進も中断した。こうした党の超法的地位への批判に対する闘争性・閉鎖性は、今日に通じる問題を顕在化させた[10]。

　一方、農業集団化を促進した毛沢東は1958年、その成果を示すべく、15年で英国に追い付くことを目標に大増産運動を始めた（大躍進政策）。しかし、自然災害も加わって全国的飢饉に見舞われ、数千万の死者を出した。1959年、毛は責任をとって劉少奇に国家主席の座をいったん譲った。しかし、これを契機に権力闘争が激化した。1962年9月、中共8期10中全会は、資本主義から共産主義に移行する全歴史的時期においてプロレタリアートとブルジョアジーのとの階級闘争は不可避であるという過渡期階級闘争の理論を承認

[8] Tay 1997：pp. 24-26；木間ほか2012：18-23頁（高見澤）、24-26頁（木間）。
[9] 田中（信行）編2013：4頁（田中）、木間ほか2012：30-34頁（木間）。
[10] Tay 1997：pp. 28-29；田中（信行）編2013：5頁、木間ほか2012：35-37頁（木間）。

した。1963年5月、中共8期11中全会は、資本主義の道を歩む実権派から指導権を奪還し、人民の全面的自己解放を促す「プロレタリア文化大革命についての決定」を採択した。劉少奇や鄧小平の政策を資本主義的であると糾弾する毛沢東は、1966年5月、プロレタリア文化大革命を開始した。実権派を摘発すべく大学等では紅衛兵が組織され、闘争対象とされた人物の令状なしの家宅捜索、吊し上げ、市中引き回し等が行われ、一般大衆の不満のはけ口ともなり、既存の国家体制と生成途上の法制度を破壊した。それは1976年の毛沢東死去、その支持者たる4人組（江青、張春橋、王洪文、姚文元）の逮捕によって終息した。この間、国家より党、法律より政策、法秩序より階級闘争としての政治を重視する1975年憲法（第4期全国人代第1回会議）が採択された[11]。

改革開放政策への転換と法治の強化　　1977年8月、中共11期全国大会は文化大革命の終息を宣言し、1978年12月、中共11期中央委員会第3回全体会議（3中全会）は国内改革と対外開放による改革開放の推進、国防・農業・工業・科学技術の「四つの現代化」および「民主と法制」の再建・強化への路線転換を明確にした。実際、1979年7月には刑法、刑事訴訟法等が制定された。もっとも、文化大革命の評価は燻ぶり続け、民主活動家・魏京生の逮捕・有罪判決（1979年）、1978年憲法（3月、第5期全国人代第1回会議で採択）も認めた四大（大鳴・大放・大弁論・大字報の権利。45条）の削除（1980年第5期全国人代第3回会議）が行われた。

　しかし、1982年憲法は[12]、1975年憲法・1978年憲法に残されていた文化大革命の影響を払拭し、1954年憲法を継承・発展させた[13]。中でも個人経営経済を社会主義経済の補完物として認めた（11条）。これは1980年代における中国の経済成長を促す制度基盤を提供することになったと考えられる。

　さらに、1982年憲法は経済動向等に応じ、4度改正された。①1988年改正は、1987年中共13期全国大会が社会主義の初期段階にある中国は商品経済を容認するとし、中国的特色をもつ社会主義を強調したことを受け、土地使用権の譲渡を承認し（10条4項）、個人経営経済の規模制限の緩和と「私営経済」を認めた（11条）。②1993年改正は、中国が社会主義初級段階にあるこ

[11] Tay1997：pp. 30-31；田中（信行）編2013：5頁、木間ほか2012：37-44頁（木間）。
[12] 1982年4月、全国人代常務委員会が草案を公表後、5～8月の長期にわたって全人民討議に付し、修正を加え、12月、第5期全国人代第5回会議で採択された。
[13] Tay1997：pp. 35-36；小口＝田中2012：16-17頁。

と、改革開放政策の維持（前文）、計画経済に代わる「社会主義市場経済」の実施（15条）を明記し、農業生産の中心形態を家族単位の生産請負に転換すべく、農村人民公社、農業生産協同組合の文言を削除した。③1999年改正は、「法に基づいて国を治め（依法治国）、社会主義的法治国家を建設する」旨の規定を設け（5条1項）、個人経済・私営経済等の非公有制経済を社会主義経済の補完物から「社会主義市場経済の重要な構成部分」へと昇格させ、その合法的権利・利益の保護を強調した（11条）。④2004年改正は、国が非公有制経済の発展を奨励・支持・リードする旨追加し、非公有制経済に対する監督・管理は「法に基づいて」行うこと（11条）、「市民の合法的私有財産」の「不可侵」と公用収用に対する補償を明記した（13条）[14]。

こうして改革開放路線への政策転換が、市場経済化を促し、それに伴って法治（法の支配）の要請が強まった次第を看取することができる。

天安門（6.4）事件　鄧小平は経済の改革開放が順調に進み始めたことを鑑み、1986年、さらなる経済発展を促すには**政治改革**が必要であると判断し、中央政治局常務委員会の下に中央政治体制改革検討小組を設置し、趙紫陽党総書記を組長にした。趙は党政分離、権力下放等の課題を挙げ、政治改革に着手した。ところが、政治改革の機運の高まりに呼応して学生らの活動が活発化し、1989年4月半ばには天安門広場を中心に民主化要求運動が拡大した。鄧小平の意向を受けた政府はこれを動乱とみなして5月に戒厳令を発し、6月に人民解放軍を動員して武力鎮圧した。その影響による経済停滞（【図表12－2】）に危機感を抱いた鄧小平は、1992年1月から武漢、深圳、珠海、上海等を視察して南巡講話を行い、改革開放の継続を訴えた。同年10月、中共14期全国大会が打ち出した基本方針が**「社会主義市場経済の建設」**であり、前述の1993年憲法改正に結実した。その後、これらを契機にして中国経済は再び成長路線に復帰した[15]。この経緯からは、民主化要求運動が政府に社会主義の市場経済化を急がせて経済成長を促したという意味で、逆説的ながら民主化の動きが市場化と経済成長に通じるという、民主化と市場化の連動に関するもう1つのパターンを見出すことができるといってよいように思われる。

グローバル化への対応　改革開放によって経済成長軌道に乗った中国にと

---

[14]　木間ほか2012：47-50頁（木間）、62-73頁（鈴木賢）、小口＝田中2012：16-22頁。
[15]　木間ほか2012：51-53頁（木間）、小口＝田中2012：22-23頁。

って、グローバルな経済との連結は不可欠の課題である。1992年、「社会主義市場経済」の実施を打ち出した中共14期全国大会は、GATT（1995年からWTO）への加盟方針も表明した。そのために関連する国内法整備と司法制度改革が求められた。中国は旺盛な立法活動によってそれに対応し、2001年末にWTO加盟を実現した。もっとも、WTO加盟交渉を後押しするために実効性を十分に検証しない法整備が行われ、それが法システムの空洞化を招くことがないかということも懸念されている[16]。

他方、中国は国際人権規約のうち「経済的、社会的及び文化的権利に関する国際規約」（A規約）には1997年10月に加盟、2001年2月に全国人代常務委員会が批准した。しかし、「市民的及び政治的権利に関する国際規約」（B規約）は1998年10月に加盟後、批准には至っていない[17]。

2　中国における経済発展

安定的かつ急速な経済成長　1978年12月の改革開放政策の採用以降、安定的に高成長を続ける中国の名目GDPは、成長速度を速めつつ、4兆9902億米ドル、5兆9305億米ドルと増大し（2009-2010年）、日本を抜いて世界第2位となり、その後9兆2403億米ドル（2013年）に達した（【図表12-2】）。1人当たりGDPも2011年に1万米ドルを超え、2013年には約1万1907米ドルに達した。その成長率も8.8％、7.1％、7.1％（2011-2013年）と、以前の10.7％、12.0％、13.7％（2005-2007年）に比べれば鈍化しているが、依然として安定的に高水準を維持している[18]。

経済成長の原動力　こうした成長の要因は時期によって異なる。①1980年代は、豊富で安価な農村労働力が農村の郷鎮企業と都市の集団所有制企業に供給され、生産を増大させた。②1990年代は、1980年代からの経済特区建設、沿海都市開放、沿海経済開放区建設により、外国企業の大量進出と直接投資、対外輸出の拡大が主な成長要因となった。中国は世界の工場となり、外国企業からの技術・生産設備・管理ノウハウの導入も生産力の発展に寄与した。③2000年代は、雇用拡大と経済成長を刺激すべく政府が積極的な財政

[16]　田中（信行）編2013：6-7頁（田中）。
[17]　木間ほか2012：57頁（木間）。
[18]　World Bank 2014による。

【図表12-2】 中国と日本における経済成長の推移

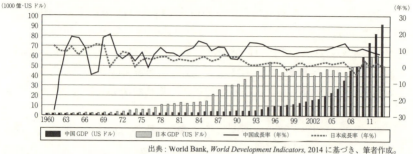

出典：World Bank, *World Development Indicators*, 2014 に基づき、筆者作成。

政策と金融緩和政策を発動した[19]。こうして中国の経済成長の主な担い手は国有企業より私営企業であり、それが社会主義経済の補完物（1982年憲法）から社会主義市場経済の重要構成部分（1999年改正憲法）へと評価を高めた所以である。

成長の持続性　急速な経済成長はインフレ、乱開発、大気汚染、環境破壊のほか、都市（労働者）と農村（農民）の経済格差の拡大、農村内の階層分化、官僚や党幹部の汚職等の社会的不公正も伴った[20]。また、党が政権を独裁して権力を多元化せず、国民の政治参加を制約している限り、包摂的経済制度の展開は困難で、中国の成長は中所得国水準に達した段階で終わるとの観測もある[21]。他方、中国は農村人口の移動による新たな都市化等を通じ、内需拡大による成長余力をもつとの見方もある[22]。しかし、その実現も政府の入念な開発政策に左右されるとすれば、権力行使の統制は不可避的な課題であるといえよう。

3　中国における政治・経済と法

鍵を握る司法制度改革　中国では党と政府の政策が、経済成長をもたらす一要因となったと同時に、かつてそれを阻害した要因でもあり、過去の失敗

---

[19] 戴2012：35-37頁。
[20] 木間ほか2012：51頁（木間）。
[21] Acemoglu and Robinson 2012：pp. 436-446（鬼澤訳・下2013：247-257頁）。
[22] 戴2012：38-40頁。

と成功は同じコインの裏表ともみうる。今それが再度弊害となることを回避すべく、現政権が汚職対策を含む法治を強調することには、必然性がある。もっとも、汚職に対する責任追及は、判断者の裁量が入りうる行政手続によるのではなく、可能な限り司法手続を通じ、その正統性と正当性が確保できる手続によって行われるべきである。

　法が権力闘争の便法として政治によって利用されるのではなく、真に政治を統制する力をもち、経済・政治・法の好循環を生じさせるためには、司法制度改革による法運用主体の強化が鍵を握る[23]。現在の法治改革は未だ対処療法的にも見えるが、包括的で長期的な青写真に基づく実践が不可欠である[24]。それは中国がもつ詳細な実定法の活用にも通じる[25]。

政治の集権化と法の支配　　しかし、法が政治を統制するには、それを裏付ける政治権力の集権化が不可欠である。それがなければ法は容易に対立する権力間の闘争手段として利用されてしまうからである。中国では中央でも地方でも権力の集権化が十分とはいえない。無論、それは国家の規模や民族構成にも関わる。とはいえ、中国の国家概念とその支配の正統性は帝政期に遡る長い歴史をもち、容易に変更できるとはいえない。中央の政治権力が安定し、かつ地方を把握するためにこそ法の支配は有用で、そのために司法制度改革のもつ意味が大きいという循環関係にあることが理解されるべきである。それは人民民主主義独裁・社会主義・民主集中制によって生じうる正統性の欠如の問題を、司法手続における正当性の確保によって補完することを可能にするからである。

[23] Dam 2006：pp. 243-255.
[24] 宇田川2009：19-21頁、28-30頁。
[25] 中国の実定法は膨大な量に及ぶが、実効性あるものも少なくない。Dam2006：p. 236.

第13章 ベトナムにおける法改革と経済・政治の発展

国名	ベトナム社会主義共和国
公用語・国語	ベトナム語
首都	ハノイ
通貨	ドン（VND）
人口	9173万人
人口密度	277人／km²
GDP(MER)／1人当たりGDP	1935億ドル／2111ドル

【ポイント】 既述のように、世界銀行の研究レポート『東アジアの奇跡』（1993年）は、1960～1990年の間に特に目覚ましい経済成長を遂げた日本・韓国・台湾・香港・シンガポール・マレーシア、インドネシア・タイに焦点を当て、その成長要因を分析した。これに続き、とりわけ1990年代から、特に目覚ましい経済成長を遂げ、「もう1つのアジアの奇跡」[1]として、中国・ベトナム・ラオス・カンボジアが注目されている。これらの後行グループのうち、前三者は社会主義国であるとともに、1980年代後半から市場経済化を熱心に進めてきた国々である。その注目すべき成功要因と持続性はさらに詳細な分析に値する。本章では、前章の中国に続き、ベトナムを取り上げる。

1 ベトナムにおける統治と法の変遷

中国支配への対抗　ベトナムには早くも秦が遠征し（紀元前218年）、始皇帝が象郡を設置する等、中国帝国が支配を及ぼしてきた。これに対してベトナム人王朝が興亡し、中国との抗争を繰り返した。紀元前207年に成立した南越国を前漢の武帝が滅ぼし、交趾郡を設置した。李賁が興して独立した王朝である前李朝（544年～）を隋が侵攻し（602年）、交州総督府を設置した。これを引き継いで唐は安南都護府を設置した（679年）。唐の衰退後、呉権が白藤江の戦い（938年）で南漢軍を破り、呉朝が成立した。その後、丁朝（966年）を経て、黎桓が興した前黎朝は宋軍を撃退した（981年）。1001年に

---

[1] Perkins 2001：pp. 247-294；Dapice 1993：pp. 167-181.

成立した李朝は1054年、国号を「大越」としたが、宋は引き続き朝貢国「安南」とみなした(【図表13－1】参照)。

　元が3度の侵攻に失敗した後に胡朝が成立したが、これを明が滅ぼした(1407年)。しかし、黎利が明を駆逐して(1428年)、南部へ支配を拡大し、ヴィジャヤ王朝とパーンドゥランガ王朝に分裂していたチャンパ王国のヴィジャヤ朝を滅ぼし(1471年)、ベトナム国家の原型を形成した後黎朝(～1789年)が成立した。一方、パーンドゥランガ朝は広南阮氏に滅ぼされたが(1693年)、これを西山阮氏の阮恵が征服し(1777年)、清(乾隆帝)の援軍を得た後黎朝(昭統帝)をも滅ぼして、西山朝が成立した(1789年)。しかし、西山朝の内乱に乗じ、広南阮氏の残党であった阮福暎が、シャム・華僑・フランスの援助を得て西山朝を滅ぼし(1802年)、阮朝(げん／グェンちょう。～1945年)が成立した[2](【図表13－1】参照)。

　この間、後黎朝は唐律・明律と慣習を採り入れた法典を編纂し(1428年～)、土地を管理して農民に分配する田土分給制度を採用した[3]。また、阮朝は清律に基づくジャロン法典を編纂した。しかし、それらの「王法も村落の秩序には立ち入らない」とされ、村落が自律性を維持してきたことが注目される[4]。

フランス・日本支配への対抗　　1847年、フランスはベトナムを侵略し、南部3省の割譲(1862年)を得て、1867年、フランス領コーチシナが成立した。1884年、フランスは中国のベトナムに対する保護権限を放棄させ、阮朝と第2次フエ条約を結び、保護国とした。1887年、仏領インドシナ連邦(コーチシナ直轄植民地、アンナン・カンボジア保護国、トンキン保護領等)が成立し、1889年ラオス保護国が加わった。そこでは、①フランス人とそれに類する者の間、これらの者と原住民の間にはフランス法、②原住民間には原住民法を適用するという形で、**二元的法体系**が制度化された[5]。一方、原住民に適用すべきアンナン法綱要(1883年)、トンキン民法典(1931年)が成立し、アンナン民法の編纂(1936～1939年)も試みられた[6]。

　対仏独立運動が広がる中、1930年、ホーチミンが香港でベトナム共産党を

---

[2] 桜井＝石澤1988。
[3] 片倉1987：3-38頁。
[4] 安田2000：254-256頁、桜井＝石澤1988：26頁。Sidel 1997：pp. 356-389；Gillespie 2004：pp. 146-182.
[5] 1921年大統領令112条。ただし、原住民法に存在しない事項、原住民が契約書で明記した場合については、フランス法が適用された。安田2000：257頁。
[6] 福井1942：16-19頁；福井1951：37-38頁。

設立した。他方、日中戦争が激化する中、ベトナムから中国国民政府（蒋介石）への物資輸送（援蒋ルート）を遮断すべく、1940年に日本が北部仏印に進駐、1941年には南部仏印に進駐し、阮朝の保大帝を擁してベトナム帝国のフランスからの独立を宣言した（1945年3月）。しかし、日本の降伏、ベトナム独立同盟によるハノイ占拠（ベトナム8月革命）によって保大帝は退位し（同年8月）、阮朝は滅亡した。一方、ホーチミンは1945年9月にベトナム民主共和国の樹立宣言を経て国家主席に就任し、日本の降伏文書に調印した。その後、1946年11月にフランスからの独立戦争が始まり、ベトナム民主共和国が中国、旧ソ連の承認を受ける一方、フランスは保大帝を復位させてベトナム国としての独立を認めた。1954年7月にジュネーブ協定によってフランスはベトナムから撤退したが、北緯17度線以北のベトナム民主共和国と同以南のベトナム国（同年10月、ベトナム共和国）に分断された。

南北統一と社会主義的改造の帰結　1962年2月に始まったベトナム戦争は、1975年のサイゴン陥落、ベトナム共和国消滅・南ベトナム共和国成立を経て終結した。1976年4月に南ベトナム共和国を消滅させて南北が統一され、初の統一選挙後、同年7月にベトナム社会主義共和国と改称された。

　しかし、統一後のベトナムは、国境紛争等によるカンボジアへの侵攻開始（1978年）、これを非難する中国との戦争開始（1979年）、難民発生等により、国内外の政治は安定しなかった。また、南部を取り込んだ社会主義的改造は成果を上げず、生産は伸び悩み、第2次5か年計画（1976〜1980年）の目標値（食糧生産2100万トン、工業総生産額の成長率16-18％）を大きく下回り、1980年時点で食料生産1400万トン（1976年1351万トン）、同じく工業生産額成長率−6.0％（同12.6％）と停滞した[7]。また、ベトナム戦争中に行われた社会主義国からの物資の無償援助は、戦争終結後に打ち切られ、国は低価格で配給すべき物資を輸入したため、財政赤字に陥った[8]。

ドイモイへの転換　そうした中、ベトナム共産党は第6回共産党大会（1986年）で**ドイモイ**（刷新）政策を採用し、市場システムの導入と対外開放へと転換した。もっとも、それに至る道程は平坦ではなかった。まず重要な契機として、①地方レベルで試みられた農民からの自由価格での米の買付けによる米不足の緩和、合作社が放棄した耕作地を農民に請け負わせる生産請

[7] 白石1993：131頁。
[8] 古田2009：27-28頁。

【図表1】 ベトナムにおける統治と法の変遷

BC218	秦がベトナム遠征、始皇帝が象郡を設置
BC207	南越国成立
BC111	前漢が交趾郡設置（ベトナム北部）
679	唐が安南都護府設置（ハノイ）
938	呉権が白藤江の戦いで南漢軍に勝利、呉王朝成立
1428	黎利が明を駆逐、南部へ支配拡大。後黎朝（～1789）
1802	阮福暎が西山朝を滅ぼし、阮朝成立（～1945）
1884	フランスが保護国化。仏領インドシナ連邦（1887）
1930	ベトナム共産党結成
1940	日本軍、北部仏印進駐。南部仏印進駐（1941）
1945	保大帝退位（8.30）、ベトナム民主共和国独立宣言（9.2）
1946	憲法採択（1959、1980、1992、2013改正）
1954	ジュネーブ休戦協定
1973	パリ和平協定
1976	南北ベトナム統一。ベトナム社会主義共和国に改称
1986	ドイモイ（刷新）政策表明（第6回共産党大会）
1987	土地法（1993改正）、外国投資法（1996、2005等改正）
1990	個人企業法、会社法
1995	民法典（2005改正、2015改正予定）、ASEAN加盟
1996	外国投資法
1997	商事法、事業法
1998	内国投資奨励法。APEC加盟
1999	新企業法
2004	民事訴訟法、破産法（2014改正）
2005	民法典、共通投資法、統一企業法
2007	WTO加盟

出典：筆者作成。

負制等、小規模ながら自由化が現実に成果を生んだことが注目される[9]。

　加えて、②そうした現実の変化を目の当たりにした共産党幹部のイデオロギーの変化を無視できない。とりわけ、8月革命と抗仏戦争で活躍したが、1950年代の農地改革の失敗の責任をとり、1956年に共産党書記長を辞任したチュオン・チンが重要な役割を果たした[10]。1982～1983年に精力的に地方視察を行い、前記①の現場で、人々の明るい表情と奮い立った精神を実感したチュオン・チンは、1984年7月の共産党第5期第6回中央委員会総会で、ベトナムが社会主義への過渡期の最初の段階にあるとの前提に立ち、市場価

[9] 古田2009：30-46頁。
[10] 古田2009：80-99頁。

格の許容を提言した。それは直ちに採用されるところとはならなかったが、同年11月の第7回総会、翌1985年の第8回・第9回総会で引き続き議論され、保守派と改革派の激論を引き起こした。1986年7月に保守派の書記長レ・ズアンの死去とチュオン・チンの書記長就任により、政治報告草案が書き換えられ[11]、同年12月の第6回共産党大会でドイモイ政策への転換が実現した。

ドイモイによる法改革の促進　　ドイモイ路線は、第3次5か年計画（1986～1990年）の成果を踏まえ、第7回党大会（1991年6月）でも承継された。ベトナムは本格的な経済改革に乗り出すべく、カンボジアとの戦争終結（1989年）、中国との関係正常化（1991年）、フランスとの和解（1993年）、アメリカとの外交関係樹立（1995年）、ASEAN加盟（同年）等、対外関係の安定化と開放を進めた。

　これと並行して、市場経済化を推進するために、様々な形態の生産・経営組織による**多セクター制の経済構造**（1992年改正憲法15条、16条）への転換を図るために、民法典の制定作業が開始され、1995年10月に公布、翌年7月に施行された[12]。もっとも、1995年民法は、社会主義経済制度の中で非社会主義セクターによる取引を規律しようとするもので、契約自由の原則の承認へ一挙に進むものではなかった[13]。また、無権利者・無権原者による取引、無効・失効化した取引について善意の第三者の保護は、その相手方に対する責任追及にとどまった[14]。

　しかし、その後経済成長が継続し、市場経済化政策が成果を生むに従い（【図表13-1】参照）、2005年の改正民法は契約自由の原則を承認し、善意取得者の保護を拡大する等、取引安全の確保を強化した[15]。この傾向は2015年民法改正でもさらに推進されている[16]。ドイモイ政策の採用を契機とする法改革を促した一要因として、法整備支援も看過することができない[17]。

　市場経済化と対外開放の制度改革により、ベトナムはASEAN（1995年7

---

[11] 古田2009：212-232頁参照。
[12] 鈴木（康二）1996。
[13] 1995年民法7条、131条参照。
[14] 1995年民法155条参照。
[15] 2005年民法4条、401条2項2文、256条但書・257条・258条参照。
[16] "Vietnam's draft Civil Code：ten debatable issues," *Vietnam Law and Legal Forum*, January and February 2015, pp. 42-43.
[17] ドイモイ政策と1995年・2005年民法典との関係につき、深沢2013, 2014参照。両民法典の特色と相違、法整備支援の内容等につき、ホアン2006：52-64頁、森嶌2006：65-66頁、野2006：67-68頁参照。

月)、APEC(1998年11月)、WTO(2007年10月)の各正式加盟を達成した。

2 ベトナムにおける経済発展

経済発展の経緯　ベトナムの1人当たりGDPは順調に増大し、約2000米ドルに迫っている。GDP成長率の経緯をみると、アジア金融危機(1997年)の影響時期を挟んで、1990年代後半から2000年代前半にかけての成長が特に顕著である。ドイモイの成果が現れ始めたのは1989年頃からで、特に1995年・1996年は9％台の高成長を遂げた。1997年以降はアジア金融危機の影響によって外国直接投資が急減する等したため、1999年の成長率は約4.8％に低下した。しかし、海外直接投資の増大に伴い、2000年代は平均7％を超える成長率を回復した。2010年代の成長率はやや鈍っているが、20年以上にわたって5％超の成長率を維持している(【図表13-2】参照)。

経済成長の要因　ドイモイ後の経済成長の主要因は、輸出志向の強い外国資本の導入による[18]。外国からの投資実績(認可額)は約217億米ドル(2013年)であり、前年比約55％増加した(同年のGDPは約1700億米ドル)。主要輸出品目は携帯電話・PC等の電子機器・部品、履物、原油等である[19]。

　ベトナムは1996年に外国投資法(2000年改正)、1998年に内国投資奨励法を公布し、2006年に両者を統合した共通投資法・統一企業法を公布、2007年から施行した。また、投資法の施行細則を定める政令が投資禁止分野・条件付投資分野を具体的に定めている[20]。WTO正式加盟(2007年1月)に伴い、卸売・小売等の物流・運輸・金融等のサービス分野が段階的に開放されている[21]。例えば、2009年1月1日から、小売業での100％外資企業の設立が可能とされた[22]。しかし、従来100％外資での経営が認められていた運輸・教育業等の一部で、合弁のみしか認められない等、開放に逆行した分野もある。

[18] 国際貿易投資研究所2009参照。
[19] 外務省「ベトナム基礎データ」2014。
[20] Decree No. 108/ND-CP.
[21] Decree No. 23/2007/ND-CP.
[22] ただし、商工省の書面による承認と省レベル人民委員会の投資証明書を要する(2007年商業省[現商工省] Decision No. 10/2007/QD-BTM)。また、外資企業が輸入・輸出・販売不可能な商品がある(2013年商工省 Circular 34/2013/TT-BCT)。

【図表13-2】ベトナムおよびラオスにおける経済成長の推移

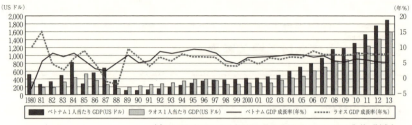

出典：International Monetary Fund, *World Economic Outlook Database*, October 2014 に基づき、筆者作成。

経済政策の課題　ベトナムは2011〜2015年の5か年計画で、平均経済成長率の目標値を6.5〜7％に設定した。しかし、2010年に6.4％の成長を達成した翌年にインフレが加速したことに鑑み、経済成長率重視から、物価・国際収支・雇用重視の安定成長路線のマクロ経済運営への転換も考慮に値する[23]。その後ベトナム経済は5.2％（2012年）、5.4％（2013年）の成長を続けている。これを維持するためには、制度環境の整備が不可欠である。

そのために、一方で、経済成長に伴う貧富の差の拡大、投資促進政策に伴う官僚主義の弊害、汚職の蔓延、環境破壊等、顕在化する副作用への対処が求められる。

他方で、ベトナムの裾野産業とそれを支える民間企業の発展、そのための人材育成、公的インフラの充実、政策の予測不可能性や非効率性の改善、外国の中小企業との技術協力や直接投資による相互補完的な戦略的パートナーシップの推進等の、より積極的な提言も注目される[24]。1990年には、**個人企業法**と**会社法**が制定され、個人企業と有限会社の設立が急増した。しかし、金融制度の発展を伴わなかったために、私営セクターは資本規模が小さいままで、新しい設備や技術の導入ができず、都市部のサービス、商業に集中した。そこでは市場規模が限定され、成長が頭打ちになり、国営企業や外資企業に凌駕されてしまった[25]。

それゆえ、実効的な制度改革のためには、政府が関連制度の相互関連を包括的に把握し、法改革の実行能力をもつことが求められる[26]。

---

[23] "5-year economic development plan doesn't win economists hearts," *Viet Nam Net Bridge*, 27 September 2011.
[24] 外務省「ベトナム基礎データ」2014、国際貿易投資研究所2009、上田2012：57-72頁。
[25] 石田2002：104頁。
[26] 石塚2004：169-208頁。

3 ベトナムにおける政治・経済と法

段階的・継続的法改革　制度改革の実行能力が必要であることは、ベトナム政府自身が強く認識している。実際、ベトナム政府は極めて堅実に段階的・継続的な法改革を進めている。市場経済化と対外開放を推進すべく、「多様なセクターからなる商品経済の促進」を目標に掲げ、土地使用権を譲渡する権利も認めた1992年改正憲法の下、土地法（1993年）、民法（1995年。2005年改正、2015年改正作業中）、外国投資法（1996年）、内国投資奨励法（1998年）、民事訴訟法（2004年）、破産法（2004年）、共通投資法・統一企業法（2005年）、民事判決執行法（2008年）等、市場取引を支える主要法律を制定した。また、環境保護法（1994年）、労働法（2002年。2006年改正）、社会保障法（2006年）等も市場取引の環境や前提条件を支える制度として重要である[27]。

急ピッチの法改革の問題点　しかし、社会主義的改造の行詰りを打開するための市場化と投資促進という差し迫った経済的要請に応えるための法整備は、内容検討の不十分さ、パッチワーク的な立法による法令間の矛盾・欠缺、体系性の欠如等をもたらした。もっとも、これらの問題は法整備の初期段階では程度や態様の差はあれ一般的に生じうる。また、ベトナムは法改革をプロセスとして捉えており、一回的に完成するものとは考えず、試行錯誤により、段階的に法整備を進めている。しかも、外国法の直接移植ではなく、ベトナムの経済・社会の発展状況、政治事情等に適合するようにアレンジを加えている[28]。

　ただし、市場経済化に必要な課題を解決すべく制定された前記諸法律は、1992年改正憲法を越えるような内容も含んでいた[29]。ある政策目的を達成するための立法が憲法を超えることは、立法の**正統性**（legitimacy）を減殺する。しかし、それは開発プロセスでは往々にしてありうる現象であり、それが立法目的の**正当性**（justness, rightness）によってどこまで補完可能かが問われる[30]。差し迫った政策目的を達成するために立法が憲法を安易に超

---

[27]　Rose1998：pp. 93-140.
[28]　松尾2006：39-40頁。
[29]　鮎京2009：173頁。

えるとすれば、法は経済や政治に従属する道具にすぎなくなってしまう。そうした危険性を孕んでいることに注意が必要である。

社会主義的適法性から社会主義的法治へ　この問題は社会主義における法観念、特に法の支配との親和性に関わる。1992年憲法によれば「国家は、法律により社会を管理し、**社会主義的適法性を絶えず強化する**」(12条1項)。これは①国家が法をもって統治し、②人民が法を遵守すべきことを意味した[31]。それは、法が国家権力を縛ることをも含意する法の支配の観念とは同じでない。

他方、2001年改正憲法はベトナムが「社会主義的法治国家」であることを新たに規定した（2条1項）。それは「社会主義」に規定されつつも、「法によって」国家が統治されるべきことも含意しうる。

そして、2013年改正憲法は「社会主義的法治国家」の理念を維持する一方で（2条1項）、「社会主義的適法性」の概念を承継しなかった。ここには社会主義国家における市場経済化の進展に伴う法観念の変容を見出しうる。それは前回みた最近の中国における法治の強調に通じる現象である。

法治を求める市場？　市場経済の進展は自から取引当事者をして国家における法の支配を求めるものであろうか。ちなみに、ベトナムにける法整備の進展は、国家の賠償責任に関する法律（2009年）等にも及んでいる。2013年憲法は人権規定を厚くし、公正な選挙を行うための国家選挙評議会の設置、裁判官の独立を盛り込む等、法の支配に通じる要素を濃くしている[32]。加えて、改正に先立ち、2013年1～9月の長期にわたってパブリック・コメントを募集し、約2600万件の意見が寄せられた。ちなみに、民法典草案も2015年1月5日から5月4日までパブリック・コメントに付された。ベトナムにおける市場経済化が社会主義への一道程か資本主義への過渡期か[33]、定かでないが、それが法の有様に対して国家の内部から変化を求めていることは確実であるように思われる。

社会と法　政治・経済と法の関係と並び、社会と法の関係も問題になる。

---

[30] 松尾2015b：341頁、342-345頁、348-351頁。
[31] 鮎京2009：174頁。引用文中の強調は筆者による。
[32] 伊藤（俊行）2014：11頁。
[33] 安田2000：251-272頁

ベトナムでは市場経済化に伴う急ピッチの法改革が社会の隅々までカバーしているとはいえない。それは、フォーマルな制度に組み込まれた企業等の組織と、インフォーマルな既存の制度下に置かれたままのブラック・マーケット等の組織からなる**二重構造の社会**を生み出すことになる。司法アクセスの改善等を通じた構造改革は、決して容易でないが、避けて通ることができない[34]。

---

[34] 松尾2012b：15-30頁。

第14章 ラオスにおける法改革と経済・政治の発展

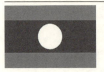

国名	ラオス人民民主共和国
公用語・国語	ラーオ語
首都	ヴィエンチャン
通貨	キープ（キップ。Kip）（LAK）
人口	680万人
人口密度	28人/km²
GDP(MER)／1人当たりGDP	123億ドル／1812ドル

【ポイント】 ベトナムに隣接する社会主義国で、同じく目覚ましい、しかもとくに2000年代以降は最も安定的な経済成長を見せているのが、ラオスである。両者はフランスによる植民地化、日本による占領、対米戦争、内戦、社会主義革命、市場経済の導入等の共通点とともに、経済成長の要因、産業構造、社会主義革命の内実等に相違点も見られる。それらを踏まえた比較から、政治・経済・法の好循環の鍵が果たして見出されるであろうか。

1 ラオスにおける統治と法の変遷

曼荼羅国家の形成 ラオスでは1千年紀初期に北部のジャール平原に巨石文化が築かれ、1千年紀後半にはメコン川中流域に小規模な政治・経済・軍事的集団が形成された。それらの政体は、ヒンドゥー教や仏教に基づく宗教的儀礼と一体化した統治によって支配の正当性を維持した。それは、より大きな権力としての王権が中心になり、同様の構造をもつより小さな権力としての土侯から朝貢を受ける形で、複数の支配地域が可変的な権力関係によって結び付いたものとして捉えられる[1]。それは、複数の要素が一定の法則に従って結合され、全体として秩序づけられた世界観・宇宙観としての曼荼羅（mandala）によって特徴づけられている[2]。

伝統社会と村落 曼荼羅国家の特色は、その核となる村落（ban）にある。

[1] スチュアート―フォックス／菊池訳2010：18頁。
[2] Wolters 1999.

ラオ族はメコン川に沿って北から南へ分散居住し、各地に村落を形成した。村落の集合が国（muang）である。各村落では、世俗の代表としての村長が共同作業の指揮やもめ事の解決等を行い、**寺院の僧侶**や**小祠**（小さなほこら）の**霊媒**が農耕儀礼、村人の悩み事相談等を行い、包括的な生活規範を醸成した。村落は自給自足的農作業や宗教行事の共同作業を通じて自律的共同体としての小宇宙を形成し、より広域の政治勢力に頼らずに共存可能であった[3]。そうした村落の伝統は現代ラオスにも根強く存続している。

王国の統一と分裂　ラオスの曼荼羅国家群は12世紀末に**クメール帝国**に吸収された。しかし、13世紀後半にフビライのモンゴル軍が侵攻し、クメールの弱体化に乗じてタイにラーンナー王国とスコータイ王国が興り、モンゴルに朝貢したが、スコータイは1351年に興ったアユタヤ王国に1438年に吸収される等、曼荼羅は絶えず変容した。一方、ラオスでは1353年にファーグム王が初の統一国家ラーンサーン王国を建国し、北部のルアンパバーンを都とした[4]。それは1479年にベトナムの侵攻を受け、16世紀後半にはビルマが脅威になった。ビルマは1558年にラーンナー王国のチェンマイを陥落させて朝貢国にした。そこで、ラーンサーン王国のセタティラート王は、1560年にアユタヤと同盟を結び、1563年に中部のヴィエンチャンに遷都して備えた。1569年にビルマはアユタヤを征服し、ヴィエンチャンに侵入したが、セタティラート王はビルマ軍を撤退させた。1637年に即位したスリニャウォンサー王は仏教の興隆と富国強兵に努め、統治はいったん安定した[5]。

　しかし、王位をめぐる内紛から、ラーンサーン王国は**ルアンパバーン王国**と**ヴィエンチャン王国**に分かれ（1707年）、さらにヴィエンチャン王国の南部が**チャンパサック王国**として分離した（1713年）。分裂した3王国に**シャム**（タイ）が支配を強めたのに対抗し、ビルマがチェンマイ（1763年）、ルアンパバーン（1765年）、アユタヤ（1767年）を陥落させた。ところが、シャムは復活してビルマを駆逐し、ラオスの3王国をも属国とした（【図表14-1】参照）。1826年にはヴィエンチャン王国のアヌウォン王がシャムからの独立を企てたが失敗し、ヴィエンチャン王国は消滅した[6]。

　こうした分裂と結合の繰り返しによって特徴づけられる曼荼羅国家の形成

[3] 桜井＝石澤1988：38-40頁。
[4] スチュアート＝フォックス／菊池訳2010：22-26頁。
[5] スチュアート＝フォックス／菊池訳2010：27-28頁。
[6] スチュアート＝フォックス／菊池訳2010：29-33頁、桜井＝石澤1988：37-38頁。

要因は、①自律的村落の分立が権力の中央集権化を妨げたこと、②ラオスの大部分が山岳・高原地帯で、往来の不便が地域割拠性を助長したことにある。しかし、③小国分立状態は絶え間ない周辺国の干渉と侵略を誘引した。

ラオスの伝統的法観念　ラオ族は貝葉表、折畳式手写本の形式で仏教経典、伝承説話等を記録したが、そこに法の記述も含んでいた。それによればファーグム王以前の法は年代記『クーン・ブロム物語』中の遺言という形式をとり、精霊信仰の影響が強い[7]。

これに対し、16世紀前後からは統治の手段としての積極的な法制定がみられる。それは王が「王権をもって王の慣習（法）を作成させ、各人の指針とし、その通りに履行するようにさせた」ものであり、**刑罰、身分制度、所有、貸借、相続等の規定**を含んでいた。その法観念の特色は、世俗の事件を（仏）法（善道・非道）に照らして裁き、国法が治める世界を仏法が治める世界に照らして比較審理することにより、世俗の国法の正当性を確保したことである。これは法の理念が仏教の教義に依拠するものであり、国法は仏法の反映であると捉えるものであって[8]、法は戒律としての行為規範である。法を第1次的には行為規範として捉える法観念の伝統は、現在のラオスにおいても根強いといえる[9]。

他方、法を運用する裁判人は国王や土侯が務めたが、土侯や村落の自律性ゆえに、国王の裁判権が及んだ範囲は限定的であった[10]。それは裁判規範としての法の発展を抑制するとともに、それによって伝来の行為規範としての法観念を助長した。

植民地化とナショナリズムの胎動　ラオスを属国支配するシャムに対し、フランスは1893年、フランス＝シャム条約により、メコン川東岸等、ほぼ現在のラオスに当たる地域をフランスに割譲させた。1895年にルアンパバーン王国と保護協定を結び、1899年にラオス全土を仏領インドシナ連邦に編入した。フランスはラオスを10省に区分したが、**ルアンパバーン王国のみがその1省として存続した**。他方、1907年にシャムとの条約によってメコン西岸部分を含むチャンパサック全域を支配したフランスは、シャムから正式にチャ

---

[7] Ngaosyvathn 2006：pp. 73-80．
[8] 吉川198：265-305頁、1983：54-59頁。
[9] これは、筆者が2001年からラオス法整備支援に関わり、とりわけ、2009年から民法典草案の起草支援に参加している中で、強く意識させられることの1つである。
[10] 安田2000：277頁。

【図表14-1】ラオスにおける統治と法の変遷

10C 前	巨石文化。政治的・経済的・軍事的集団形成
1353	ファーグム王がランサーン王国建国
1563	ルアンパバーンからヴィエンチャンへ遷都
1707	二王国へ分裂。三王国へ分裂（1713）
1779	三王国に対してシャム（タイ）が宗主権獲得（属国化）
1893	シャムからフランスへのラオス地域の割譲
1899	インドシナ連邦に編入
1907	フランス＝シャム条約により、ラオスの国境確定
1945	日本軍が仏印武装解除（3）。ラオス独立宣言（9.15）
1946	フランスがラオスを再占領
1947	ラオス憲法発布。国民議会選挙
1949	フランス連合内でラオス独立（7.19）
1953	フランス＝ラオス条約によりラオス完全独立（10.22）
1955	ラオス人民党結党。ラオス愛国戦線設立（1956.1）
1962	アメリカがラオス共産主義者支配地域の爆撃開始
1972	ラオス人民党を同人民革命党と改称（第2回党大会）
1975	国王退位（12.1）、ラオス人民民主共和国成立（12.2）
1978	農業集団化の促進決議（5）、同中止（1979.7）
1979	市場原理を一部導入する党決定（11）
1981	第1次社会経済開発5か年計画（～1985）
1986	第4回党大会で新思想・新制度を承認。第2次社会経済開発5か年計画（～1990）
1990	財産法、契約法、契約外債務法、家族法、相続法等
1991	第5回党大会。最高人民会議が憲法を承認（8.15）。第3次社会経済開発5か年計画（～1995）
1997	ASEAN加盟
1999	学生による民主化要求デモを抑止（10.26）
2003	憲法改正（5.6）。襲撃・爆弾事件
2011	第9回党大会 第7次社会経済開発5か年計画（～2015）
2013	WTO正式加盟（2.2）

出典：筆者作成。

ンパサック王とは認められていなかったチャオ・ニュイ王子を県知事に任命し、チャンパサック王国の復活を認めなかった[11]。

仏領インドシナで実施された**二元的法体系**はラオスにも妥当するが[12]、フランスは大部分が慣習法であった原住民法の法典化を試み、1908年に刑法典、民法典、訴訟法典を制定した。1922年にはより現地の慣習を考慮すべ

[11] スチュアート＝フォックス／菊池訳2010：50-51頁、安田2000：277-278頁、瀬戸2009：269-271頁。
[12] ベトナムの場合につき、本書129頁、カンボジアの場合につき、本書152頁参照。

く、裁判所組織法、刑法典、刑事訴訟法典、民商事法典、民商事訴訟法典の制定・改正を行った。これらは原住民間の事件につき、原住民裁判所で適用された。その特色は、①ラオスの法概念をできる限り維持する、②奴隷制を廃止する、③体罰刑を禁止し、民事責任と刑事責任を分離する、④村落レベルで村長の下に村裁判委員会を設置し、一定訴額以下の紛争を管轄させるものであった[13]。しかし、フランスの統治は18歳から45歳までの全ラオス人男子に一定期間賦役を課す等したことから、フランスの統治は次第にラオス人に嫌悪された。ラオス人の反乱に対するフランスの武力鎮圧等を通じてラオス人の反感が強まり、ナショナリズムが徐々に胎動し始めた[14]。

　仏領インドシナは日本軍が北部進駐（1940年9月）、南部進駐（1941年7月）以後実質的に支配したが、戦況が悪化する中で連合国軍の上陸を恐れ、1945年3月、フランス軍の武装解除と政庁の接収を行った（明号作戦）。ルアンパバーン王国のサワンワッタナー皇太子はシーサワンウォン王の名で日本軍への抵抗とフランス支援を呼びかけた。これに対し、一部ナショナリストは日本軍を支持した。4月8日、シーサワンウォン王はラオスの独立を宣言し、これを促したペッサラート・ラタナウォン首相（国王の甥の子）は日本軍の支持を得て首相となった。

　日本の降伏（8月15日）後は、フランスの復帰を阻止すべく、ペッサラートがラオスの統一と独立を宣言し（9月1日・15日）、反フランスのナショナリストはラオ・イサラ（自由ラオス）暫定政府の樹立を宣言した（10月12日）。その人民代表者議会はシーサワンウォン王の解任とペッサラートの国家元首選出を決議し、11月、王はこれをいったん承認した[15]。

フランスの再占領と独立　　しかし、1946年4月末、フランスがヴィエンチャンを再占領し、ラオ・イサラはバンコクに逃れた。フランスはルアンパバーン王国と暫定協定を結び、1947年5月、ラオス王国初の憲法を公布した。1949年7月、ラオス王国は**フランス＝ラオス協定**により、フランス連合内で共同国として独立した（外交・国防権限はフランスが保持）。10月、ラオ・イサラはこれに対する評価をめぐって妥協派と急進派に分裂・解散し、スワンナ・プーマ（ペッサラートの弟）ら妥協派はヴィエンチャンに帰還した。スワンナ・プーマは1951年11月から王国政府の首相を務め、1953年10月、フラ

[13] 福井1942：20頁、福井1951：38-39頁、安田2000：278頁、瀬戸2009：270頁。
[14] スチュアート=フォックス／菊池訳2010：50-93頁。
[15] スチュアート=フォックス／菊池訳2010：95-104頁、桜井=石澤1988：372-374頁。

ンス＝ラオス友好連合条約を締結し、ラオスは完全独立を果たした（【図表14‐1】）[16]。

王政から共和政へ　一方、急進派のスパヌウォン（ペッサラート、スワンナ・プーマの異母弟）らは1950年、ネオ・ラオ・イサラ（ラオス自由戦線）を結成した。その代表者会議は、ラオ・イサラ政府を承継する臨時抗戦政府の樹立を決定し、首相にスパヌウォン、副首相にプーミー・ウォンウィチット、国防省にカイソーン・プンウィハーン、蔵相にヌーハック・プンサワンを選出した（4者は25年後、ラオス人民民主共和国政府の閣僚となる）。ネオ・ラオ・イサラは北ベトナム（当時）から支援を受け、王国政府に対する陽動作戦、解放区の建設を進めた。それは1953年、ラオスの完全独立を機に「パテート・ラオ」（ラオス人の国）と改称、1955年3月にラオス人民党（書記長カイソーン）を設立し、1956年1月にラオス愛国戦線を設立した。解放区に対しては王国政府を支援するアメリカが1962年から激しい無差別空爆を行った。1972年2月、ラオス人民党は秘密裏に第2回党大会を開き、ラオス人民革命党に改称した。1972年10月に和平会談が始まり、1973年2月に和平協定が調印されて停戦が発効し、協定実施のための議定書は9月に調印された[17]。

　1975年5月・6月の反右派・反米デモ、10月の国王退位デモ、11月の選挙を経て、12月1日・2日に全国人民代表大会が開かれ、サワンワッタナー国王の退位、王国政府の法制度の廃止、ラオス人民民主共和国の樹立が承認された。大統領にスパヌウォン、首相にカイソーン、副首相にプーミーとヌーハックが就任し、元国王は大統領顧問となった[18]。ここに620年余り続いたラオス王国の歴史は幕を閉じ、共和制に移行した（【図表14‐1】）。

社会主義国家建設　政府は党書記長兼首相のカイソーンを中心とする組織を整え、当初は資本主義段階を経ない速やかな社会主義化を図った。1978年5月、農業集団化を促進する党決議を公布し、6月からカイソーンが先頭に立って集団化キャンペーンを始めた。しかし、土地等の集団化、平等主義的分配が農民の反発を招き、食糧増産の目論見は外れ、人々の生活は却って悪化した。1979年7月、政府は農業集団化の即時停止を突然発表した。11月、

[16] スチュアート-フォックス／菊池訳2010：95-205頁、桜井＝石澤1988：375-380頁。
[17] スチュアート-フォックス／菊池訳2010：207-254頁、桜井＝石澤1988：380-420頁。
[18] スチュアート-フォックス／菊池訳2010：243-255頁、桜井＝石澤1988：420-424頁。

党中央執行委員会総会でカイソーンは、社会主義への過渡期は長期の過程で、ラオスはその初期段階にあると認識を改め、同過渡期には国家経済、集団経済、国家資本主義経済、私営経済、個人経済の5部門が併存し、生産拡大と国民生活改善のために非社会主義経済部門を活用することを認めた。これに従い、党は市場経済原理の一部導入を決定し、国有企業の自主性尊重、農民の個人的所有権の確保、市場価格体系構築と補助金廃止、国際分業への参加、非社会主義国からの援助獲得と貿易関係の拡大、民活等を徐々に実施することになった。資本主義を飛び越して社会主義に進みえないとカイソーンは自覚した[19]。

新思考への転換と法整備の促進　1986年11月、ラオス人民革命党は、第5回党大会において「新思考」（チンタナカーン・マイ）の下で、市場と計画を融合した新たな社会主義的経済管理メカニズムの推進を承認し、その制度化を精力的に実施した[20]。それは価格政策に関する閣僚議会決議（1987年）に始まり、外国投資奨励管理法（1988年）、人民裁判所法（1989年）、所有権法・契約法・契約外債務法・家族法・相続法・民事訴訟法（1990年）、家族登録法・公証法（1991年）、事業法・担保取引法（1994年）、土地法（1997年）等へと短期間のうちに具現した。こうして1975年の王政廃止以降ほぼ空白になっていた法制度が、市場経済化を機ににわかに整備され出した事実を看過できない[21]。そして、1991年憲法は「経済管理は国家による調整を伴う市場経済のメカニズムに従って遂行される」（16条）と明記した。ラオスは1997年ASEANに加盟し、さらにWTO加盟を目指して法整備を進めた。学生による民主化要求デモ（1999年10月）とその抑止、反政府軍等による襲撃・爆弾事件（2003年）等も起こったが、ラオス政府は継続的に法整備を進めた（【図表14-1】）。

　2003年5月、憲法が改正され、引き続き「国家は、国家によって規制された市場経済のメカニズムに従って経済を管理する」（18条）とした。加えて「国家経済を市場経済に移行させるとともに工業化及び近代化を遂行し、地域経済及び世界経済への統合を図」るべく（13条）、国内経済部門による投資（14条）のみならず、ラオスへの「外国投資を促進し、生産、事業及びサービス部門に資本、技術及び先進的管理を導入するような環境を整備」し

[19] スチュアート-フォックス／菊池訳2010：255-294頁、山田（紀彦）2011：11-19頁。
[20] 山田（紀彦）2011：20-29頁。
[21] 「法治を求める市場」に関し、本書136頁参照。

ボリカムサイ県パクソン郡シヴィライ村（ラオス）
シヴィライ寺にて、村落調停委員のみなさんと
（2015年8月、前列左から4人目が筆者）

（15条）、内外投資家の所有権を保障するとした（16条）。

　憲法改正に伴い、2003年に**人民裁判所法**が改正され、下級裁判所の司法行政権が司法省から最高人民裁判所に移管され、最高人民裁判所が全ての裁判所の司法行政権を把握し、司法の自律性が進展した。その帰結として2004年、**民事訴訟法**を改正し、確定判決を人民検事総長等の異議申立によって再審理する監督審の制度を廃止した（ベトナムでは存続）[22]。また、北部・中部・南部に高等裁判所を設置し、三審制を整え、司法アクセスを改善した[23]。同じく2003年に改正された**土地法**は、外国人投資家等による土地の賃借権またはコンセッションの取得を認めた（64条）。2011年には株式市場も開設された。

2　ラオスにおける経済発展

経済発展の経緯　　前述のような新思考による制度改革に伴い、ラオス経済は1988年頃から急速な回復と成長を示し、年平均6〜7％の成長を続けた。しかし、アジア金融危機（1997年）による貿易縮小によって関税収入が大幅に減少する一方、インフラ事業等への支出に迫られた政府は、中央銀行からの借入れによって資金調達すべく紙幣を増刷したため、為替相場の暴落、物

[22] 瀬戸2009：274頁、289頁。
[23] ラオスにおける司法アクセスにつき、松尾2012b：31-42頁。

【図表14-2】ラオスにおける経済成長の推移（名目GDPおよび成長率）

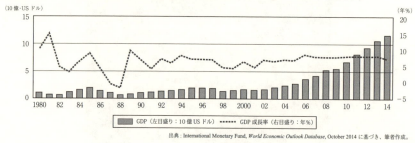

出典：International Monetary Fund, *World Economic Outlook Database*, October 2014 に基づき、筆者作成。

価の大幅上昇、年140％に達するインフレを引き起こした。これによって落ち込んだ経済は、憲法改正も行って市場経済化を強化した2003年頃から急回復し、2000年代後半以降はインドシナ諸国中最も高く安定的な経済発展を遂げている。2013年に名目GDP約100億米ドル、国民1人当たりGDP約1600米ドル、過去10年間約8％の高成長を維持している（【図表14-2】）。2013年2月、ラオスはWTO加盟も達成した（【図表14-1】）。

経済成長の要因と課題　　ラオスの経済成長の主要因は(i)鉱工業部門と(ii)サービス部門の成長にある。(i)鉱工業部門では、銅・金等の採掘、水力発電によるタイ向け売電、欧州向け縫製品輸出、発電所・宿泊施設等の建設の拡大が寄与している。(ii)サービス部門では、卸・小売業、運輸・通信業、観光業、飲食業、ホテル業等の成長が重要である。これらを交通インフラや法制度の整備が間接的に促進していると考えられる[24]。

しかし、課題も多い。①GDPの約40％が鉱業であり、銅・電力・金の資源輸出だけで全輸出の約63％を占め、外国からの投資もそこに偏っているために、技術移転による高付加価値製品の製造業の発展を促す構造にはなっていない。また、②資源開発のための資本財を輸入に頼っているために、貿易収支の経常赤字がGDP比約30％に上り、これを外国からの直接投資と国際機関からの援助資金で調達していることから、外貨準備高も低い。さらに、③資源部門の成長による恩恵は国民の一部階層に止まり、所得格差が拡大している[25]。

---

[24] 鈴木（基義）2009、増川2014：12-15頁。
[25] 鈴木（基義）2009、増川2014：12-15頁。

3 ラオスにおける政治・経済と法

曼荼羅国家から近代国家へ　自律的村落を核とする曼荼羅国家から発展したラオスは、属国化・植民地化による負の遺産と格闘しつつ、今なお政治権力の集権化の過程にある。日本の本州とほぼ同じ面積でありながら、60前後の民族に対して統一的な主権を及ぼし、権利を保障し、近代国家を構築する困難は想像に余りある。植民地時代を含む王政下の法制度は廃棄され、その意味での連続性は失ったものの、村落を核とする社会構造は維持され、慣習法を含む制度的連続性は比較的強いものとみることができる。社会主義革命に王族が関与し、前国王が革命後も大統領顧問に就任した。そうした連続性を背景とする政治制度の連続性に起因する根源的安定性も、ラオスの経済成長に寄与していると考えられる。

社会主義理念の維持　しかし、市場化による急速な経済成長は、個人主義の進展と格差拡大等の弊害の統制との調整を必要としている。2008年家族法改正は、離婚要件を柔軟化する等の制度改革を行った[26]。一方、紛争の解決・回避制度として村落調停等、コミュニティの機能も重視している[27]。また、2011年3月の第9回党大会政治報告・同大会決議を実施するための第7次経済・社会開発5か年計画（2011-2015年）は、原材料の国内供給を可能とする製造業の発展を重視する等、前述した経済課題を認識しつつ、社会主義理念の維持を強調している[28]。

法治の拡充　さらに、同大会決議・5か年計画は、法治の対象を党にまで拡張するとともに、民法典・刑法典の制定、確定判決の執行の徹底、法的サービスの強化等、法の支配の拡充を重視している。ラオス政治の一層の安定化と経済発展の持続可能性を促し、蓄積された法制度の実効性を発揮し、好循環を生じさせる鍵は、そうした社会主義的法治[29]の拡充に大きく依存しているように思われる。

[26] 2008年には相続法、家事登録法、契約内外債務法も改正された。
[27] 瀬戸2009：282頁。
[28] 山田編2012。
[29] 「社会主義的法治」に関し、本書136頁参照。

第V部
経済成長と民主化の緊張と法改革

　経済発展も民主化の進展も、社会の発展の実質をなすものであり、どの国家の国民も切望している。ところが、急速に経済成長する中国やミャンマーではかつて政府が民主化運動を抑制し、批判を受ける一方、民衆運動が盛んなインドやネパールでは政府による経済政策の実施が困難に直面している。両者を両立させるカギはどこにあるのだろうか。

【左】プノンペン（カンボジア）における開発——コンドミニアム等の建設ラッシュ（2015年12月、筆者撮影）
【右】プノンペン（カンボジア）における開発——新築ホテルとメコン川河川敷居住者（2015年12月、筆者撮影）

第15章 カンボジアにおける急進的統治改革の爪痕

国名	カンボジア王国
公用語・国語	クメール語
首都	プノンペン
通貨	リエル（KHR）
人口	1557万人
人口密度	86人/km^2
GDP(MER)／1人当たりGDP	180億ドル／1159ドル

【ポイント】 ベトナム、ラオスとともにフランス領インドシナ連邦を構成したカンボジアは、独立（1953年）後にも国内政治が混乱し、国家の再建が遅れた。しかも、政治形態が王制とその廃止（1970年）から、ポル・ポトによる極端な共産主義（1975年）へと進み、ポル・ポト政権の崩壊（1979年）後も内戦が続き、ようやく1993年に王政を復活させて和平の再構築プロセスに入った。国際社会の支援も集中し、短期間のうちに先進的な法令が整備され、選挙が実施され、経済成長も加速した。しかし、政治の振子を右から左へ、左から右へと大きく揺らしてきたカンボジアの統治は大きな爪痕を残した。かつてインドシナ半島の大部分を支配したクメール帝国として繁栄し、偉大なアンコール遺跡群を創出した文化大国は、統治と法の動揺が経済発展にどのような影響を与えるかを考えさせる重要な問題提起をしている。

1 カンボジアにおける統治と法の変遷

クメール帝国の勃興と統治の拡大　カンボジアは現カンボジア南部からベトナム南部のメコン・デルタ地帯を支配した**扶南王国**（1世紀頃～）を7世紀頃に滅ぼした**真臘王国**（6～8世紀）に由来する。そのジャヤヴァルマン1世は7世紀末にメコン川を遡って現ラオス南部に支配を広げた。一旦衰退後、ジャヤヴァルマン2世が**クメール王朝**を創始し（802年）、ヤショヴァルマン1世はアンコールに都を築き（889年）、東北タイに支配を広げた。王の不滅の職務は法規範を維持し、**カーストを堅持**し、祭儀を執り行い、過ちに応じて犯人を処罰することであるとされ、**祭政一致的統治**を行った[1]。スー

ルヤヴァルマン2世はタイ中部、マレー半島、ベトナム南部に支配を拡大し、アンコール・ワット等のヒンドゥー教寺院を建築した（1113年～）。クメール王朝はジャヤヴァルマン7世が築いたアンコール・トム（1190～1431年）の時代に最盛期を迎え、仏教寺院も建築された。しかし、フビライのモンゴル軍がアンコール・トムに侵攻し、ジャヤヴァルマン8世は元に朝貢するに至り（1285年、1292年）、衰退が始まった[2]。

シャムとベトナムによる挟撃　クメール帝国の弱体化に乗じ、シャム（タイ）のアユタヤ王国が侵攻し、クメール王国は王都アンコールを放棄した（1432年）。その後もシャムはクメール王国への侵攻と支配を続け、北西部3州（アンコールを含むシェムリアップ、バッタンバン、シソポン）を併合し（1794年）、支配を強化した。

　他方、ベトナム中部のフエを都とした広南阮氏王朝は1623年、クメール王国南部プレイ・ノコー（現ホーチミン）への進出認許を契機に入植を進め、クメール王国の内紛に介入してベトナム南部コーチシナに支配地域を広げ、これを併合した（1841年）[3]。しかし、ベトナム人官吏の支配に反発したカンボジアの地方官吏と住民が蜂起し（1845年）、バンコクに亡命していたアン・ドゥオンが帰国して即位した。もっとも、シャムとベトナムはその即位承認に際し、各々カンボジア北西部およびコーチシナの領有も了解させた[4]。

　クメール王国では、刑法、裁判官法等からなる12巻の法典（16世紀末～17世紀）が編纂された。1692年、チェイチェスター王は判例集の編纂を命じた（【図表15-1】）[5]。一方、農村では自給自足的な村落共同体が形成され、村長と補佐役の下で慣習に従った農作業、祭祀、紛争解決等が行われた[6]。

フランスによる植民地支配　シャムとベトナムへの両属状態に危機感を覚えたアン・ドゥオン王は1853年、シンガポールのフランス領事に密使を派遣した。1863年、フランス海軍大尉は後継者ノロドム王に拝謁後、コーチシナ総督と共に再度王に接して保護条約を締結し、国内最高官吏としてのフランス理事官の駐在を認めさせた。1884年、フランスは理事総監の設置、フラン

[1] 石澤1984：101頁。
[2] 周／和田訳注1989。
[3] 桜井＝石澤1988：34-37頁。
[4] 桜井＝石澤1988：36-37頁。
[5] 飯泉＝上田1999、2000、2002。
[6] 桜井＝石澤1988：36頁。

ス官憲の指揮下へのカンボジア人官吏の編入等による支配強化の協約をノロドム王に強要し、内政を掌握した。1887年、フランス領インドシナ連邦を発足させ、カンボジアを編入した。フランス理事官府の指揮下で、国王の下に内閣を設置する一方、地方では伝統的統治機構を維持し、州知事・県長・村長を置いた。村長は村の有力者からなる村会で互選され、その中から村長が助役を選任した。村長は徴税も担当した。フランスは1904年、シェムリアップを含む北西部3州をシャムから取り戻して王族の歓心を買う一方、支配を強化した[7]。

フランスは、下級官吏や警察官に多くのベトナム人を登用してカンボジア人の憎悪を煽り、ノロドム王の抵抗に対しては、王位承継に干渉して王弟シソワット1世を即位させて王族の分裂を図り、反仏の動きを反らそうと図った。また、カンボジアをフランスの商品市場とする一方、土地の払下げを受けてゴムや米のプランテーションを経営した[8]。

フランス植民地下では原則として、①フランス人とそれに類する者の間、これらの者と原住民の間にはフランス法が、②原住民間では原住民法が適用された（二元的法体系）。②に関し、カンボジアでも固有法の成文化が試みられ、1911年、刑法、刑事訴訟法、民法第1編（身分関係）が公布された。その後、民法典（4編、1365か条）が編纂され、公布（1920年2月25日）・施行（同年7月1日）された[9]。

独立への国王の奮闘　日本軍によるフランス官憲の武装解除（1945年3月9日）を受け、シハヌーク王は3月12日の王令でカンボジアの独立を宣言した。しかし、日本の敗戦後にフランスが再進駐し、旧理事長官に代わった高等弁務官の強い要求により、シハヌーク王は独立宣言を撤回した。1946年1月に暫定協定が締結され、フランスはインドシナ連邦政府を介して関税・治安・警察・外交の権限を維持し、カンボジアには内政自治を認めたが、王令の公布には高等弁務官の連署を要するものとした。以前と実質的に大きく変わらない内容の暫定協定に失望したクメール・イサラク（自由カンボジア）やクメール抵抗派（ベトナム独立同盟会と連携）は王国政府への批判と反仏運動を展開した。一方、1946年9月の制憲議会選挙では、シソワット・ユットヴォン殿下が指導する民主党が圧倒的多数を占め、1947年5月にカンボジア王国

[7]　桜井＝石澤1988：60-64頁、78-79頁。
[8]　桜井＝石澤1988：78-79頁、134-137頁。
[9]　福井1942：19-20頁、1951：38頁。

【図表15−1】 カンボジアにおける統治と法の変遷

802	ジャヤヴァルマン2世がアンコール朝を創始
1113	ヒンドゥー寺院アンコール・ワット造営開始
13c〜	上座部仏教普及
1432	シャム（タイ）の侵略によって王都アンコール放棄
16c 末	（〜17c 初頭）12巻の法典（刑法、裁判官法）
17c	ベトナムのフエ王朝による支配強化
1692	チェイチェスター王の命によって『判例集』編成
1863	対仏協約。フランス保護領カンボジア王国（1884）
1887	仏領インドシナ連邦成立・編入
1911	裁判所法、刑法、刑訴法、民法第1部（家族法）
1922	民法典（1365か条。2.25公布、7.19施行）
1953	カンボジア王国独立（11.9）。外交権委譲（1954.3.31）
1960	憲法改正。シハヌーク元国王が国家元首に就任
1970	クメール共和国樹立宣言。王政廃止
1975	民主カンプチア成立。原始共産主義
1979	カンプチア人民共和国。民主カンプチア連合と内戦
1991	パリ和平協定
1992	UNTAC 活動開始（〜1993）
1993	制憲議会選挙。新憲法制定によって王政復古
1997	ラナリット（王党派）とフン・セン（人民党）武力衝突
1998	第2回国民議会選挙。第1次フン・セン連立政権
1999	ASEAN 加盟
2001	コミューン評議会選挙法公布・施行（2002選挙実施）
2003	第3回国民議会選挙
2004	第2次フン・セン連立政権。WTO 加盟
2006	民事訴訟法公布（2007.7適用開始）
2007	民法公布（2011.12適用開始）
2008	第4回国民議会選挙。第3次フン・セン連立政権
2013	第5回国民議会選挙。第4次フン・セン連立政権

出典：筆者作成。

憲法が制定された。新憲法下で同年12月に実施された総選挙でも民主党が圧勝し（75議席中54議席）、反仏の立場をとって早期完全独立を主張し、国王と対立した[10]。

シハヌーク国王は民主党とクメール・イサラクが合流し、あるいはクメール抵抗派が強大化してベトナムやラオスのような内戦に発展することを危惧

[10] 桜井＝石澤1988：294-298頁。

し、自ら完全独立に向けてフランスとの交渉に乗り出した。国王はフランスでの交渉が進展しない中、アメリカ、タイへと移動して国際世論に訴え、カンボジアに戻って交渉を続けた。その結果、1953年8月に警察権と司法権、同年10月に軍事権が委譲された。そして、同年11月9日の独立式典を経て、1954年3月に外交権も委譲され、名実ともに完全独立が達成された[11]。

国王の退位と失脚　1955年2月、国王が独立達成の使命を果たしたかを問う国民投票で約99.8％の支持を得たシハヌークは、大衆の民意を反映しつつ、政党政治の不安定性を除去した統治体制づくりを目指した。そのために、議会の政府不信任制度を廃し、また、議員立候補者の3年継続居住等を要件とする憲法改正を試みた。しかし、それは民主党の反対に遭って撤回を余儀なくされた。そこで、国王は同年3月、王位を父スラマリットに譲って退位し、4月に王制社会主義（経済・社会・教育等における社会主義的方法により、王室を中心とする国民の結集と仏教信仰に基づく民主的で平等な社会を目指す思想）を標榜して人民社会主義共同体（サンクム）を結成し、総裁に就任した。サンクムは9月の総選挙で約83％の得票を得て全91議席を独占した（民主党約12％、人民党約4％）。この優勢は1958年、1962年、1964年の総選挙でも維持された。1960年4月のスラマリット国王の逝去を受け、シハヌークは同年6月に政治に関与できる国王としての国家元首を創設する憲法改正案を作成して国民議会を通過させ、これに就任してシハヌーク元首が誕生した。しかし、シハヌークの強権政治に批判的な民主党は政府の汚職、物価問題等を攻撃して共和制を主張した。これに対し、人民党は共産主義を主張した。

　東西両陣営の対立が深まる中、シハヌーク元首は中立政策を維持し、アメリカ、フランス、旧ソ連、中国の両陣営から経済支援を受けることに成功した。しかし、それは援助競争を助長し、汚職と腐敗を蔓延させ、一部の富裕層や高級官僚の私腹を肥やすのみで、国民全体の福祉増大に通じなかった。シハヌーク元首は1963年、援助を拒否して自力更生政策に転換し、1964年には貿易・銀行の国営化、農産物の生産・流通の組合化・公社化を実施した。しかし、私的経済活動の制限は、アメリカの援助打切りと相俟って、1964年以降の財政赤字をもたらし、1966年以降は農作物の不作、米・ゴム等の輸出不振で貿易収支も赤字に転落し、経済が停滞し始めた。

[11] 桜井＝石澤1988：299-308頁。

1968年、シハヌーク元首は自力更生路線から国際協力路線への再転換を示唆し、1969年8月に成立したサンクム右派のロン・ノル内閣は、国有化政策を修正し、経済自由化を打ち出した。自力更生政策自体は正しくとも、一気に社会主義に移行しようとした急進性が失敗の原因であった。1970年3月18日、国民議会と王国参議院の合同会議は全会一致でシハヌーク元首の解任を決定し、ロン・ノル政府は王制廃止と**クメール共和国**の樹立を宣言した（3.18クー・デタ。【図表15－1】）[12]。

民主カンプチアの成立　モスクワで3.18クー・デタを知ったシハヌークは、翌19日から北京で周恩来首相、ファム・ヴァン・ドン北ベトナム首相らと協議し、国民議会・参議院の解散、ロン・ノル政府による法令等の不執行要求、**民主カンプチア統一戦線**の結成を含む5項目声明を発表した。ポル・ポト、イエン・サリら急進的左派グループの**クメール・ルージュ**はこれを支持し、その中心勢力となった。5月4日、**カンボジア王国民族連合政府**の樹立が宣言された。一方、ロン・ノルはアメリカの支援を受け、アメリカ軍・南ベトナム軍はカンボジア国境付近の北ベトナム軍・南ベトナム解放勢力を攻撃するためにカンボジアに侵攻し、カンボジアも遂にベトナム戦争に巻き込まれた。1975年4月17日、ロン・ノル派のプノンペンは陥落したが、5年に及ぶ戦闘は数十万人の死傷者を出し、肥沃な農地は荒蕪地となった。プノンペン市民は農村・田園地帯への移住を命じられた。特別国民大会を経て、1976年1月5日、新憲法が発布され、カンボジア王国民族連合政府は国名を**民主カンプチア**に改称した。1976年憲法は「貧富の差がなく、搾取、被搾取階級のない幸福・平等・正義及び真の民主主義が支配する社会」の実現を目指し、「生産手段は国家及び共同体の共同所有」であることを明記した。3月には人民代表議会選挙が行われ、シハヌークは国家元首・統一戦線議長を辞任し、旧王宮内に幽閉される一方、第1回人民代表大会はポル・ポトを首相に選出した。そして、このクメール・ルージュによる新国家建設も、短期間のうちに自力更生共同体を組織し、一気に大躍進を図ろうとする急進的政策であった。それは伝統社会を打ち毀し、共同所有に基づく集団労働方式の**協同組合（サハコー）**の組織・運営を目指した。その実態は1日10時間以上の重労働と粗末な食事、宗教の禁止、学校の廃止、鎖国、中国との連帯形成、親ベトナム派や知識人の粛清であった[13]。

[12]　桜井＝石澤1988：316-348頁。
[13]　桜井＝石澤1988：350-369頁、437-445頁。

カンプチア人民共和国の成立　粛清を逃れた親ベトナム派軍人や旧人民党幹部らは、ヘン・サムリンを中心に1978年12月、**カンプチア救国民族統一戦線**を結成し、ベトナム軍と共にカンボジア東部、南東部等で攻勢を開始し、1979年1月にプノンペンを占領、**カンプチア人民共和国**を樹立した。ベトナム、当時のソビエト連邦、東欧諸国がこれを支持した。1981年5月に第1回総選挙を行い、第1期国民議会は新憲法を採択して同年6月27日に公布した。ヘン・サムリンが元首、フン・センが閣僚評議会副議長（後に議長）に就任し、人民革命党が唯一の合法政党とされた。農民は以前の居住地に戻り、寺院の再建も始まった。しかし、ポル・ポト派、反ベトナム・反共産主義で共和制を目指すソン・サン派、反ベトナム・反共産主義で旧王制を支持するシハヌーク派の3派は1982年7月、**民主カンプチア連合政府**を樹立し、シハヌークが大統領に就いた。中国、ASEAN諸国がこれを支援し、国連も正式代表と認めた[14]。カンプチア人民共和国政権と民主カンプチア連合政府の内戦が始まり、ベトナムは介入を続けた。

カンボジア王国の成立　1990年6月の東京会議を経て、1991年10月のパリ和平協定によってようやく内戦終結、武装解除、**国連カンボジア暫定統治機構**（UNTAC）の設置、制憲議会選挙の実施等が合意され、1992年3月からUNTACが活動を開始した。1993年5月に国民議会選挙が行われ、同年9月23日、新憲法が公布された[15]。それは立憲君主制を採用し、シハヌークが**カンボジア王国**の国王に再度即位し、フンシンペック党（58議席）党首のラナリット（シハヌークの二男）が第1首相、人民党（51議席）のフン・センが第2首相となった。これを見届ける形で同年9月にUNTACの暫定統治は終了した。しかし、1997年7月にはフンシンペック党と人民党が軍事衝突を起こした。1998年7月の国民議会選挙では人民党が第1党となり、フン・センが首相に就任した。同年4月、ポル・ポトは死亡し、同年12月、ポル・ポト派は解体した。翌1999年、カンボジア王国はASEAN加盟を果たした（【図表15-1】）。

1993年憲法の特色　1993年憲法は1970年の3.18クー・デタ以来23年ぶりに王制を復活させた。しかし、国王は君臨するが統治しないことを絶対的な修正不能条項とした（7条1項、17条）。ただし、王位は世襲によらず、3王

[14] 桜井＝石澤1988：445-451頁。
[15] Gottesman 2002.

プノンペン（カンボジア）上空から見た市街地
——トンレサップ川（手前）からメコン川（右上）へ
（2013年8月、筆者撮影）

家の直系子孫から王位継承評議会が選任する。この方式が**仏教的王権思想**の現れであるとみる見解もある[16]。実際、国家原理として国民・宗教・国王を挙げ（4条）、仏教を国教とし（43条3項）、仏教の教育・研究施設を保護する（68条3項）。一方、複数政党制に基づく自由民主主義（前文、51条1項）と市場経済体制の採用（56条）を明記し、自由民主主義制度と立憲君主制に影響を及ぼす修正も禁止する（152条）。三権分立も明記している（51条4項）。もっとも、裁判官・検察官の任命等を国王に提案する司法官職高等評議会に関する法律が構成員に司法大臣を含め、予算を司法省に依存する等、行政と司法の分離が課題となっている。しかし、このようにしてカンボジアは、1993年憲法に適合的な法制度と司法制度を精力的に整備している[17]。比較的詳細な民事訴訟法（2006年）、民法（2007年）等はその一環である。

2　カンボジアにおける経済発展

経済成長の特色　カンボジアのGDP成長率および1人当たりGDPの推移をみると（【図表15-2】）、1980年代後半も続いたカンプチア人民共和国政府と民主カンプチア連合政府の内戦時に比べ、1990年代の和平回復が経済の成長と安定に寄与していること、1997年のフン・セン派とラナリット派の政

---

[16] 安田2000：293頁。
[17] 四本2009：199-200頁。

【図表15－2】カンボジア・ラオス・ベトナムにおける経済成長の推移

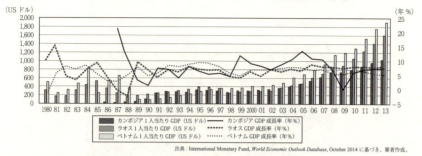

出典：International Monetary Fund, *World Economic Outlook Database*, October 2014 に基づき、筆者作成。

争がそれにマイナスに作用していることが看取される。

2010年代におけるカンボジアの経済成長の主要因は、①農業、②米国・香港等への縫製品や靴の輸出、③プノンペンを中心とする建設業・不動産業、④外国人観光客の増加である。経常収支は慢性的に赤字であるが、⑤海外直接投資の増加による資本収支黒字によってファイナンスされている。慢性的な財政赤字も、⑥無償援助によって補われている[18]。⑤の背景には、タイ・中国・ベトナム等における労働力の逼迫状況や賃金上昇に比べ、カンボジアが比較的豊富な労働力を安価に提供できること、政府が約25の経済特区を認可し、税制優遇も設けたこと、タイとベトナムの中間に位置し、地政学的優位性があること、外資や金融に対する規制が緩いこと等の事情がある。

経済発展の課題　行政の不透明、熟練労働者の不足、電気料金や物流コストの高さ等は改善の可能性がある。しかし、より根本的・構造的な問題が重要である。第1に、概して経済成長率が高い一方で、国民1人当たりGDPは2012年で約951ドルであり、ベトナムの約1753ドル、ラオスの約1414ドルに比べて低いというだけでなく、10年前の2002年にカンボジア約337ドル、ベトナム約440ドル、ラオス約299ドルであったことに鑑みると、ラオスによる逆転を許しており、急速な成長の成果が国民に公正に分配されていないという懸念がある。第2に、1990年代以降に限ってみても、カンボジアの経済成長率はベトナム、ラオスに比べて振れ幅が大きい。例えば、2004年から2005年のGDP成長率は約13.2％であるのに対し、2007年には0.087％へと落ち込んでいる（【図表15－2】参照）。政治状況や国際経済環境の変化に対す

---

[18] 外務省「カンボジア王国基礎データ」2013、三菱UFJリサーチ＆コンサルティング2013。

る経済の脆弱性の背景には、外資や援助への依存度の高さも関わっているように思われる。

3 カンボジアにおける政治・経済と法

2013年総選挙が示唆するもの　2013年7月28日、第5回国民議会選挙が実施され、フン・セン首相を党首とする与党・人民党は当初の予測を遥かに下回る67議席（改選前90議席）に止まる一方、サム・ランシーを党首とする野党第1党の救国党が56議席（改選前29議席）を獲得した。しかも、有権者名簿の操作による投票阻止、幽霊有権者や重複名簿による複数投票等による与党に有利な選挙不正があったとして、野党は選挙管理委員会および憲法院に申立てをし、平和的抗議行動を呼びかけ、国会をボイコットした[19]。不正は認定されなかったものの、選挙結果自体がマクロ的には順調な経済成長が続いているにもかかわらず、政府の開発政策に対する国民の不満が蓄積しているとみることができる。それに対する司法アクセスの不十分さも顕在化した。

　これと連動して、総選挙の1争点であった公務員給与の引上げ運動が起こり、経済財務相は2013年9月1日から教師、国軍兵士、警察官ら約9万人につき月額基本給を約60ドルから約80ドルに引き上げた。しかし、労働者側は倍増の160ドルを要求して争い、2014年1月には3人が死亡、40人が怪我をし、逮捕者が出た。不満の遠因には、事の真偽は別として、政府高官の中には森林伐採や鉱物資源開発によって上がる収益から不正な利益を得る等、汚職が蔓延し、利益が公正に分配されていない、それと裏腹の民主化が進んでいないという認識がある。政府による土地のコンセッションが土地収奪を生み出す問題も取り上げられている[20]。これらの場合、経済発展の潜在力を政治が阻害している可能性がある。

急進的統治改革の教訓　しかし、そのための政治改革は法改革を通じて漸進的に時間をかけて行う必要がある。前述したカンボジアの経験は、急進的統治改革によって政治・法・経済がは経済発展を阻害し、それを是正するための法改革も性急に理想を追い過ぎると現実離れして悪循環に陥りうるパターンが生じる可能性を示唆しているように思われる。

[19] *Phnom Penh Post*, 19 Aug 2013 ; *The Cambodia Daily*, 24-25 Aug 2013.
[20] LICADHO 2009.

第16章 ミャンマーの法改革における伝統の連続と不連続

国名	ミャンマー連邦共和国
公用語・国語	ビルマ語
首都	ネピドー
通貨	チャット（MMK）
人口	5389万人
人口密度	79人/km²
GDP(MER)／1人当たりGDP	648億ドル／1204ドル

【ポイント】 2015年3月31日、ミャンマー政府は反政府闘争をしてきた少数民族勢力の連合体・全国規模停戦調整チーム（NCCT）と停戦合意文書に関する基本合意に達したと発表した。その直後の4月14日〜17日、政府側を代表するアウン・ミン大統領府付大臣を含む国内和平問題担当の3大臣、連邦法務副長官等が来日し、首相や政府関係者との懇談後、学生や在日ミャンマー人との集会が開かれた[1]。経済発展・民主化・少数民族との和平達成はミャンマーが直面する三大開発課題といえる。しかし、大臣の報告に続く質疑・討論では、在日ミャンマー人から報告と現状とのギャップや公開されていない事実の指摘、少数民族に対する政府の上から教化するかの姿勢に対する激しい批判等が相次ぎ、和平をめぐる立場の相違と溝の深さを図らずも実感させた。

ミャンマーは、小説『ビルマの竪琴』に描かれたような秩序と平静を重んじる国民性で知られる一方[2]、強力な軍隊が国家を構成してきた伝統をもつ。これらは偶然に合わさった2つの顔というよりも、それが1つの顔をなすところに、中国とインドの2大文明の間で独自の伝統を築き、保ってきたミャンマー的国家統治の特色がある[3]。それは政治・経済と法改革にとって避けて通れない課題を投げかけている[4]。

---

[1] 「ミャンマーの国民和解と恒久和平」（2015年4月16日、慶應義塾大学三田キャンパス南館DL室）。
[2] 竹山1959（初出は1947〜1948年）。この物語自体は創作である。
[3] ミンウー／秋元訳2013参照。
[4] ミャンマーはイギリスによる植民地統治を経た点で、マレーシア、シンガポール、香港と共通するが、独立後の発展の仕方は大きく異なっている。

1 ミャンマーにおける統治と法の変遷

王朝の興亡　イラワジ川流域では、1世紀前後にはベトナムやタイと異なる統合権力体が存在し、ローマやアラビア半島と交流した。その中流域に9世紀中頃からマン（王）と呼ばれる族長が支配する部族が成長し、近隣のマンを従えたマン・クリー（大王）が支配圏を拡大した。パガンを拠点にパガン朝を創始したアニルッダ王（在位1044～1057年）は周辺地方を攻略して勢力を拡大した。1165年、パガンはスリランカ王の侵略を受け、その影響下で即位したチャニャスー2世（在位1174～1211年）の下で**ビルマ化**が進み、ヒンドゥー教の影響を受けた仏教文化が形成された。王は犯罪防止と悪人取締強化のため勅令を発して碑文に刻み、罪からは逃れられないと説いた。パガン朝は13世紀から元軍の侵略を受け、14世紀初頭に滅亡した[5]。1486年、**タウングー朝**を創始したミンチーニョウ王は支配を拡大し、バインナウン王（在位1550～1581年）の時代にはアユタヤも陥落させ、西部のアラカンを除く現在のミャンマーに匹敵する地域の支配を完成した。度量衡・貨幣交換比率の統一等による物流の円滑化、**ワーレルー法典**等の慣習法典の編纂による社会秩序の統一も図った。しかし、タウングー朝は相次ぐ戦役による人的資源の流失によって衰退し、周辺城市とアラカンのムラウ朝の挟撃により、1598年いったん滅亡した[6]。

帝国の形成と中央集権化の限界　タウングー朝を復興させたニャウンヤン王による**ニャウンヤン朝**は、地方の城市を王族に与えることを止め、中央から**知事（ミョウ・ウン）**を派遣し、それを軍司令官（シッケー）らに監視させ、中央の**国務院（フルットー）**に責任を負わせる統治方式によって**中央集権化**を図り、ビルマの帝国化が進んだ。しかし、その支配も**地方領主（ダチー）**には及ばず、徴税の実態等も中央政府は把握できなかった。中央・地方間に分節化された**二元的国家統治**が形成されたといえる[7]。中央政府の派閥抗争等で弱体化したニャウンヤン朝が1752年に滅亡した後、シュエボー・ミョウのダヂーであったウー・アウン・ゼーヤが周辺王族を破り、1754年、**コンバウン朝**を創始した。第3代シンビューシン王はヴィエンチャン、ルアン

---

[5] 石井＝桜井編1999：111-132頁（伊東利勝）。
[6] 石井＝桜井編1999：278-290頁（伊東）。
[7] 安田2000：305頁。

パバーン、アユタヤを侵略したが、勢力拡大は一時清朝の介入を招いた。コンバウン朝は軍事的強化を進めるとともに、全国のダヂー、その連隊（アフムダーン）等に調書（シッターン）の提出を求めたが、ダヂーの認定と人的資源の確保にとどまった。地方への徴税強化も、ダヂーの対抗により、全国一律には施行できなかった[8]。

イギリス植民地への道程　1824年、コンバウン朝はイギリス領インドとの間にある島の領有等をめぐり、イギリス東インド会社と戦争に突入し、1826年、敗戦によってアラカン、テナセリムの割譲等を含む賠償を行った（**第1次英緬戦争**）。イギリス側は1852年、ヤンゴン等を占領する軍事行動を起こし、1853年、下ビルマの割譲を事実上余儀なくされた（**第2次英緬戦争**）。主戦派のパガン王をクー・デタによって廃した和平派のミンドン王（在位1853〜1878年）は、1857年、マンダレーの新都建設に着手し、フランス・ドイツ・イタリア・アメリカ・イギリス等から外国人技師を雇い、留学生を派遣し、官営織物工場等の建設、税制改革、幣制改革等、**殖産興業・富国強兵政策**を展開した。しかし、1885年11月、イギリスのインド政庁は、前年のイギリス貿易企業に対する罰金事件を口実にして、王都マンダレーに進撃し、ティーボー王（在位1878〜1885年）を拉致してボンベイ近郊に配流し、上ビルマも支配下に置いた（**第3次英緬戦争**）。ティーボー王とその家族は配流先で死亡し、伝統あるミャンマーの王制は呆気なく滅亡した[9]。こうしてビルマ王制は強力な軍の伝統と富国強兵策、イギリスとの対抗ゆえに、親イギリス外交政策を採って独立を維持したシャム（タイ）のチャクリー王朝（1782〜1932年）とは対照的に、イギリスとの全面武力衝突に至って消滅した。

植民地支配と独立運動　1885年、ビルマはイギリス領インドのビルマ州（弁務長官支配下）に、1897年にはインドの正式な1州（副知事支配下）になり、立法府も設置された。1923年、改正インド統治法はビルマをインド帝国の他州と同列の知事州とし、1935年、ビルマ統治法はインドからの分離を決定、1937年発効し、ビルマを総督支配下に置いた。こうしてイギリスはビルマの地位を漸次的に上昇させ、最終的に7管区・38県に分割し、末端行政組織として村落区を設け、新たに村長を選任、給与を支給し、住民には地租と

[8] 石井＝桜井編1999：291-295頁（伊東）。
[9] 石井＝桜井編1999：295-302頁（伊東）。

【図表16-1】ミャンマーにおける統治と法の変遷

1044	パガン王朝樹立（～1314）
1486	タウングー王朝建国（～1598。復興～1752）
1754	コンバウン王朝ビルマ再統一（～1885）
1824	英緬戦争（第1次。～1826）
1852	英緬戦争（第2次）
1885	英緬戦争（第3次。～1886）。コンバウン王朝崩壊、イギリス領インドに併合
1897	自治州としてインド副総督が統治。立法府設置
1909	インド参事会法。インド統治法（1919。1923改正）
1935	ビルマ統治法（施行1937）。インドから分離
1942	日本軍による占領統治（～1945）
1945	イギリスによる統治再開（3）
1947	ビルマ連邦憲法（9）
1948	ビルマ連邦として独立（1.4）
1962	ネ・ウィンによる軍事クー・デタ
1974	ビルマ連邦社会主義共和国憲法
1988	SLORC設立
1989	ミャンマー連邦へ国名英語表記変更（6）
1990	人民議会選挙（5）。布告第1号（7）
1993	国民会議（National Convention）開催（1）
1995	スー・チー氏解放（7）、国民会議再開（11）
1997	ASEAN加盟。SLORC解散、SPDC設置（11）
2003	国民会議再開（5）
2007	僧侶等によるデモ（9）。軍による鎮圧、死傷者
2008	憲法草案国民投票（5.10/24）
2010	総選挙実施（11.7）。NLDボイコット
2011	国会召集（1.31）。大統領選出（3.30）。「民政移管」
2012	議会補欠選挙（4.1）。NLD圧勝（43/45議席獲得）
2013	政治犯に対する恩赦（12.30）

出典：筆者作成。

人頭税を課した[10]。無主地はなくなり、開墾地の私有もできなくなった。そうした中で民族主義運動が生じ、仏教青年会（YMBA：1906年）、ビルマ人団体総評議会（GCBA：1920年）、我らのビルマ協会（タキン党。1930年）が組織され、自治、民族自決から独立へと要求を先鋭化させていった[11]。

[10] しかし、シャン、カチン、チン等の周辺山地地域は社会の発展段階や文化が異なることを理由にビルマ本土と異なる制度によって統治され、少数民族問題の禍根を残した。
[11] 石井＝桜井編1999：364-384頁（伊東利勝＝根本敬）。

日本軍の占領と抗日蜂起　　1930年代後半からは日本軍が介入し、1942年にビルマ独立義勇軍（BIA）を組織して対イギリス独立闘争を支援、1943年8月に大東亜共栄圏の一員として独立を宣言させた。しかし、日本軍は民衆への暴行、物資の強制調達、泰緬鉄道建設等への強制労働等により、ビルマ人の反発を買った。1944年8月、タキン党はビルマ共産党と人民革命党、ビルマ国民軍（以下、国軍）と連合して抗日統一組織「反ファシスト人民自由連盟」（AFPFL／パサパラ）を結成し、1945年3月27日、国軍、農民義勇兵を核に抗日蜂起した。カチン、カレン等の山岳少数民族はすでにそれ以前から日本軍と戦っていた。結果的に日本軍の介入は、民族主義運動の担い手をGCBAからタキン党に移行させ、かつ後者の武装化を進めた[12]。

独立達成　　1945年8月の日本軍敗退後、10月にビルマ政庁を復帰させたイギリスは、当初は「ビルマ白書」（1945年5月）に基づき、ビルマの経済復興と段階的な自治領化＝コモンウェルスの一員としての主権付与を目論んだ。しかし、インド独立問題を抱えた武力の限界等に鑑み、**アウン・サン**を中心とする**パサパラ穏健社会主義者**に平和裡に権力委譲し、経済利権を維持しつつ、ビルマを手放す方針に転換した。1947年1月、アウン・サン＝アトリー協定、2月、少数民族代表との連邦制国家設立に向けてのパンロン会議、4月、制憲議会選挙におけるパサパラの圧勝を経て、独自の国家元首をもつ共和制国家としての独立に同意した。1947年憲法は自由主義と社会民主主義を基調に、農民・労働者に対する国家の義務を掲げ、**漸進的社会主義**を国是とした。また、代議員（下院）での有力少数民族カレンの議席確保、民族院（上院）での民族別編成、シャン、カレンニー（カヤー）、カチンの3民族に州の地位と一定の自治権を認める一方で、連邦首相による各州大臣の任命等、連邦への権力集中の要素も含んでいた[13]。しかし、アウン・サンは1947年7月19日、閣議中に政敵ウー・ソオの部下によって殺害された[14]。1948年1月4日、ウー・ヌを首相とするビルマ連邦は、完全独立を達成した（【図表16-1】）。

政治への国軍関与　　独立後3か月足らずでビルマ共産党が武装蜂起、1949年にはカレン民族同盟（KNU）が分離を求めて武力闘争に入った。これに対

---

[12]　石井＝桜井編1999：385-391頁（伊東＝根本）。
[13]　佐久間1993：57-62頁参照。
[14]　根本2002：190-191頁参照。

処すべくネ・ウィンを最高司令官とする国軍が結束を固め、反政府武装勢力を牽制した。結果的に政治への国軍の影響力が強まり、1958年、ウー・ヌは議会の承認を得てネ・ウィンに選挙管理内閣を委ねたが、1960年2月の総選挙の結果、ウー・ヌが信任を得て再度政権を担当した。しかし、仏教の国教化を試みて混乱を深め、外資導入による経済の資本主義化を図って漸進的社会主義の国是に背いたため、国軍が反発を強め、1962年3月2日、ネ・ウィンらはクー・デタを決行した。それはビルマの政治的危機を救えるのは党利党略に走る議会制民主主義の政治家ではなく、政党政治から超越した国軍だけであるとの使命感に基づく政治介入であった[15]。

ビルマ式社会主義の試みと司法の政治化　1962年7月、ネ・ウィンはビルマ社会主義計画党（BSPP）を結成し、1964年には同党のみを唯一の合法政党として他の全政治団体に解散命令を下した。精神を物質より重んじるビルマ式社会主義を強調し、農業を除く全分野の国有化、外資追放を徹底した。また、中央集権化を図るべく、少数民族の自治権を剥奪し、ビルマ語教育を徹底して少数民族言語の教育を抑制した。1974年、ビルマ社会主義連邦憲法が制定され、民政移管が行われた。1974年憲法は社会主義国家建設を明文で謳い（ただし、財産権は容認）、司法制度を人民議会に従属する人民司法評議会と人民検察評議会に委ね、判事等は必ずしも専門的法学教育を受けていない党員から任命されたため、司法は政治的支配の下に置かれた（**司法の政治化**）[16]。しかし、ビルマ式社会主義は中間層の成長を妨げた。また、行政機関や国営企業への大量の軍人の天下り、国軍幹部の特権層化、軍人介入による経済活動の非効率化、不足物資の密輸入による裏経済の発達等、経済の停滞を招いた。労働者等の不満が蓄積した[17]。

民主化運動とSLORCによる抑制　1988年、民主化要求運動が学生を中心に全国に拡大し、7月、ネ・ウィンはBSPP議長職を辞任した。8月以降、連日10万人規模のデモや集会が開かれ、複数政党制に基づく総選挙の実施、人権の確立、経済の自由化等を要求した。しかし、事態が膠着して一部学生の行動が過激化し、国軍が介入してデモを鎮圧、9月18日、ソオ・マウン大将を議長とする**国家法秩序回復評議会**（SLORC）を創設し、1974年憲法

[15] 石井＝桜井編1999：394-396頁（伊東＝根本）、484-485頁（根本）。
[16] 門田2007。
[17] 石井＝桜井編：484-485頁（根本）。

が定めた人民議会、人民評議会等、ビルマ式社会主義の構成機関を全廃した[18]。1974憲法を事実上停止する軍事クー・デタである。しかし、国軍の政治支配の実質は変わらず、体制の基本的特質は連続していたとみられる。軍事政権は複数政党制の導入と総選挙の実施を約束する一方で、1989年7月、**国民民主連盟**（NLD）の書記長アウン・サン・スー・チー氏を自宅軟禁処分としたほか、民主化運動を武力鎮圧した（なお、1989年6月から国名の英語表記を Myanmar に変更）。1990年5月27日、公約通り総選挙を実施した結果、NLD が得票率約65％、総議席数の約81％（392／485議席）を得て圧勝し、シャン諸民族民主連盟（SNLD）23議席、国民統一党（NUP＝旧BSPP）10議席となった。SLORC は民政移管には堅固な憲法が必要として政権移譲を拒み、立法・行政・司法権を SLORC が掌握して統治を継続した[19]。1992年4月、SLORC 議長に就任したタン・シュエは市場経済導入に基づく経済開発に乗り出した。1993年、新憲法制定のため SLORC が人選した国民会議（National Convention）を召集したが、NLD はボイコットした[20]。

SPDC による統治の変容　　1995年7月、スー・チー氏を自宅軟禁から解放した SLORC は経済開発を推進し、1997年7月23日、ラオスと共に ASEAN 加盟を遂げ、11月15日、メンバーの4分の3を入れ替えた**国家平和開発評議会**（SPDC）に改組した。2003年8月、改革派で和平推進派でもあったキン・ニュンが首相に就任し、Burma's Roadmap to democracy を発表した。しかし、保守派と対立して失脚、2004年10月に自宅軟禁となった。代わって保守派のソー・ウィンが首相に就任した。2006年10月、ネピドーへの遷都を公表し、2007年8月15日、そのためにガソリン等の燃料価格を2〜5倍に引き上げた。それは国民生活に深刻な打撃を与え、9月、仏教僧や市民によるデモが起こり、デモ参加者はヤンゴンでは14万人に達した。SPDC は9月26日以降武力鎮圧に乗り出し、死傷者を出す惨事となった[21]。10月12日、ソー・ウィンが死去し、24日、テイン・セインが首相に就任した。2008年5月10日（一部は24日）、憲法草案の承認を問う国民投票が行われ、投票率99％、賛成票92.4％で承認された旨が発表された。2010年4月、テイン・セインは総選挙の実施に備え、軍籍を離脱、**連邦団結発展党**（USDP）を結成

---

[18] 1988年9月18日 SLORC 布告2号。
[19] 1990年7月27日 SLORC 布告1号。
[20] 石井＝桜井編1999：488-492頁（根本）。
[21] 日本経済新聞2007年9月25日1頁・7頁、9月26日8頁、9月27日1頁・8頁。

した。一方、NLD は選挙関連法が不公平としてボイコットを表明したが、その分派たる国民民主勢力（NDF）は候補を擁立した。11月7日、総選挙が実施され、USDP が8割の得票を得て勝利宣言する一方、NDF も少数ながら議席を獲得した。政府は11月13日、スー・チー氏の軟禁状態を解除した。2011年1月31日、連邦議会が開幕し、3月30日、テイン・セインが大統領に選任され、就任した。SPDC は解散し、新政府に政権を移譲し、民政移管が行われた。

民主派勢力の新政権参加　2011年7月25、スー・チー氏はアウン・チー労働相とヤンゴンで会談し、軟禁解除後初の政府との対話が実現した。8月12日、両者は再会談し、民主化進展や経済発展を目指す相互協力で合意したとする共同声明を発表する一方、チョー・サン情報相はスー・チー氏の政治活動の再開容認を表明した。8月19日、スー・チー氏はネピドーの大統領邸でテイン・セイン大統領と約1時間、1対1で会談した（民主化や国民和解等について意見交換した模様）。翌20日、スー・チー氏はネピドーで政府主催の経済改革検討会合に出席し、政府会合に初参加した[22]。10月12日、政治犯を含む受刑者が恩赦によって釈放された。11月25日、NLD は政党としての登録を完了した。2012年4月1日、連邦議会補欠選挙が実施され、NLD は45議席中、スー・チー氏を含む43議席を獲得した[23]。

2　ミャンマーにおける経済発展

独立後の経済政策　ミャンマーは石油・ガス、チーク等木材、ルビー・サファイア等の天然資源、識字率の高い人的資源に恵まれ、早期の発展が見込まれた。しかし、1952年に策定された経済開発計画は4年で破棄され、ネ・ウィン政権によるビルマ式社会主義の経済政策は挫折した。1988年からSLORC は豊富な天然資源と安価な人的資源を活用して民間企業を主軸とする輸出志向型の市場経済による成長政策を採用し、外国投資の緩和、国境貿易合法化、産業の自由化、国営企業の民営化等を進めてきた。しかし、民間の製造業等の育成は縫製産業等で進んでいるが、天然資源の輸出を中心とする国有企業がなおも経済運営を主導する[24]。

[22]　日本経済新聞2011年7月26日6頁、8月13日7頁、8月21日5頁。
[23]　日本経済新聞2012年4月2日7頁。

【図表16-2】 ミャンマーの国民1人当たりGDP・同成長率の推移

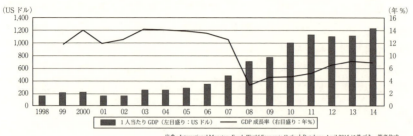

出典：International Monetary Fund, *World Economic Outlook Database*, April 2015 に基づき、筆者作成。

政治の不安定等が経済成長に与える影響　限られたデータではあるが、GDP成長率・国民1人当たりGDPの推移からは、2003年の改革派の失脚、2007年の市民運動に対する武力鎮圧等、政治の不安定や軍の政治介入が経済成長にマイナスの影響を与えていることが、顕著に窺われる（【図表16-2】）。

経済発展の課題　ミャンマーの経済発展は、徐々に政府介入を排除できる強い政府のコントロールによる豊富な労働力、国内需要の増大等の消費市場環境も活用した製造業の育成等が鍵になる。しかし、そのための企業活動を抑制する要因として、①安定的な電力供給等の産業インフラの未整備に加え、②政治の不安定、法制度の不備や内容の不透明さに由来する制度リスクが看過できない。このうち、①については国際金融システム等を活用したインフラ整備の余地もある[25]。②については、立法プロセスの効率化、内容の矛盾や欠缺の改善、英語法文の国語法文化等、立法についてのメタ・レベルの制度改革から、財産法、契約法、契約外債務法、金融制度、証券取引制度、会社法制度等の個別分野とその関連制度の改善の余地が広い[26]。そのためには、③法制度改革の必要性と効用に対する国民の問題関心と意識変化、改革への自発的意欲の高まりが重要である[27]。そして、④開発の担い

---

[24] ミャンマー経済の発展経緯の特色、現状、課題につき、川村＝大和総研2011、尾高＝三重野編著2012参照。
[25] ミャンマーはIMFとの協議により、上限20億ドルの非譲許的借入（non-concessional loan）を行うことが認められている。
[26] 森・濱田松本法律事務所ミャンマー法制度調査プロジェクトチーム2013。
[27] 例えば、会社制度の改善に関連して、自社の経営内容を積極的に公表する等、情報開示のメリットに対する認識等、民間部門の意識改革が不可欠である。

手・参加者の裾野を拡大することが経済発展の実を形成する。

3 ミャンマーにおける政治・経済と法

法制度の役割　前記の法制度改革の課題①～④の実践を通じ、ミャンマー経済の潜在力を政治が妨げないことを保障しうる良い政府の維持が発展のポイントになるといえよう。ミャンマーの統治制度の沿革に照らして特に重要なのは、国家の統治構造の中に深く組み込まれた国軍の関与を法がどのようにコントロールできるかである。2011年3月、法形式上は民政移管が行われたとはいえ、軍出身者は議会（国民代表院440議席、民族代表院224議席中4分の1は国軍最高司令官が任命する）、大統領（憲法59条、60条）、国務大臣を含む行政部、最高裁長官を含む司法部等、立法・行政・司法の何れの部門にも国軍の関与が制度的に保障されている[28]。これを法的コントロールの下に置く制度改革は、ミャンマーの国家統治の歴史と構造を踏まえてのみ可能である。

ミャンマーおける法　そのためには、ミャンマー社会における法＝dhammathat を知ることが不可欠である。それは成文化され、「法律書」とか「成文法」とも訳されるが、創られたものではなく、発見され、与えられたもので、それゆえ王をも拘束する正義の源泉として観念されてきた[29]。それが英緬戦争、王制廃止、植民地化の中で表面的には断絶されたミャンマーの伝統法と現在なお続く統治制度との一見した制度的「空白」[30]の内実を埋めるベースになるかも知れない。そして、そのことはアジアの他の諸国における同様の問題の存在を発掘する可能性を秘めている。

---

[28] 牧野2009：296頁、306頁、309頁参照。
[29] 奥平2002：29頁、76頁参照。
[30] Thant Myint-U 2001：pp. 253-254.

第17章 モンゴルの伝統的遊牧社会の変容における開発と法

国名	モンゴル国
公用語・国語	モンゴル語
首都	ウランバートル
通貨	トゥグルグ（MNT）
人口	295万人
人口密度	1.8人/km²
GDP(MER)／1人当たりGDP	117億ドル／3973ドル

【ポイント】 2015年11月9日から11日にかけて、モンゴルのエルベグドルジ大統領が中国を公式訪問し、同月10日、人民大会堂で習近平国家主席との会談を行った。そこで両首脳は、中国が主導する経済政策「一帯一路」などの協力推進で一致したことが報道されている[1]。それに先立つ同年8月27日には、同大統領は「抗日戦勝70周年記念式典」にも出席しており[2]、モンゴルと中国との外交関係の緊密化を窺うことができる。モンゴルと中国との間には、相互に支配し、支配された歴史や、内蒙古自治区のモンゴル民族の活動への中国政府の規制等、少なからぬ懸案が存在した。モンゴルはそうした過去を呑み込んで、国家の発展を図っているのみならず、今やアジアの地域全体を統合するための包括的なプラットフォーム「フォーラム・オブ・アジア」の提唱をする等[3]、グローバルな視野で独自の立ち位置を模索しているように思われる。モンゴルが模索する独自の開発戦略とは何か。その歴史的発展経緯を踏まえて考察してみる。

1 モンゴルにおける統治と法の変遷

モンゴルの現状　モンゴルはロシアと中国に挟まれた内陸国であり、日本の約4倍の国土面積（156万4100km²）に約300万人の人口（約95％がモンゴ

---

[1] 日本経済新聞2015年11月3日7頁、2015年11月11日7頁。
[2] 日本経済新聞（夕刊）2015年9月3日3頁。
[3] 日本経済新聞2015年6月9日26頁。

人。ほかにカザフスタン人等）を擁し、その約45％（136万3000人）が首都ウランバートルに居住している[4]。もっとも、モンゴルは13世紀に中央アジアからヨーロッパに至る大帝国を形成し、とりわけ、現在のロシア、中国との勢力争いを繰り返す中で、国家としての様々な変容を経験してきた。その間、旧ソビエト連邦との関係を深めて独立したモンゴルに対し、中国の支配下に入った南東の内蒙古自治区との関係も無視することができない。

遊牧騎馬民族国家の成立　モンゴルの伝統的な国家形態を最初に特徴づけたものとして、紀元前3世紀後半に匈奴がモンゴル高原に初めて築いたといわれる遊牧騎馬民族国家がある[5]。それは騎馬軍団を操る軍事性に優れ、漢を悩ませた。その国家統治は軍事組織を基盤とし、中央の単于（君主。現中国の大同市辺り）、東の左賢王（現北京北方から朝鮮一帯）、西の右賢王（現西安から天山地帯）からなった。この中央と東西の三極構造は各支配地域内でも貫かれる一方、個々の組織は10人を基本単位に末端から什長・佰長・千長と十進法で編成された。こうした中央・東西の三軍形式および十進法編成方式による統治制度は、戦時の軍事組織であるとともに平時は政治・社会組織であり、後のモンゴル帝国にも承継された。また、遊牧君主による統治は、土地およびそれに結びついた人を統治するのではなく、仲間＝オロスとなった人を統治するものであった。これは、移住を常とする遊牧社会に適合した統治方式であり、多民族からなるハイブリッド国家であったとみられる[6]。

空前の多民族国家への成長　漢の反撃、服属民族の離反、内紛等によって衰退した匈奴に代わり、1世紀末頃から、かつて匈奴の支配下にあった鮮卑族が有力化し、そのうちの**拓跋**が440年、華北を統一して北魏を建国した[7]。一方、モンゴル高原では、5世紀初めに**柔然**が勢力を拡大したが、6世紀半ばに**突厥**に滅ぼされ、744年には**回紇**がこれを征服した。10世紀になると**契丹**が勢力を得て諸部族を統合し、907年に大契丹国を建国、947年に**大遼国**と改称し、華北の農耕社会を取り込み、牧農複合国家を築いた。遼は中国の中・南部に形成された宋と拮抗したが、遼の支配下にあった女真族が1115年に金を建国、その後遼を滅ぼし、1127年には南の北宋を征服してアジア最大

---

[4] 2014年、モンゴル国家統計委員会。
[5] 司馬遷『史記』所収の「匈奴列伝」参照。
[6] 小松編2000：40-62頁（林俊雄）、金岡2012：160-166頁。
[7] 北魏は東魏と西魏に分裂して北斉と北周となり、北周から隋が現れ、隋を唐が承継した。この間、王家は拓跋系であったと考えられている。金岡2012：168頁。

勢力となった。しかし、金も12世紀半ばには南宋との戦いで、勢力が衰えた。そうした中、モンゴル部族出身の**チンギス**が1206年、諸部族を統合して最高指導者ハーンに推挙され、金、その西の西夏、中央アジアのホラズム等に勢力を拡大し、モンゴル帝国を築いた。その死後、チンギスを継いで第2代ハーンに推された3男**オゲデイ**は1231年、金の攻略に乗り出し、匈奴以来の三面攻撃で撃破、1234年に金は滅んだ。1237年にはロシアをも征服した。オゲデイは1235年、カラコルムに首都を建設した。そこには仏教、キリスト教、イスラム教の寺院が立ち並び、各国の商人が往来する多元的世界帝国モンゴルの首都に相応しいものであった[8]。

遊牧社会の統治と法　チンギス・ハーンは統治のために順守すべきルールとして『**ジャサ**』（jasa, jasaq, yasa）（法制、法令、管理する人等を意味する）を定めた。もっとも、その現物は残されておらず、その断片がペルシャ語やアラビア語で書かれたイスラム諸史料の中に存在するにとどまる。それらに基づく再構成が試みられている。それらは処罰、制裁、統治、権力に関わるものであったとみられている。そこには、チンギス・ハーンが征服・統合した遊牧諸部族を十進法によって編成した千戸制、親衛制度、刑法、婚姻、相続、家畜の保有・牧地の利用、狩猟等に関わる各種の禁令、命令等が含まれていたとみられる。その目的は、国家を構成する部族間の関係を円滑にするために、各部族の慣習に共通する一般的ルールを示し、諸部族を共通法によって融合させることにあった。したがって、それは、ハーンの権力の絶対性、違反に対する峻厳な制裁を伴った。それは、モンゴルの慣習に根差しつつ、ハーンの強い立法意思に基づくものであったと考えられる[9]。

大元帝国の成立　第2代ハーンのオゲデイの死後、第3代息子**グユグ**、第4代甥**モンヘ**を経て、1259年、第5代ハーンに推挙された同じく甥の**フビライ**は、1267年から現在の北京に都の建設を始める一方、1268年から南宋の攻略に乗り出した。1271年、南宋軍を撃破したフビライは、建設中の都を大都と命名して遷都し、大元の国号を用いた（【図表17-1】）。1279年、南宋は滅びた。こうしてフビライは、モンゴルのハーン、シナの皇帝、イスラム圏のスルタンの地位を実質的に併有する世界連邦の君主となった。フビライは民族を問わず人材を登用し、陸・河・海の交通ネットワークを整備して、自由

[8] 小松編2000：52-88頁（林）、132-142頁（梅村坦）、162-188頁（濱田正美）、金岡2012：167-188頁。
[9] 島田（正郎）1995：6-8頁、朝2010：3-49頁。

【図表17-1】 モンゴルにおける統治と法の変遷

1206	チンギス・ハーンがモンゴルを統一
1232	オゲデイが金を征服。ロシア（ルーシ）を征服（1237）
1271	フビライ・ハーンによる元朝成立
1696	清朝康熙帝が西モンゴルのガルダン・ハーンを破る
1755	清朝中国がモンゴル全土（外藩蒙古・内蒙古）支配
18 c.	チベット仏教の伝来・普及、モンゴル仏教の形成
1911	清朝からの独立宣言、ボグド・ハーン政教一致政権
1914	キャフタ会議（～1915）
1919	自治政府廃止、中国軍閥の支配下に編入
1921	君主（活仏）制人民政府樹立、独立宣言（人民革命）
1924	ボグド・ハーン死去、共和制に移行。モンゴル人民共和国憲法。ダンバドルジ政権（1925）
1928	モンゴル人民革命党第7回党大会
1940	モンゴル人民共和国憲法
1946	国民投票。モンゴル独立。中華民国承認
1959	ネグデル（牧畜協同組合）設立
1960	モンゴル人民共和国憲法
1985	シネチレル（刷新）開始
1990	モンゴル民主化同盟結成。一党独裁条項削除決定
1992	モンゴル国憲法。経営単位法、民営化法
1996	国会議員選挙で民主連合による政権交代
2000	国会議員選挙で人民革命党が政権奪還
2002	土地私有化法。反対運動
2004	国会議員選挙で与野党伯仲、連立政権
2008	国会議員選挙（6）。暴動発生、非常事態宣言（7）
2012	国会議員選挙。民主党・人民党ほか大連立内閣
2014	野党提出の首相解任決議可決（10）。大連立政権（12）
2016	国会議員選挙（6）。最大野党人民党が過半数獲得

出典：筆者作成。

な商取引を奨励した。大都の絢爛たる繁栄ぶりは、マルコ・ポーロの『東方見聞録』に詳しい[10]。

漢民族の巻返しと明朝の成立　しかし、大元帝国の繁栄は長続きしなかった。1294年のフビライ死去前後から、帝国内部に反乱が生じた。14世紀前半の地震・水害等の天災、疫病による農民反乱等はこれに拍車をかけた。1351年～1366年にかけて、中国の河南・浙江・安徽・湖北において、漢民族の白

[10] 小松編2000：188-208頁（堀川徹）、金岡2012：189-194頁。

蓮教徒（阿弥陀仏の念仏信仰、弥勒菩薩の降臨・明王（みょうおう）の来臨信仰等）による紅巾の乱が起こった。そうした中、安徽省で挙兵した郭子興の軍中にあった朱元璋が勢力を拡大し、1368年、応天府（南京）で国号を明として、皇帝への即位を宣言した。明は明王（みょうおう）からとったとの説がある。元朝最後の皇帝トゴーンテムルは皇帝位を放棄して内蒙古の応昌に退き、北元と呼ばれた。明は北元を攻撃し、第16代ハーンのテグステムルを殺害した。これによってフビライの王統は断絶し（元朝の滅亡）、モンゴルは分裂状態となった[11]。

清によるモンゴル支配　チンギスの血統のみがハーンになれるという不文律＝チンギス統治原理（Cinggisid Principle）の結果、モンゴルでは多数のハーンが現れては消える不安定な状態が続いた。一方、中国では、満洲で女真族の統一を進めたヌルハチが、1616年、後金を建国して明から独立し、1619年にはサルフの戦いで明軍を破り、遼河東方全域に支配を及ぼした。さらに、子のホンタイジ（皇太極、太宗）は1636年、山海関以北の明の領土と南モンゴル（内蒙古）をも征服し、女真の民族名を満洲に改めた。また、1638年、南モンゴルに辺境支配機関である理藩院を設置した。ホンタイジの死後、これを承継した清の順治帝は、1644年、先に北京に侵入して明を滅ぼした李自成を破り、首都を北京に遷した。こうして南モンゴルが清の支配下に入ると、北モンゴルの領主たちは清の支配を恐れて友好関係を模索し、使節を派遣して権力関係の維持に努めた。ところが、1688年、西モンゴルのオイラドのガルダンが北モンゴルに侵入したため、北モンゴルの諸領主は清の康熙帝に助けを求めた。1696年、康熙帝はガルダンを破り、北モンゴルの諸侯は清に臣従するに至った[12]。一方で、清を漢人・満洲人・モンゴル人の3民族連合のハイブリッド国家とみれば、モンゴルと清は対等な同盟者または構成員とみることもできる。他方で、清を漢民族の国としてみれば、モンゴル人は被征服民、モンゴルは植民地と捉えることもできる[13]。清朝中国とモンゴルとの間には、その何れの面も併有する微妙な関係が形成され、存続してきたように思われる。

外蒙古の独立運動とモンゴル人民共和国　そうした中、1911年10月、武昌での蜂起を契機に清で辛亥革命が始まると、北モンゴルの王公・仏教僧はジ

---

[11] 小松編2000：208-210頁（堀川）、金岡2012：199-207頁。
[12] 小松編2000：277-286頁（中見立夫＝濱田正美＝小松久男）、金岡2012：208-224頁。
[13] 金岡2012：225-228頁。

ェプツォンダンバ活仏 8 世をハーンに推挙し、総理・内務・外務・大蔵・司法・軍務からなる統一政府（ボグド・ハーン政権）を組織して、独立を宣言した。これには内蒙古49旗中35旗が合流の意向を示した。しかし、清に代わった中華民国および国際社会の承認を得られず、1912年 5 月の関係実務者会議で自治宣言に格下げされた。1913年、ロシアが中華民国の外蒙古に対する宗主権を承認する（その見返りに外蒙古に対する経済権益を得る）一方、中華民国が外蒙古の自治を承認することとなった。しかし、1917年 2 月・10月のロシア革命を機に、中華民国はモンゴルに自治撤廃を要求し、1919年11月、自治撤廃を宣言した。これを機にモンゴルはロシアないしソビエトに接近するようになった。まず、1921年 2 月に、ロシア革命軍に敗れたウンゲルンが中華民国軍を駆逐してボグド・ハーン政権を復興させたが、その圧政はモンゴル人の反感を買った。ついで、スフバータル、チョイバルサンらが同年 6 月、モンゴル人民革命党を結成し、 7 月、ソビエト軍の支援を得てロシアのウンゲルン軍を破り、革命政府を樹立した。これにより外モンゴルはモンゴル人民共和国として独立し、1924年に憲法を制定した[14]。

内蒙古の独立運動と自治政府　内蒙古でも独立ないし自治運動が活発化したが、中華民国はこれを抑制すべく躍起になった。内蒙古の自治運動指導者デムチグドンロブ（徳王）は、日本の関東軍の軍事援助を受け、1939年 9 月、蒙古連合自治政府を張家口に樹立した。しかし、日本の敗戦後、ソ連・モンゴル人民共和国軍の内蒙古侵入、内蒙古人民主義者の台頭を経て、1947年、共産党による内蒙古自治区の成立、1949年の中華人民共和国の成立により、内蒙古独立の道は途絶えた[15]。

社会主義下のモンゴル人民共和国　こうしてモンゴルは、外蒙古はソビエトの支援・影響下で、内蒙古は中華人民共和国の支配下で、ともに社会主義改革を進めた。モンゴル人民共和国は1924年に憲法を制定し、最高権力を勤労人民に置き、国家大会議が政権を担うことになったが、その統治体制はソ連の模倣であった。その後、1940年憲法は、モンゴルの独自性を払拭し、ソ連内のブリヤート＝モンゴル自治共和国の憲法とほとんど同じものとなった。生産の集団化が進められ、1955年～1959年にかけて農牧業協同組合（ネグデル）が設立された。牧民の約99.6％がネグデルに加入した。しかし、私

[14]　小松編2000：342-359 頁（中見＝濱田＝小松）；金岡2012：229-232頁。
[15]　小松編2000：360-364頁（中見＝濱田＝小松）；金岡2012：233-236頁。

有財産を失い、自由を制約された人々は勤労意欲を失い、生産効率は上がらなかった。そのため、家畜所有等で一定の個人所有を認めて生産意欲を刺激せざるをえなかった[16]。このように元々独立という政治的目的を達成するためにソ連依存を深めたモンゴルの社会主義化は、当初から矛盾を抱えていたと考えられる。そうした中、1960年憲法は、モンゴルを社会主義国家と明示的に規定し、社会主義生産関係の正しさを強調し、社会主義社会の建設完成、共産主義社会の建設目標を再確認するものであった[17]。

内蒙古における社会主義化　中華人民共和国の支配下にあった内蒙古のモンゴル人は、文化大革命の最中に、大規模で組織的な民族弾圧の犠牲となった。1967年～1970年の南モンゴル大虐殺では、逮捕者約100万人、死者約5万人、凄惨なリンチ事件が報告されている[18]。

社会主義の放棄と急速な市場経済化　1980年代後半以降のソ連・東欧における民主化・市場経済化の波は、モンゴルにも及んだ。1987年、モンゴルでもペレストロイカのモンゴル版というべき**シネチレル**（刷新）政策が策定・実施された。1989年12月、モンゴル民主化同盟が結成され、1990年3月にはモンゴル人民革命党中央委員会が総退陣した。同年5月の人民代表大会は人民革命党の一党独裁条項削除、複数政党制の導入を採択し、1992年憲法はこれを規定、国名もモンゴル人民共和国からモンゴル国とした。さらに、市場経済化、自由選挙の実施も進められた。懸案となったのは、土地の私有化である。議論の末、「牧地」は私有化の対象とせず、外国人の土地私有も認めない旨が憲法に規定された（6条3項）。こうした自由化政策に基づき、自由化・民営化を促進するための一連の経済立法が制定・施行された。1992年の経営単位法、民営化法等の制定を皮切りに、土地法、不動産登記法、公証法、民法、地代法、鉱物法、破産法、会社法、有価証券法、銀行法、著作権法、特許法、商標法、商号法、外資による投資法、不正競争防止法等が制定され、1998年までに400を超える法律が制定された。民法は1994年に制定され、2002年に全面改正されている[19]。

[16] 小松編2000：367-370頁（中見＝濱田＝小松）；金岡2012：241-244頁。
[17] 中村（真咲）2009：110-111頁、蓑輪2002：13頁。
[18] 小松編2000：421-425頁（中見＝石濱裕美子＝濱田＝小松）、金岡2012：237-240頁。その余波は、政府の炭鉱開発に抗議した牧民が石炭運搬トラックに轢き殺されるという事件（2011年5月）にも表れている。
[19] 小松編2000：414-421頁（中見＝石濱＝濱田＝小松）、中村真咲2009：111頁、120頁。

【図表17-2】モンゴルと中国の国民1人当たりGDP・同成長率の推移

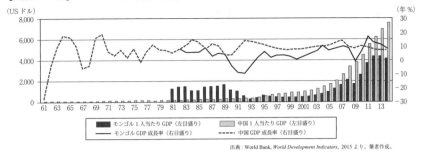

出典：World Bank, *World Development Indicators*, 2015 より、筆者作成。

2 モンゴルにおける経済発展

経済成長の軌跡　2000年代に入ってから、モンゴルのGDPは急成長し、特に2000年代後半は、リーマン・ショックの影響を除けば毎年10％を超えており、2011年には17％超の驚異的な成長を見せている（【図表17-2】参照）。これはひとまず市場経済化の帰結であるとみることができよう。しかし、1990年代の市場経済化のための法改革が始まってから2000年頃までは経済停滞やマイナス成長が続いており、法改革と経済発展が順調に結びついていたとは必ずしもいえない点に留意する必要がある。

現在の経済構造　中国と比較しても明らかなように、モンゴルの経済成長は安定性を欠いている。これは、現在の経済構造に起因する面もある。モンゴルの主要産業は、鉱業、牧畜業、流通業、軽工業等であるが、特に輸出品の大半を原油、石炭・銅精鉱・蛍石等の鉱物資源が占めており、国際的な市況が経済成長を左右する度合いが高い。このことは政府も認識しており、従来からあるカシミア・皮革等の工業分野に加え、農業分野、特に農産加工品等の製造業の開拓、そのための投資が課題として意識されている[20]。

経済発展の課題　モンゴル経済の発展のためには、こうした産業構造の改革のほか、法令間の矛盾や欠缺の改善、政治的な安定性の確保等によるルールやその執行に対する透明性の確保等が求められるものと考えられる[21]。

---

[20] 日本経済新聞2015年5月22日7頁。

3 モンゴルにおける市場経済化・民主化と法改革

モンゴルにおける市場経済化　モンゴルにおける市場経済化は、同じく社会主義体制を経験した中国、ベトナム、ラオス等と比較すると、相当に急進的なものであった点に特色があるように思われる。実際、中国、ベトナム、ラオスは社会主義体制を維持し、土地所有権の私有化も規制しつつ、土地使用権の設定、譲渡・担保化・相続の自由という形で、徐々に自由化を進めてきた。これに対し、モンゴルの場合は、牧地等は除いているものの、住宅、その他の建設用地に関しては、一挙に土地の私有化を承認する方法をとった。これは旧ソ連・ロシアの方法に影響を受けたものとみることができる。しかし、その帰結を比較してみると、私有化を認めた直後の経済成長が停滞し、また、特に1人当たりGDPの成長が伸び悩んでいる等、急進的な私有化がもたらす混乱と、分配の偏りが発生していることを強く懸念させる（【図表17-2】参照）[22]。そして、この問題は、将来的には、牧地に関しても、その生産・経営形態の変容に伴い、どのような権利形態が望ましいかという形で、あらためて議論になることが予想される。

モンゴルにおける民主化と経済・法の動態　一方、モンゴルでは、1992年、1996年、2000年、2004年、2008年、2012年と国民大会議議員選挙が実施され、その度に政権交代または連立政権の再編が行われてきた。このことが、あるいは短期的には経済成長の不安定に通じている面があるかも知れない。しかしながら、2008年の選挙後に発生したような暴力的なリアクションは最近の選挙では沈静化しているようにもみられる。急進的な私有化とともに、急進的な民主化がもたらす弊害をいかに少なくしつつ、市民の自由な意思表明と健全で安定的な政治運営の両立を図るかが、今後のモンゴルの経済発展と・政治発展の両立に向けた大きな課題である。近年の動向をみる限り、そうした両立的発展に向けての可能性は十分にあるように思われる。それだけに、現時点における法令の矛盾・欠缺の改善に向けた持続的法改革が、今とりわけ重要であるということができよう。

[21] 中村（真咲）2009：120-121頁。そのための法改革や法整備支援プログラムが進展している（同前参照）。
[22] これらの問題に関しては、石部1991：37-53頁、櫻谷2002：33-54頁、2003：27-40頁、滝口2009：43-61頁参照。

第VI部
多元的社会の開発と法改革

　政府の開発政策の実施を妨げる要因として、民族間の利害対立が問題になることも少なくない。その一方で、民族が異なるにもかかわらず、1つの国家を形づくることへの強い執着があることも事実である。人々は国家にどのようなアイデンティティを求めているのだろうか。民族の多様性を国家の活力に変える方法は存在するのだろうか。

「ピープルパワー革命」前夜のフィリピンで、マルコス大統領（当時）の辞任を求めて集まったコラソン・アキノ大統領候補支持者ら（1986年2月23日、マニラ）
AFP＝時事通信社提供

第18章 インドネシアにおける多元的法体制の呪縛

国名	インドネシア共和国
公用語・国語	インドネシア語
首都	ジャカルタ
通貨	ルピア（IDR）
人口	2億5756万人
人口密度	134人／km^2
GDP(MER)／1人当たりGDP	8619億ドル／3347ドル

【ポイント】 2015年4月22日、インドネシア共和国の首都ジャカルタでアジア・アフリカ会議（バンドン会議）記念首脳会議が開幕した。60年前の1955年にバンドン（ジャワ島西部）で始まった同会議の立役者の1人、スカルノから始まって7代目に当たるジョコ大統領は、「3億人の富める人々の陰で12億人が飢えている」世界は「不正義に溢れている」と強調した。そして、この問題が欧米の強国や世銀、IMF等の国際金融機関主導の開発によっては解決し難い現実を直視し、アジア・アフリカ諸国が国連改革等を通じて新しい秩序を構築すべきことを提言した[1]。ジョコ大統領は2014年7月の大統領選挙で、プラボウォ元陸軍司令官を破って当選した。今や「世界で3番目に大きい民主主義国」を自認するインドネシアは、独自の開発政策を試み、経済成長面でも中国、インドと並んで「チャインドネシア」として注目されてきた[2]。豊富な天然資源と海洋資源をもつ一方で、民族的・宗教的・文化的多様性のみならず、法的にも多元性をもつ特有の法システムを形成してきたインドネシアは、どのような発展可能性をもち、どのような課題に直面しているのであろうか。

1 インドネシアにおける統治と法の変遷

諸王国の興亡 インドネシアは赤道を跨いで東西約5,100km・南北約1,900kmに及ぶ世界最大の島嶼国家である。そこではマレー人を中心に、7

---

[1] 日本経済新聞2015年4月23日7頁。
[2] 佐藤（百合）2011：i-iii頁、107-114頁。

世紀にはシュリヴィジャヤ王朝（仏教。マレー半島およびスマトラ島）、753年建国のシャイレンドラ王朝、クディリ王朝、シンガサリ王朝（仏教。ジャワ島）等が勃興した。13世紀からはイスラム教が浸透し始め、アチェ（スマトラ島北部）には最初のイスラム国家が成立した。1293年に東部ジャワに建国されたマジャパヒトはジャワ島全域からスマトラ島へ支配を広め、交易に加え、稲作等の農業を経済基盤とした。1586年にジャワ島中部に建国されたマタラムは、17世紀にはジャワ島全域を統治した（【図表18-1】）[3]。これらの国では固有の信仰、ヒンドゥー教、仏教の影響に加え、イスラム教の影響も混交し、独特なインドネシア文化が形成された[4]。

国家法と村落法の二元的法体制　インドネシアの古代国家もデサ、ヌガラ等の村落共同体を核にしていた。マジャパヒト、マタラム等のジャワの国家にはヒンドゥー教・イスラム教の影響を受けた国家法としての**プラダータ**（pradata）と村落共同体の慣習法としての**パドゥ**（padu）が併存し、前者（刑罰法規等が中心）は王の裁判所で、後者は村落共同体の役人ジャクサ（jaksa）によって適用された[5]。これがインドネシアの多元的法体制の古層をなすものといえる。

地域間の多元的法体制　かかるジャワ島地域を中心とする法域に加え、イスラム法の影響を維持したスマトラ島北部のアチェ王国、イスラムの影響を排してヒンドゥー教の影響を受けた法観念を維持したバリ島地域等、地域間の法域的多元性も存在する[6]。

オランダによる植民地化　1602年、連合東インド会社を設立したオランダは、1619年、ジャワ島西部北岸にバタヴィア（Batavia）（現在のジャカルタ）を建設し、マタラムの王位継承紛争に介入する等してジャワ全域に支配を広げ、**バタヴィア法令集**（The Statute of Batavia, 1642）等、オランダ法も部分的に導入された。1810年、オランダがフランスに併合された後はイギリスがジャワを占領して土地制度改革等を行ったが、1824年、ロンドン条約によってオランダに返還された。その後、オランダはジャワ戦争（1825～1830年）、

[3] 池端編1999：28-119頁（深見純生、弘末雅士）。
[4] Hooker (ed.) 1986：pp. 241-346（M.C. Hoadley & M.B. Hooker）。
[5] Ball 1982：pp. 37-47.
[6] 安田2000：143-144頁。

アチェ戦争（1873～1903年）を経てインドネシア全域を支配した[7]。

三重の多元的法体制の形成　1848年、オランダは本国で制定した民法典・商法典（1838年）、裁判所構成法、民事訴訟法、刑事訴訟法等の主要法典を、「オランダ領インド立法の基本原則」とともにインドネシアに施行した。しかし、それは原住民には適用されず、1854年、住民を原住民とヨーロッパ人に分類したうえで、ヨーロッパ人、それに分類された者、ヨーロッパ人への身分変更をした者のみに適用された。もっとも、外国東洋人（中国人・アラブ人・インド人等）には各々の中国法・イスラム法・ヒンドゥー法等と共に、民法典・商法典の多くの部分が適用された。一方、原住民には固有の慣習法アダット（adat）が適用され、19のアダットの存在が認められた。その結果、前述した①国家法と村落法の二元的法体制、②地域間の多元的法体制に加え、③植民地支配の結果としてのヨーロッパ人およびそれに準じる者に適用される西洋法、中国人・アラブ人・インド人等に適用される中国法・イスラム法・ヒンドゥー法、原住民に適用されるアダット法という三重の法的多元性が形成された。しかも、アダット法自体が一様でなく、多元的である[8]。さらなる多元性のレベルを加えることになった。こうして三重の意味における法的多元性が形成された。

アダット法学派の功罪　このように法的多元性の形成の一因はオランダ植民地政策における原住民法への不干渉主義にある[9]。法的多元主義に対しては批判もあり、民法典等の法の一元化を推進する動きもあった。ところが、ファン・フォレンホーフェン（Van Vollenhoven, 1874-1933）ライデン大学教授らのアダット法学派は、契約自由等の西洋近代法の原則が住民を自由競争に巻き込み、福祉を増大させるよりも貧困化させることを理由に、植民地私法の統一に強く反対した[10]。しかし、それが原住民法の近代化を遅らせる原因となったことは否定し難い[11]。刑法領域では、ヨーロッパ人に適用されたのとほぼ同内容の1873年刑法典が制定され、1918年刑法典は全住民に適用され、裁判所の統一も進められた[12]。私法の不統一は原住民の私権体系

[7] 池端編1999：119-220頁（弘末、鈴木恒之）。
[8] その適用も通常裁判所ではなく、最下級または宗教裁判所とされた。安田2000：144-146頁。
[9] これは植民地統治の内地法延長主義（植民地の事情を考慮した修正を含む）と対照をなす。
[10] 安田2000：146-148頁、島田弦2009：134頁。
[11] 安田2000：147頁。
[12] 安田2000：147頁、島田弦2009：134頁、Hooker 1986：p. 178（Peter Burn）。

【図表18-1】インドネシアにおける統治と法の変遷

7世紀	シュリヴィジャヤ王朝（マレー半島、スマトラ島）
753	シャイレンドラ王朝（ジャワ島）
1293	マジャパヒト建国（ジャワ島東部）
1586	マタラム建国（ジャワ島中部）
1602	オランダ東インド会社設立（～1799）
1619	バタビア建設。バタビア法令集（1642）
1811	イギリスが占領（～1816）。英蘭協定（1815）
1824	ロンドン条約。イギリスからオランダに返還
1848	民法典、商法典、裁判所構成法、民・刑事訴訟法
1873	刑法典
1942	日本軍による占領（～1945）
1945	独立宣言（8.17）。インドネシア憲法（8.18公布）
1949	インドネシア共和国連邦憲法（12.14）
1950	インドネシア共和国暫定憲法（8.17）
1959	スカルノ、1945年憲法体制への復帰宣言（7.5）
1960	土地基本法
1965	スハルトによるクー・デタ（9.30）
1967	外国投資法。国内投資法（1968）
1994	会社法全面改正
1997	アジア通貨危機
1998	スハルト7選後辞任（5）。ハビビ大統領就任
1999	司法基本法改正、人権法。第1次憲法改正。ワヒド大統領就任。東ティモール独立
2000	第2次憲法改正（8）
2001	第3次憲法改正（11）。メガワティ大統領就任
2002	第4次憲法改正（8）
2004	初の大統領直接選挙。ユドヨノ大統領就任
2014	ジョコ大統領就任

出典：筆者作成。

の発展を妨げた。

独立と法令の承継　植民地支配に反発を強めたスカルノ（Sukarno, 1901-1970）らは、1927年、インドネシア国民党を結成した。植民地政府によって軟禁されたスカルノらは、1942年、日本軍の侵攻によって解放され、日本の戦況の悪化を背景に1945年3月に設立された独立準備調査会の会合を同年5月に開き、6月にジャカルタ憲章を公表した。これに基づき、日本の無条件降伏（8月15日）直後に独立宣言（17日）し、インドネシア憲法を公布した（18日）。独立宣言を認めなかったオランダとの独立戦争は、1949年

11月のハーグ協定によって終結し、インドネシア共和国連邦憲法の公布（1949年12月）により、インドネシア連邦共和国として独立した。その後、連邦制を廃止したインドネシア共和国暫定憲法（1950年8月）を経て、1959年7月、スカルノ大統領は布告を発し、大統領により大きな権限を付与していた1945年憲法への復帰を宣言した。1945年憲法は、それに基づく新たな法令を定めるまでは既存の法令を有効としたが[13]、1981年改正刑事訴訟法等を除き、新たな統一的立法による植民地法の廃止に至らなかった。その結果、民法典・商法典・刑法典を含む主要法典はオランダ語を正文とする植民地法のままである。

スカルノの開発政策　スカルノは「指導された民主主義」を標榜し、親共産主義の立場を取りつつ、国軍との調和を図り、民族的・宗教的・政治的諸勢力の調整を試みた[14]。経済的にもオランダ企業の国有化、輸入や投資の許可制等、介入主義的な「指導された経済」を推進した[15]。しかし、経済成長が停滞し、インフレが進み、国民の所得水準は低下した。1965年9月30日、左派系軍人の大統領親衛隊長らが陸軍参謀長らの将軍を暗殺するという事件（9.30事件）が発生し、その統治体制は事実上崩壊した。

スハルトの開発政策　スカルノは9.30事件の収拾を陸軍のスハルト（Soeharto, 1921-2008）に委ねたが、国軍が共産主義勢力を虐殺する事態に至り、内外の批判が高まった。スカルノは1966年3月にスハルトに秩序回復の権限を委譲、1967年3月に大統領代行に就任したスハルトは、1968年3月、国民協議会の選任により、正式に大統領に就任した。スハルトは共産党を非合法化する政策をとる一方、外資・国内華人資本等の民間投資を促すべく、1967年**外国投資法**（30年間の非国有化保証を付与）、1968年**国内投資法**を制定・施行し、単一為替レート、輸入許可制の撤廃、資本移動の管理撤廃等、市場誘導型の開発政策を推進した。

ところが、その後、石油・ガス・一次産品からの収入増大に伴い、国営企業部門が拡大し、政府は外資および国内の民間投資に対する規制を再強化した。1980年代半ばまでの諸法令は様々な製品に輸入制限を課し、輸入代替的

---

[13] 1945年憲法経過規定1条。
[14] スカルノは、Nationalisme（民族主義）、Agama（宗教）、Komunisme（共産主義）の団結＝NASAKOMを唱えた。
[15] World Bank 1993：p. 136（白鳥監訳1994：134-135頁）。

産業に有利な制度変更が行われた。しかし、1980年代後半からは**輸出志向の規制緩和**に再転換し、関税引下げ、輸入手続の簡素化、為替切下げ、輸出業者の輸入関税軽減等を行った。また、電力・通信・港湾・道路等のインフラ部門への民間投資を初めて認めた。さらに、1990年代初頭にかけて金融部門の規制緩和を急速に進め、会社法を改正した結果、銀行の新設が相次ぎ、製造業者やサービス業者に限られていた銀行融資が、不動産・株式等への投資家、消費者等にも供与されるに至った[16]。

この時期には**政治的自由化**も一定程度進み、1992年の総選挙では多党化が進んだ。ところが、そうした急速な規制緩和、特に資本取引のそれが、1997年のアジア金融危機による傷を深めることになった。銀行の倒産は企業の倒産を招き、多くの失業者を生み出し、貧困問題が深刻化した。民衆の不満が増大し、1998年5月にはジャカルタ暴動が発生した。

ポスト・スハルト期の統治改革　1998年3月の大統領選挙で7選されていたスハルトは、そうした混乱の中5月に大統領を辞任し、副大統領の**ハビビ**（Bacharuddin Jusuf Habibie, 1936-）が大統領に就任した。エンジニア出身のハビビは、言論の自由・結社の自由を認める民主化政策を推進し、政党法・選挙法の改革を行った。ハビビはインドネシアからの独立の是非を問う東ティモールの住民投票実施も、外務省の反対を押して実施した[17]。しかし、1999年6月、新選挙法に基づく総選挙の結果、ハビビ率いる与党**ゴルカル**は、スカルノの長女**メガワティ**（Diah P. Megawati S. Sukarnoputri, 1947-）が率いている闘争民主党に得票率では敗れる結果となった。ゴルカルの信任を失ったハビビは、大統領指名選挙への立候補を断念した。

1999年10月、国民協議会は総選挙では第3党だった国民覚醒党の党首でイスラム教指導者の**ワヒド**（Abdurrahman Wahid, 1940-2009）を大統領に、メガワティを副大統領に選任した。2001年7月、ワヒドがイスラエル訪問や共産主義を解禁する方針等によって連立政権内での支持を失って罷免され、メガワティが大統領に就任した。

その後、憲法改正を経て[18]、2004年3月、インドネシア史上初の大統領直接選挙により、陸軍出身の**ユドヨノ**（Susilo B. Yudhoyono, 1949-）がメガワティを破って当選し、2009年7月の同選挙でも再選された。任期満了に伴う

[16] World Bank 1993: pp. 136-139, pp. 238-239（白鳥監訳1994：135-137頁、225-227頁）.
[17] 水本2006：178頁。
[18] 1945年憲法は1999年10月以降、2002年までの間に4次にわたって改正された（【図表18-1】）。

2014年7月の大統領選挙では、闘争民主党員で、貧しい大工の家庭に生まれたジョコ（Ir. H. Joko Widodo, 1961-）が、スハルトの娘婿で元陸軍戦略予備軍司令官を制して当選した。こうした経緯を経て、インドネシアは、スハルト時代の開発独裁から民主化の方向への舵取りを徐々に進めているとみられる。

2　インドネシアにおける経済発展

経済の現状　インドネシアの主要産業は、①２輪車等の輸送機器、飲食品等の製造業（2013年対実質GDP構成比約23.7％）、②パーム油・ゴム・米・ココア・キャッサバ・コーヒー豆等の農林水産業（同約14.4％）、③ホテル・飲食業・その他の商業（同約14.3％）、④石油・LNG・石炭・ニッケル・錫等の鉱業（同約11.2％）、⑤その他のサービス業（同約11.0％）、⑥建設業（同約10.0％）、⑦金融・不動産・企業サービス業（同約7.5％）、⑧運輸・通信業（同約7.0％）である[19]。産業間比率として比較的バランスがとれている点に特色がある。経済成長率は過去10年間で約５～６％を維持し、リーマンショック（2008年）の影響は、アジア通貨危機時よりも、遥かに小さかった。もっとも、2013年の１人当たりGDPは3,475米ドルに上っているが、タイ（同約6,000ドル）、マレーシア（同約10,000ドル）には及んでいない（【図表18-2】）。

経済発展の経緯　インドネシアは、現在に至るまでに、何度かの経済的危機を経験してきた。①スハルト期の国家統制による経済停滞は、1965年の１人当たり所得を1958年比で約15％減少させた。②1970年代の石油・一次産品ブーム等もあって回復した経済は、1980年代半ばにおける石油・一次産品の価格低下により、貿易条件の悪化と対外債務返済比率の急増をもたらした[20]。③市場化志向の貿易・投資の規制緩和によって国内外の資本投資を促し、再び成長軌道に乗った経済は、1997年のアジア経済危機によって大きく落ち込んだ（【図表18-2】）。④危機の原因が汚職、法令や契約の不遵守・

---

[19] インドネシア政府統計に基づく外務省「インドネシア共和国基礎データ」2015による。
[20] この間、国営石油公社プルタミナは、管理体制の甘さから1975年債務不履行を引き起こした。その危機に対処したテクノクラートは対外債務管理システムの構築等、制度改革を促進した。例えば、1971年法律８号に基づき、経営陣を監督するために設置された監査役会（Board of Commissioners）は、その機能を果たさなかった。浅沼＝小浜2013：99-120頁参照。

【図表18-2】インドネシアの国民1人当たりGDP・同成長率の推移

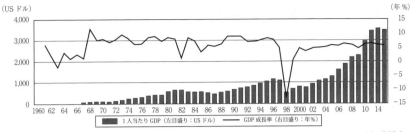

出典：World Bank, *World Development Indicators*, 2015 より、筆者作成。

不執行等の統治の脆弱性に求められ、企業・政府の統治改革が進められている[21]。

2011年5月、ユドヨノ大統領は「インドネシア経済開発加速・拡大マスタープラン2011～2015年」を発表し、全産業分野および全国土空間を視野に入れた「フルセット主義」の開発政策の実施が始まった。これは全国各地の各セクターで、国内市場の購買力の向上に応じた工業製品の輸入代替と、鉱業・農業生産物の切売りから加工へと移行する輸出代替を並行して促進し、雇用を創出し、技術・知識の蓄積も進めることを含んでいる[22]。それはかつて試みて失敗した高度技術産業（航空機産業等）に一足飛びに移行しようとする跳躍政策とは対照的なものといえる[23]。

経済発展の課題　先に確認した産業間の比較的バランスの取れた経済構造が、そうしたフルセット主義の開発政策の現れといえるかどうか、さらなる観察と検討に値する。いずれにしても重要なことは、そうした開発戦略が一部のテクノクラートや政府の方針にとどまらず、民族・宗教・文化・地域を超えて、より広く国民に浸透し、支持されるかどうかである。それを実現するためには、国家が国民に保障すべき私権の体系の構築が不可欠である。それは1945年憲法以降、ほとんど手つかずの状態になっている、統一的な実体私法の形成の重要性に再びわれわれの注意を向けることになる。

---

[21] 黒岩2004b：122-134頁。
[22] 佐藤（百合）2011：107-112頁、252頁。
[23] World Bank 1993：p. 313（白鳥監訳1994：295頁）。

3 インドネシアにおける政治・経済と法

規制手段としての法　インドネシアでは独立後にも数多くの法令が制定されてきた。その多くが政府の開発政策を実施するための手段であり、輸入や投資の許可制度等、市民の自由を規制する方向で用いられてきた。他方で、企業活動を監視するために法律が設けた監査役会等によるコントロールは、国営企業においては実行されず、実効的な機能を果たさなかった。そうした恣意的運用が法の支配に反すると批判することは易しい。また、その問題が法令という形式的制度レベルの問題ではなく、非形式的制度も含む制度全体の変更と連動する統治改革の問題であることも十分に認識されているはずである。しかし、そこでは1つの重要問題が見過ごされている。

国家法と慣習法　それは、民族的・宗教的・地理的多様性をもつインドネシア特有の歴史的・地理的条件および植民地支配によって段階的に形成された多元的法体制にどのように対処すべきかという問題である。中でも国家法（hukum）と併存する多様な慣習法アダット（adat）をどのように関係づけ、国家全体の中で整合的な法秩序を構築してゆくかが喫緊の課題である。その際、国家法と慣習法を対立的なまま捉えるのではなく、両者間の相互作用の具体的態様に照らし、アダットを国家法がどのように裏付けうるかが重要である、という視点が不可欠になる[24]。

土地をめぐる国家法とアダット　特に議論されてきたのは、土地に対する権利をめぐる国家法とアダットの関係である。1960年土地基本法は、1848年民法典、1870年土地法に対する特別法として、自作農の擁護を図り、全土が全国民のために国家管理に服することを前提に、アダットに基づく新たな私有財産権（haku milik adat）を承認した。それに基づく登記が進まないうちに、政府は内外資本によるインフラ投資を促すべく、1986年森林法、1996年土地事業用益権・地上権・使用権に関する政令40号、1999年慣習的共同体の土地管理権に関する土地省規則5号等により、国家管理地の森林コンセッション、事業用益権（95年）・地上権（80年）・使用権（65年）設定の制度を導入した。それらはアダットに基づく共同体的土地管理権と衝突し、司法上の

[24] 高野2015。

紛争となっている。その解決手段として、村落共同体の慣習的紛争メカニズムを活性化し、国家のフォーマルな裁判制度の中に位置づけて連続的に接合するという司法過程を通じた調整が提言されている[25]。

実体私法の整備　しかし、司法レベルでの解決努力と並び、アダットの多様性も取り込んだ統一的かつ整合的な私法の整備に向けた立法レベルでの努力は、インドネシアがさらに発展するためには重要である。その際、西洋近代法は原住民の福祉を削減し、アダット法はそれを維持・増大させるという単純な図式的思考が誤謬を招いたことに留意する必要がある。この偏見を克服するには、国家が整備すべき土地法はたんなる権原の確定と登記にとどまらず、個人・法人・共同体の土地に対する諸権利の定義、保護、取引、登記、管理、税負担を含む一連の立法と整合的に連接されるべきことを理解しなければならない[26]。その端緒として、国家が私人に保障すべき私権のカタログを含む実体私法の一般法としての民法典整備による、1848年民法典の改正は不可避と考える。かかる政府の姿勢が法改革への国民の関心を鼓舞し、発展基盤を創出するであろう。

[25] 金子2009：78-88頁, 2010：41-43頁。
[26] 松尾2012a：174-185頁、特に181-183頁参照。

第19章 フィリピンにおける「民衆の力」と「政治の力」：法的制御の模索

国名	フィリピン共和国
公用語・国語	フィリピン語（実質的なタガログ語）、英語
首都	マニラ
通貨	フィリピン・ペソ（PHP）
人口	1億69万人
人口密度	335人/km^2
GDP(MER)／1人当たりGDP	2919億ドル／2899ドル

【ポイント】 1983年8月21日、フィリピン大統領マルコス（当時）の政敵で、亡命先から帰国したB・アキノが、マニラ到着直後に搭乗機内から兵士に連行され、タラップを降りる最中に射殺される事件が起きた。同行していた日本人ジャーナリストが撮影した事件の一部の衝撃的映像は、フィリピン内外のマスコミに伝わり、軍の関与と独裁化するマルコス政権への批判が高まった。民衆の反抗は、1986年2月7日、B・アキノの妻C・アキノとマルコスの間で戦われた選挙結果をめぐる応酬で頂点に達した。同月15日、国民議会から当選宣告を受けたマルコスに対し、アキノ陣営は自陣の優勢とマルコスの不正選挙を理由に、市民に不服従を呼びかけた。22日、軍の鎮圧行動を阻止すべく、枢機卿の呼びかけに応じ、民衆が軍の基地を取り囲み、リアル・タイムのマスコミ報道の中、軍は武力行使を抑制し、軍幹部が続々とマルコス不支持を表明した。25日、アキノは「国民の信任」を根拠に大統領宣誓を行った。同日正午、マルコスも官邸で大統領就任式を行ったが、その夜には米軍ヘリで官邸を脱し、米軍基地経由でハワイに亡命した（2月革命）[1]。憲法上の手続に則らずに誕生したアキノ政権の正統性は、自陣営の実質優勢と相手側の不正選挙を理由とする正当性と共に、「民衆の力」によって補完された（第Ⅵ部扉写真〔179頁〕参照）。こうした市民社会の動員力は、その後も国家の重要事態で決定的役割を演じ、それゆえフィリピンには「弱い国家〔政府〕」に対する「強い市民社会」が存在するともいわれる[2]。そうした政府－市民社会の関係は、中東のアラブの春、中国、ミャンマー、

---

[1] 池端編1999 451-454頁（鈴木恒之）。
[2] 大野＝寺田編著2009：97頁（津田守＝横山正樹）。

タイの民衆運動とどのように異なるか、なぜ流血の惨事を免れたか、経済成果にどのような影響を与えたかが注目される。

1　フィリピンにおける統治と法の変遷

フィリピンの多元的社会　フィリピンには7,100以上の島、80以上の民族、130以上の言語がある。カトリック教徒が人口の80％以上を占め、ASEAN唯一のキリスト教国であるが、同約5％のイスラム教徒も存在感を示す。こうした地域・民族・言語・宗教・文化の多元性がフィリピン社会を特徴づける。

先史時代　ルソン島北部の洪積世（約200万～1万年前）中期のリワン遺跡からは小型石器類が大量に出土し、ボルネオ島北方のパラワン島タボン洞穴では約16,500年前の南方アジア系の人骨が発見された。紀元前2千年紀～同1千年紀には稲作が始まり、新石器文化が普及した。先史時代には南方アジア系、マレー系、インド系の諸民族が渡来した[3]。

バランガイの社会と王権の成立　フィリピン各地から出土した9世紀以降の陶磁器類は、東アジアと南・西アジアの交易網の中にフィリピンが組み込まれていたことを示している。マレー語と古代ジャワ語で書かれた借金免責証書（900年）も発見されている[4]。それは同交易網の中核にあったマレー系イスラム国家マラッカ王国（1402～1511年）の影響が、フィリピンにまで及んでいたことを推測させる。16世紀初めには、南部スールーにイスラムのスルタン王国が成立し、マニラにもイスラム首長が誕生し、ミンダナオ島の首長にも影響を与えた。16世紀当時のフィリピン諸島の人々は、海岸・河川・湖周辺に「バランガイ」（原義は小舟〔に乗って移住してきた人々〕）と呼ばれる30～100戸程度のコミュニティを形成し、焼畑耕作のほか、水上交通による交易を行っていた。バランガイは、首長ダトとその家族、自由民、隷属民（解放可能性あり）から構成された[5]。

---

[3] 大野＝寺田編2009：22-23頁（青柳洋治）、比島調査委員会編1943、復刻1993：3-22頁。
[4] 池端編1999：18-25頁（深見純生）。
[5] 池端編1999：12-13頁（池端雪浦＝深見純生）、129-131頁（弘末雅士）。

スペインによる植民地支配　1521年3月、マゼランがフィリピン諸島に到達し、レイテ島、セブ島を中心に、イスラム化した社会でキリスト教の布教活動を行った。1565年、スペインのレガスピが遠征隊を率いてセブ島に到着し、1571年にはマニラのイスラム首長らを服属させて砦を築き、初代スペイン総督に就いた[6]。スペインの支配はマニラ周辺のルソン島中央部の低地地域から始まり、中部のビサヤ諸島の低地地域に及んだが、山岳地域および南部のミンダナオ島、スールー諸島のイスラム世界には安定拠点を確保できなかった。当初は征服地の徴税権と労役徴発権を征服事業関与者に付与するエンコミエンダ制を導入したが、17世紀半ばに廃止し、代わってマニラ総督府の下に州（アルカルディーア）・町（プエブロ）・村（バランガイ）の三層からなる統治組織を導入した。そこでは、18世紀にかけてカトリックの信仰と慣習が普及していった[7]。

反植民地運動　スペインによる植民地支配の下、カトリック教義はピラミッド式の教会統治機構を用いて支配者が統治するためのイデオロギーであった。しかし、カトリック信仰は土着の精霊信仰と融合し（フォーク・カトリシズム）、フィリピン人の主体的受容を通じ、18世紀にはキリストの受難詩をフィリピンの受難に適用して解釈する等、植民地支配に対する対抗原理も提供した。ホセ・リサール『ノリ・メ・タンヘレ（私に触るな）』（1887年）、デル・ピラール編集主幹の『団結』（1889年刊行開始）等、スペインの抑圧に対するフィリピンの民族意識と抵抗思想を育み、スペイン政府に統治改革を要求する運動が展開された。1892年、リサールの逮捕を契機に、独立を目指す結社カティプーナンが組織され、1896年から武力闘争を開始し、1897年3月に革命政府を設立した。スペイン軍が本国からの援軍を得て反撃し、同年12月、ブアックナバト和約が締結された。しかし、1898年4月、キューバをめぐってスペインと対立していたアメリカが介入し、スペイン軍を撃破、同年6月、再度革命政府（首都マロロス）が樹立された。1899年1月21日、大地主・大商人・法律家等が主導して起草した憲法が公布され、同月23日、フィリピン共和国（マロロス共和国）が成立した（【図表19-1】）[8]。

アメリカによる植民地支配　1899年12月10日、アメリカはスペインとパリ

---

[6]　池端編1999：99-102頁（弘末）。
[7]　池端編1999：132-137頁（弘末）、161-181頁（鈴木）、190-198頁、228-230頁、244-246頁（弘末）。
[8]　池端編1999：255-267頁（弘末）。

【図表19-1】フィリピンにおける統治と法の変遷

BC2M	(〜BC1M＝紀元前1千年紀) 稲作開始
15C	マラッカ王国 (1402〜1511) の影響
16C	イスラム王国 (スールー、マギンダナオ等) 誕生
1521	マゼランがフィリピン到達。キリスト教布教
1565	レガスピがセブ島到着。メキシコとのガレオン貿易
1571	レガスピによるマニラ建設。初代フィリピン総督
1898	アメリカがスペインからフィリピン領有権獲得
1899	憲法公布 (1.21)、フィリピン共和国樹立 (1.23) フィリピン・アメリカ戦争勃発 (2.4)
1902	フィリピン独立教会誕生
1935	憲法承認、独立準備政府 (コモンウェルス) 発足
1942	日本軍による軍政
1946	フィリピン共和国独立 (7.4)
1965	マルコス大統領就任 (1969再選)
1972	戒厳令 (9)、新憲法案承認 (11)、憲法公布 (1973.1.17)
1977	イスラム教徒人的法典
1981	戒厳令解除。憲法改正。司法再組織化法
1983	B・アキノ暗殺 (8.21)
1986	2月革命。C・アキノ大統領就任
1987	憲法案国民投票によって承認 (2.2)
1988	包括農地改革法 (6)
1991	地方政府法典
1992	ラモス大統領就任
1998	エストラーダ大統領就任
2001	アロヨ大統領就任
2010	B・アキノ3世大統領就任

出典：筆者作成。

講和条約を結び、フィリピン諸島の領有権を得た。同年2月4日、これに反発するフィリピン共和国との間で、フィリピン・アメリカ戦争が勃発した。アメリカは共和国軍を山岳地帯に追い詰め、1901年3月、共和国大統領アギナルドを逮捕、降伏させた。にもかかわらず、各地でゲリラ戦が続き、抵抗運動は1910年代初頭まで続いた。この間の死者はフィリピン軍兵士2万人以上、アメリカ軍約4,500人、フィリピン市民約20万人（人口の約3％）であった。農民は農耕に必要な水牛の約9割も失った。共和党政権のアメリカによる植民地統治は、初代総督タフト (1901〜1904年) の下、①フィリピン人自治は時期尚早とし、②アメリカとの自由貿易は徹底を基本とした。しかし、フィリピン人の反米感情の強さと独立機運の高さに鑑み、民主党政権下で総

督となったハリソンは1916年、フィリピン自治法を成立させ、①を見直した。その結果、議会は立法権をもつ2院制となり、政府職員のフィリピン人比率を高める等、政府機構のフィリピン化を進めた。それはエリート層を植民地政府の協力者とすることを図るものであったが、有産階級の権益保持・拡大と階級間格差の拡大に通じた。他方、②は、アメリカからの綿布、機械類、タバコ・酪農製品、小麦粉等の輸入、フィリピンからの砂糖、マニラ麻、ココナツ製品、工業用原料の輸出等、貿易の対米依存度を高めた（1930年で約4分の3）。また、輸出商品作物たるサトウキビ、マニラ麻の生産に特化した経済のモノカルチャ構造も強めた[9]。

独立準備政府の発足　フィリピンの独立要求は、アメリカ政府、特に共和党政権の反対と、対米貿易による利益縮小を危惧するフィリピンの地主階級の思惑によって進まなかった。しかし、1929年の世界恐慌によるアメリカの農業・労働団体によるフィリピン独立運動（無関税の農産物や低賃金労働者の流入を危惧）、民主党への政権移譲（1933年）により、最終的に、1934年5月、10年間の移行期間を経て、1946年7月4日にフィリピン共和国として独立すること等を認める独立法が成立した。1935年5月、憲法が国民投票によって承認され、同年9月の初の総選挙の結果、ケソンを大統領とする独立準備政府（コモンウェルス政府）が発足した[10]。

日本軍による占領　1941年12月8日の日米開戦と同時に日本軍はフィリピン各地への攻撃を開始し、1942年1月2日にはマニラに進軍した。資源の獲得と軍の現地自活確保を基本方針とする日本軍政は、徴発によってフィリピン人の経済生活を窮乏に陥れた。日本式の教育、儀礼等を強要する文化的抑圧も強い反感を買った[11]。

独立と対米関係　1946年7月4日、フィリピン共和国は独立した。しかし、①フィリピン経済法（1946年。無関税貿易期間8年間、フィリピンからの輸出農産物の割当量の規制等を含む）、②フィリピン・アメリカ軍事基地協定等により、アメリカへの経済的・軍事的な従属関係は存続した。前者はフィリピン資本による工業化、農業の近代化を遅らせる等、経済発展を抑制する

[9] 池端編1999：266-267頁（弘末）、314-337頁（早瀬晋三＝深見）。
[10] 池端編1999：337-340頁（早瀬＝深見）。
[11] 池端編1999：341-347頁（早瀬＝深見）。中野2002：57-82頁。

ものであった[12]。

マルコスによる統治　フィリピン憲法はASEANで唯一（2004年からはインドネシアも）、国家元首たる大統領を国民の直接選挙で選ぶ点に特色がある。1965年12月に当選したマルコスは、任期（当初4年）満了時の1969年12月に再選を果たし、再度の任期満了（1973年12月）を前に、1972年9月に戒厳令を敷き、同年11月、議院内閣制に移行する新憲法案を採択させた。それは暫定国民議会による暫定大統領・首相の選出までは現職大統領がその全権限を保持し、暫定国民議会の招集権限を現職大統領に委ね、その招集を引き延ばせば長期独裁が可能になるものであった。マルコスは①農地改革（米・トウモロコシの栽培地の地主の保有上限を7 haとし、小作農への譲渡を促し、一定の成果を得た）[13]、②農民への信用供与、灌漑設備の整備等による農業振興、③経済開発庁の設置による主要産業の振興、海外送金・税制優遇等による外資導入促進を通じた輸出志向工業化への移行等、経済開発の推進を図った。1973年12月、日本との友好通商航海条約を批准し、日本からの投資も急増した。製造業の伸びを背景に、1970年代後半は比較的順調な経済成長を達成した（【図表19-2】）。しかし、マルコスの一族とその縁故者・取り巻き（クローニー）は政府および軍の要職とそれに伴う利権を独占して新興財閥を形成し、権力の独裁化に歯止めがかからなくなった。それは財政赤字、対外債務の膨張、製造業の発展に見合う雇用拡大の欠如、失業率の増大に通じ、1979年の第2次石油危機に伴う世界不況等を契機とするインフレと相俟って、国民の不満を増大させた。1981年1月、マルコスは戒厳令を解除し、改正憲法に基づく同年6月の大統領選挙（任期は6年）に当選した。しかし、経済は停滞し、1982年にはマイナス成長に陥った[14]。

2月革命とアキノ政権　1986年2月革命（本章【ポイント】参照）で大統領への就任宣言をしたC・アキノは、1986年6月、憲法制定委員会を設け、新憲法案が1987年2月の国民投票によって承認された。新憲法は、アキノ政権の正統性を支えた民衆の力を反映し、大統領任期を1期6年に制限して再選を禁止し、かつ議会権限を強化した。1988年6月にはアキノ政権が使命と

[12] 池端編1999：396-403頁（深見＝早瀬）。
[13] それは、旧地主層、資本家層の独占をある程度掘り崩すものでもあった。安田2000：126頁。Hanisch (ed.) 1983.
[14] 池端編1999：444-451頁（鈴木）。

した包括的農地改革法が成立し、全農地に関して地主の保有面積上限を 5 ha とし、小作農のほか、農業労働者も対象に、土地取得の代金支払を15年賦から30年賦とした（もっとも、地主層の反発で、手続が煩雑化された）。1980年代後半は、政権への好感から外資を中心とする民間投資が増え、 6 ％を超える経済成長も達成した。しかし、議会強化はマルコス政権下で権益を奪われた特権階層の利権回復を可能にし、政権基盤も多様な階層からなる寄合いであったため、 7 度のクー・デタに見舞われ、政治は安定しなかった。度重なる政情不安は再び投資減少、財政赤字増大、インフレ昂進に通じ、1991・1992年はマイナス成長に落ち込んだ[15]。

ラモス政権からエストラーダ政権へ　任期満了に伴う1992年 5 月の大統領選挙では、アキノの支持を得たラモスが激戦を制した。ラモスは税制改革と民営化による財政赤字の削減、規制緩和、金融・貿易の自由化、クローニー企業の独占解体等による民間投資の拡大を図った。その結果、経済成長率は1995・1996年に 5 ～ 6 ％に回復した。しかし、経済成長が雇用拡大に結びつかず、失業率は 9 ％台が続き、農業部門の投資も遅れてコメの自給ができず、農村の貧困問題が深刻化した。1997年のアジア金融危機がこれに追い打ちをかけ、財政赤字が拡大、失業率が増加し、物価が急騰した。1998年 5 月、こうした状況下で大統領選挙が行われ、貧困削減と経済回復を公約に掲げた野党連合のエストラーダ（元アクション映画スター）が大勝した。同時に行われた副大統領選挙では、与党のアロヨが当選した[16]。

再び「民衆の力」とアロヨ政権　2000年 4 月、エストラーダ大統領が違法賭博フエテンの上納金を受領し、タバコ交付税を着服していた疑惑が発覚し、上院で非難演説が行われた。同年11月、下院が弾劾告発書を承認し、憲法に従い、上院に弾劾裁判所が設置された。しかし、2001年 1 月16日、大統領の隠し口座の開示をめぐる11対10の反対決議に対し、下院の検察団が辞任する等により、弾劾裁判は続行不能、無期限停止となった。ところが、大統領に抗議する集会には15万人を超える市民が集まり、同年 1 月19日にはその数が増えたことに加え、国軍幹部と閣僚も集会に参加して大統領の不支持を表明した。20日にはアロヨ副大統領が「エストラーダ大統領は政府を掌握する能力を失ったため大統領職が空席になった」との判断を最高裁から得るこ

[15]　池端編1999：451-460頁（鈴木）。
[16]　池端編1999：456-461頁（鈴木）。

とに努め、同日正午にそれを得たと主張し、アロヨ副大統領がダビデ最高裁長官の面前で憲法に従って大統領に昇格、就任した旨を宣誓した。この日、エストラーダとその家族は官邸を去り、アロヨは組閣に着手した。再度の「民衆の力」による政権交代であり、その正統性が争われた。その後、2004年5月の大統領選挙でアロヨは当選し、2010年6月まで大統領を務めた。同年5月の選挙では、B・アキノとC・アキノの長男B・アキノ3世が当選し、汚職撲滅、貧困削減、治安部門改革を重要課題に掲げている[17]。

2　フィリピンにおける経済発展

経済の現状　アロヨ政権以降、2008年のリーマン・ショックの影響を除けば、フィリピンは約4～7％のGDP成長率を維持し、国民1人当たりGDPは約2,800米ドルに達している（【図表19-2】）。

経済発展の経緯　独立後、フィリピンはインドシナ諸国を上回る経済成長を遂げた。しかし、経済成長の推移が比較的不安定であることも、フィリピンの特色である。特に、①マルコス政権末期の暗殺・不正疑惑の時期、②アキノ政権末期の度重なるクー・デタの時期、③エストラーダ政権崩壊期の不正疑惑の時期における落ち込みが確認できる（【図表19-2】）。

経済発展の課題　しかし、B・アキノ3世政権の下、政治の安定が継続するとすれば、フィリピンの1人当たりGDPが近隣のインドネシアのそれ（約3,500米ドル）に遠からず追い着くことも予想される。

3　フィリピンにおける政治と法、経済への影響

多元的統治システム　フィリピンの国家統治の特色は、以下の諸組織が複雑に相互作用した結果、その時々の力関係のダイナミズムによって左右されてきた点にある。それは、①国民の直接選挙によるゆえに政府内で相対的に権限の強い大統領、②その実質的後ろ盾となる一方で、事実上更迭する力を

[17]　村山2003：99-128頁、山根2014：264-280頁。

【図表19-2】フィリピンの国民1人当たりGDP・同成長率の推移

出典：World Bank, *World Development Indicators*, 2015より、筆者作成。

もってきた国軍、③大統領権限を抑制すべく憲法改正によって権限を拡大してきた議会、④比較的政治性の強い裁判所[18]、⑤政権との縁故が強いクロニー企業、⑥草の根レベルの民衆組織（PO）、より専門性の高い非政府組織（NGO）等からなる市民社会組織、⑦カトリック教会と枢機卿、⑧マスコミ等である。

「民衆の力」の根源と作用　前記⑥の市民社会がもつ「民衆の力」は国家統治の重要局面で決定的役割を演じてきた。もっとも、フィリピンの市民社会は政府に統制されない自律性をもつとの評価がある一方で[19]、「民衆の力」による超憲法的なエストラーダ更迭劇ですら法の原理よりも「政治の力」の優位を示しているとの見方もある[20]。しかし、フィリピンの市民社会は、植民地支配下においても民衆レベルの政治・社会運動を継続してきた歴史的経験を擁している（前述1）。また、民衆が政治に自発的・積極的に関わろうとする動機づけとして、内面化されたフォーク・カトリシズム（前述1）が関わっているとの見方もある[21]。これらの事情が市民社会の自律性を高め、前記⑧のマスコミの機能する場を確保する一方、マスコミが市民社会を擁護する相互作用を生み、フィリピンの民衆の力が流血の惨事を招かなかった理由の一端を形づくったと考えられる。

---

[18] 2012年1月16日、レナト・コロナ第23代最高裁長官に対する弾劾裁判が始まった（不正蓄財疑惑、アロヨ政権末期に任命され、同元大統領寄りの司法判断が多く、同元大統領が自分の退職後に保全を図るためであった等の嫌疑）。5月29日、上院議員23人中20人の賛成によって有罪とされ、同国初の弾劾裁判による罷免となった。
[19] 大野＝寺田編2009：97-101頁（津田＝横山）。市民社会組織の存在意義は1987年憲法、1991年地方政府法典で公認され、その数は2万を超える。
[20] 村山2003：124頁。
[21] 大野＝寺田編2009：179-183頁（清水展）。

多元的社会の法的制御　そのような民衆の力を政治の力から自律させ、法的な力とするためには、多元的組織のダイナミズムを制御し、安定と正義を確保しうる法整備を進めることが有用であろう[22]。フィリピンには、スペイン法を参照しつつ、自国の慣習および新しい権利に適合するよう調整した民法典（1950年）、商法典（1888年）等の基本法典が存在する。それらの既存のリソースを可能な限り活かし、現代社会に適合させるべく改訂し、普及することが、多元的社会の法的制御を可能にしうる[23]。

---

[22] 法的なインフラ整備が経済の安定的成長に寄与しうることにつき、安田2000：137頁参照。
[23] ASEAN Law Association 1995：pp. 185, 193. フィリピンの地方慣習の研究として、Barto 1919；Moss 1920参照。

第20章 スリランカにおける民族の誇りと国家の統合：分裂と統合の可能性

国名	スリランカ民主社会主義共和国
公用語・国語	シンハラ語、タミル語
首都	スリジャヤワルダナプラコッテ
通貨	スリランカ・ルピー（LKR）
人口	2096万人
人口密度	319人/km²
GDP(MER)／1人当たりGDP	823億ドル／3926ドル

【ポイント】 2015年1月8日、スリランカ大統領選で、憲法を改正して3選を目指したラジャパクサ大統領を、同氏率いる与党自由党（SLFP）の事務局長も長く務めた側近でありながら、前年11月に反旗を翻して立候補表明したシリセナ元保健相が破って当選した。前大統領は2009年、26年に及ぶ内戦を終結させ、積極的な外資導入とインフラ開発を推進し、急速な経済成長を達成した。しかし、同大統領の身内の登用による縁故主義、汚職、大統領権限の拡大と自己への権力集中等に対しては、批判も高まっていた[1]。シリセナ氏自身、保健相時代にたばこのパッケージで健康被害の警告を義務づける法改正を進めた際、たばこ業者と結託してつぶしにかかった前大統領に抗し、業界からの賄賂も拒絶して実現させた経験をもつ[2]。そうしたシリセナ氏の姿勢が、与党、少数派タミル人、イスラム系政党等、超党派の支持を集めたことが注目される[3]。また、スリランカの政治は国際政治の渦にも巻き込まれてきた。前大統領は内戦終結のために中国の軍事支援を得たのに続き、経済支援でも中国との関係を深めた。それは「真珠の首飾り」戦略の要衝としてスリランカを重視する中国の思惑と一致し、中国からの投資はスリランカ経済に大きく寄与している。にもかかわらず、シリセナ新大統領は、コロンボの港湾都市開発計画では中国との契約に曖昧な点があるとして見直しを行う一方、大統領就任後初の外遊先としてインドを訪問する等、全世界との中立外交を標榜したうえで、中国との関係維持にも努めている[4]。しか

---

[1] 日本経済新聞（夕刊）2015年1月9日2頁。
[2] 日本経済新聞2015年1月10日6頁。
[3] 朝日新聞（夕刊）2015年1月9日2頁。
[4] 日本経済新聞2015年8月6日7頁。

し、かつてスリランカ政府と内戦を戦ったタミル・イーラム解放の虎（LTTE）は、2009年5月の最高指導者ほか幹部の殺害による「壊滅」宣言にもかかわらず、海外逃亡者が「暫定多国籍政府」を設立して組織再編する等[5]、政治の不安定化要因は拭い切れない。異質なものを排除する試みの失敗の重い代償を負ったスリランカの多民族社会は、どこに発展と安定化の展望を見出すことができるであろうか。その際、どのような法はどのような役割を果たしうるであろうか。

1 スリランカおける統治と法の変遷

スリランカの多元的社会　スリランカは、シンハラ人（シンハラ語を話し、多くが上座部仏教徒）約74.9％、スリランカ・タミル人（紀元前後から北東部を中心に居住。タミル語を話し、ヒンドゥー教徒が多い）約11.2％、インド・タミル人（19～20世紀初頭に南インドから渡来したプランテーション労働移民の子孫で、ヒンドゥー教徒が多い）約4.2％、スリランカ・ムーア人（タミル語を話し、イスラム教徒が多い）約9.2％、バーガー（ヨーロッパ人とシンハラ人の混血の子孫）約0.2％、マレー（マレー起源の人々）約0.2％、その他約0.1％からなる多元的社会である（2012年）[6]。

一方、宗教的には、上座部仏教徒約70.0％、ヒンドゥー教徒約10.0％、イスラム教徒約8.5％、カトリック教徒約11.3％となっている。このように、民族と宗教は単純に対応せず、複雑に絡み合っている。現在は、シンハラ語とタミル語が公用語であり、英語が連結語とされている[7]。

シンハラとタミルの王国の成立と抗争　重要な点は、紀元前にはシンハラ人とタミル人がセイロン島に居住し、多元的社会の基盤を形成していたことである。シンハラ人の祖先は紀元前5世紀に北インドから移住して王国を創設し、紀元前3世紀にインドから伝えられた上座部仏教を王権が受容し、僧院を建設する等して、シンハラ人の間に仏教が普及した。一方、紀元前2世紀から南インドのタミル人を中心とする移住者が、スリランカ・タミル人の原型を形成した。その結果、紀元前後には南インドからスリランカにかけ

---
[5] 公安調査庁 2014。
[6] 杉本＝高桑＝鈴木編著2013：23-26頁（鈴木）。
[7] 第13次憲法修正（1987年）による。

て、シンハラ人の王国とタミル人の王国との覇権をめぐる攻防が繰り返されるようになっていたことを看過することができない[8]。

仏教とヒンドゥー教の教義の確立　4～5世紀までには、ヒンドゥー教の教義が確立し、二大叙事詩『マハーバーラタ』・『ラーマーヤナ』、法分野では『マヌ法典』・『ヤージュニャヴァルキヤ法典』・『ナーラダ法典』が編纂されている。ヒンドゥー教における6学派の哲学体系、仏教における大乗と小乗等が成立し、スリランカにも普及が試みられてきた[9]。しかし、仏教とヒンドゥー教の教義の確立は、シンハラとタミルの王国の政治的亀裂を却って深める結果になったようにも思われる。仏教が非暴力・博愛主義を是とするにもかかわらず、排外的な暴力化の歯止めとならなかった理由の背景には、こうした歴史的事情が影響しているのかも知れない。もっとも、アショカ王（BC304-232）は、仏教の非暴力・平等・博愛主義の影響を強く受け、ダルマ（理法）に基づく統治の実践として、バラモン教、ジャイナ教も仏教と並んで平等に保護した[10]。スリランカの社会を引き裂く2勢力の融和は、かかる統治の原点にまで遡って考えることを必要としているように思われる。

チョーラ朝による北部占領　9世紀半ばから南インドに台頭したタミル人のチョーラ朝は、正統ヒンドゥーの理念を受容し、中央集権化を図る一方、11世紀には海上貿易の覇権を求めてスリランカに侵入し、北部のアヌラーダプラから南方のポロンナワルナへと拠点を移してヒンドゥー教信仰を広めた。これに対し、ヴィジャヤバーフ1世は1055年、チョーラ朝勢力を駆逐し、ポロンナワルナを首都として、仏歯寺を建立し、ミャンマーから僧侶を招く等して、仏教を保護した。これを継いだパラークラマバーフ1世は、全島の統一と中央集権化を進めた。しかし、13世紀には北部のジャフナにタミル人の王国が築かれ、中央集権化と統一化を達成しえないまま、ポロンナワルナを放棄し、中部山岳地帯に移動した。一方、タミル商人は五百人組（商人ギルド）を形成し、活発な商業活動を行った[11]。

ムスリム勢力の浸透　スリランカはすでに7世紀にはイスラム勢力の貿易

---

[8] 辛島編2004：168-169頁（辛島）。
[9] 辛島編2014：97-98頁（山崎元一＝辛島）、120-121頁（山崎）。
[10] 辛島編2014：70-71頁（山崎＝辛島）。
[11] 辛島編2014：161-169頁、181-184頁（辛島）。

【図表20-1】 スリランカにおける統治と法の変遷

BC5c	シンハラ人移住。シンハラ人王国形成
BC3c	上座部仏教伝来。シンハラ人を中心に普及
BC2c	タミル人移住。タミル人王国形成
11c	チョーラ朝(タミル人)の侵入
1055	ヴィジャヤバーフ1世、チョーラ朝を駆逐
13c	ジャフナにタミル人王国建国
14c	イスラム国家の影響が増大
15c	中国の鄭和と交戦
16c	ポルトガルがコーッテ国を傀儡化
1766	オランダがキャンディ王国を従属化
1796	イギリス東インド会社による支配
1832	イギリス国王によるセイロン全土の支配
1931	統治法。普通選挙の導入
1947	憲法。少数民族保護の特別規定あり
1948	英連邦の1つセイロンとして独立
1972	英連邦を離脱し、共和制(スリランカ共和国)憲法制定。シンハラ語を唯一の公用語とする
1978	憲法改正。タミル語に国語の地位を付与
1983	コロンボを中心とする暴動発生
1987	第13次憲法改正。タミル語を公用語に追加
2002	ノルウェーの仲介によるLTTEとの停戦合意
2005	ラジャパクサ大統領当選
2009	LTTEの壊滅、内戦終結宣言
2010	第18次憲法改正。大統領3選禁止条項撤廃
2015	大統領選挙繰上実施。野党シリセナ氏当選

出典:筆者作成。

圏に組み込まれていた。1336年にハリハラが創始したヴィジャヤナガル王国は、スリランカへの遠征も行い、デーヴァラーヤ2世(在位1422-1446)の時代にはスリランカをもその勢力下に置いた[12]。

ポルトガル・オランダ・イギリスの進出 スリランカは中国とも古くから交易し、9~10世紀の陶磁器片が大量に発見されている。15世紀初頭には中国の鄭和とも交戦した。一方、16世紀、中部山地、西南海岸にはシンハラ人の王権が、セイロン島北部のジャフナにはタミル人の王国が形成されたが、ポルトガルはシナモン貿易の独占を図り、西南海岸のコーッテ王国を傀儡化

[12] 辛島編2014:217-219頁(小谷汪之=辛島)。

し、16世紀末にジャフナ王国を被保護国とした。独立を保った中部のキャンディ王国は、オランダと結んでポルトガルを駆逐したが、オランダはポルトガルから奪った低地の支配を続けた。その後オランダは沿海部の支配を拡大し、1766年、独立を保ったキャンディ王国を従属化する条約を締結した。しかし、1795年、オランダで革命が起こり、バタヴィア共和国が成立すると、イギリスがオランダ領に支配を広め、1796年、セイロンのオランダ領はイギリス東インド会社マドラス管区の支配下に置かれ、1802年、イギリス国王の直接統治下に置かれた。1815年、キャンディ王国は貴族の反乱によってイギリスに敗れ、消滅した。1832年、イギリスはセイロン全土を国王の直接統治下に置いた。イギリス植民地時代には、茶、ゴム等のプランテーション農場の労働者として、インド人労働者が流入した（【図表20-1】参照）[13]。

独立から内戦へ　植民地統治下でのキリスト教の布教活動に伴って衰退に向かった仏教の復興運動、インドの独立運動に刺激されたセイロン国民会議（CNC）の結成（1919年）等の動きに応じ、1931年統治法は21歳以上の男女に国家評議会議員の選挙権を与えた。1946年にはCNC、その他の政党を合併した統一国民党（UNP）が設立され、1948年、イギリス自治領の1つとして、セイロンは独立した。しかし、それは国民一丸となった独立運動によって勝ち取られたものではなかった。その結果、西海岸平野の少数富裕層（タミル人、シンハラ人）と、高地で農業に従事する貧しき多数派（シンハラ人）の分断は架橋困難であった。そうした中、発展から取り残された高地シンハラ人の不満を吸収し、シンハラ・ナショナリズムとして高めたのが、スリランカ自由党（SLEP）のバンダーラナーヤカであり、1956年、シンハラ語を唯一の公用語とする政策を掲げ、選挙で圧勝した。これに対し、スリランカ・タミルとインド・タミルは連邦党（FP）を設立してタミルの自治権拡大を要求し、1957年、民族暴動の勃発に至った。1959年、バンダーラナーヤカは暗殺された。1972年、新憲法の制定により、自治領セイロンは共和国スリランカと改称した。その際、シンハラ語を唯一の公用語とし、1947年憲法の少数民族保護規定は削除された。これが積年のシンハラ対タミル問題に火をつけた。スリランカ・タミルとインド・タミルはタミル統一戦線（TUF）を結成し、ゲリラ組織であるタミル・イーラム解放の虎（LTTE）も結成された[14]。

[13] 辛島編2014：296-298頁（小谷＝辛島）、368-369頁（長崎暢子）。
[14] 辛島編2014：489-492頁（長崎＝小谷＝辛島）。

内戦の激化　1977年選挙では、UNPのジャヤワルダナが当選し、1978年、憲法改正によってタミル語にも国語の地位を付与する一方、大統領制を導入し、テロ防止法を制定して過激派を抑圧し、経済の自由化を進めた。しかし、1982年、憲法改正によって任期を延長しようとしたことを契機に、1983年大暴動が発生した。その後、シンハラ政府軍とタミル・ゲリラは戦闘状態に突入した。1987年、インドが介入して平和維持軍を派遣し、同年の憲法修正により、タミル語も公用語とされた。しかし、シンハラとタミルの反目は止まず、2002年2月、ノルウェーの仲介による無期限停戦も遵守されなかった[15]。

内戦終結　2005年11月、SLEPのラジャパクサが大統領に当選し、中国等の軍事支援も得て、LTTEの殲滅作戦を展開、2009年5月、最高指導者プラブハカランほか幹部を殺害し、内戦終結を宣言した。

分断状態の継続　しかし、LTTEの「壊滅」作戦が成功したかどうかが疑問であることは、本章【ポイント】の末尾に触れたとおりである。スリランカ統治の歴史的特色は、すでに紀元前に形成され、紀元前後から顕在化したシンハラ対タミルの対立が、イスラムの影響、植民地支配等によって複雑さを加えつつ、根本的解決策を展望しえないまま、継続している点にある。多元性を承認しながら統合化と中央集権化を進める政治が実現しなかった理由、またそれを実現しうる契機はどこにあるのであろうか。

2　スリランカにおける経済発展

経済の現状　スリランカの経済を支える主要産業は、紅茶・ゴム・ココナッツ・米等の農業および繊維業である。貿易（2012年）は輸出103.9億米ドルに対し、輸入180.0億米ドルと大幅な輸入超過にある。主な輸出品目は、繊維・衣類製品等の工業製品が約74.6％を占め、農業製品約24.8％、鉱物約0.5％となっている。一方、輸入品目は、繊維関連の中間財が約58.6％を占めるほか、資本財約23.6％、食料品等の消費財約17.7％となっている。茶・ゴム等の農産物の輸出に頼るモノカルチャー経済を基本とするものの、既製

[15]　辛島編2014：493-496頁（長崎＝小谷＝辛島）。

【図表20-2】スリランカとマレーシアの国民1人当たりGDP・同成長率の推移

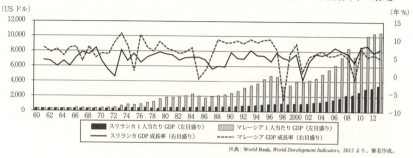

出典：World Bank, *World Development Indicators*, 2015 より、筆者作成。

服の縫製業の発展は、1980年代後半以降の民営化による制度変化の成果とみうる[16]。

経済成長の経緯　スリランカの経済成長の経緯をみると、特に2000年代の後半以降は比較的順調に、むしろ急速に発展している（【図表20-2】）。2013年時点で、国民1人当たりGDP（名目）は3,281米ドルであり、アジアの中でも成長著しいインドシナ諸国（2013年時点で、ベトナム約1,800米ドル、ラオス約1,600米ドル、カンボジア約900ドル）よりもかなり高い水準を示している[17]。経済成長率も2000年代の後半以降は約6〜8％を維持しており、高い水準で安定している。これは約10年前までの激しい内戦と、その終結後も後を引く政治的不安定にもかかわらず、それとは相対的に独自に発展しうる経済の好調を意味するものであろうか。

マレーシアとの比較　ここで興味深いのは、地理的、歴史的、経済・社会構造的にスリランカと近い、マレーシアとの比較である[18]。マレーシアは、スリランカと同様、ポルトガル、オランダ、イギリスの植民地支配を受け、イスラム教・仏教・ヒンドゥー教の混交する多民族国家（マレー系、中華系、インド系）であり、第2次大戦後に独立を達成してからも民族間対立の調整に苦慮してきた。経済的にはゴム、ココヤシ等のプランテーション農業が経済構造の柱として大きな役割を果たしてきた。スリランカもまた、ポルトガル、オランダ、イギリスの植民地支配を受け、仏教・ヒンドゥー教・イスラ

---

[16] 辛島編2014：495頁（長崎＝小谷＝辛島）。
[17] 本書134頁、158頁参照。
[18] この両国を比較することの意味については、浅沼＝小浜2013：207-217頁参照。

ム教の混交する多民族国家（シンハラ系、タミル系、インド系）であり、独立後も民族間対立を繰り返してきた。にもかかわらず、マレーシアは、2013年時点で、1人当たり GDP をみると、約10,514米ドルに達している。両国の経済成長率の動向が極めて類似の傾向を示している（マレーシアの方が1997年のアジア金融危機や2008年のリーマン・ショックの影響を強く受けている。他方、スリランカは1973年の第1次石油ショックの影響を強く受けている）一方で、この絶対水準の格差は何を意味するものであろうか。

民族のアイデンティティと国民の統合　考えられる様々な原因の中で看過できないのは、国内の各民族の個性と相違をそのアイデンティティとして尊重しつつ、その共通の関心事項を探って妥協点を見出し、より安定的な統合化を図る政府の意思とその実行力である。マレーシア政府は、マレー民族統一党（UMNO）、マレー華人協会（MCA）、マレー・インド国民会議（MIC）の3民族政党の存在を尊重しつつ、3者からなる国民連合（National Front）を結成し、3者間のバランスを崩し兼ねない要素を極力排除して利害調整を図り、3者がプラスサム・ゲームを演じることによる共通利益の創出を図った。そして、それを促すための民族間の**大約定**（Big Bargain）として、1957年マレー連邦憲法を活用し、それに基づき、多数派マレー人のみならず、少数派華僑系・インド系にも財産権と市民権を保障した[19]。この強い政府による意図的努力の存在を見過ごすことはできない。

経済発展の課題　第1に、スリランカにとって、2000年代後半以降の経済発展をより安定的なものにするためにも、政治の安定をどのように確保してゆけるかが、決定的に重要である。まさにスリランカの政治と経済の推移は、政治的安定が経済的発展に反映する様を如実に示しているといえる。しかしまた、第2に、そうした経済の持続的成長、とりわけ国民1人ひとりにとっての発展の実感の普遍化が、スリランカが2000年以上も引き摺ってきた民族間対立を克服し、持続性のある政治的安定の基礎になるという、国家の歴史に新たな一歩を踏み出す重要な契機となるチャンスが到来している。その行方を予想することは難しいが、少なくともそれを促進し、かつ安定化させる意図的努力を奏功させるために何ができるか。この問いに正面から立ち向かうことが、スリランカが直面する重要な課題であるといえよう。

[19]　浅沼＝小浜2013：210-214頁。

3　スリランカの政治・経済と法の役割

国づくりの制度的基盤　開発プロセスにおいて法が果たす重要な機能は、一般的に、(i)国づくり（nation-building）の制度的基盤となる「大約定」の提供、(ii)経済成長等のインセンティブを創出しうる政策を政治介入によって動揺することなく実施するためのアンカーの提供、(iii)国際標準の性急な導入の要請等に対し、自国の発展状況に照らして対応すべく交渉し、グローバル化への段階的順応を可能にする基盤の提供である[20]。

以上のうち、(i)については、スリランカの憲法史をみると、それがマレーシアのように民族政党間の相互承認、バランス確保、利害調整、共通利益の創出を可能にする「大約定」の機能を果たしてきたかというと、必ずしもそうではないように思われる。むしろ、1972年憲法はシンハラ語を唯一の公用語とし、シンハラ・オンリー政策に言質を与え、民族対立の原因となるものであった。それは多民族・多宗教・多言語・多文化の社会における国づくりの制度基盤としては脆弱なものにみえる。

開発政策の策定・実施のアンカー　開発プロセスにおける法の機能に関する前記(ii)については、開発政策を実現するための立法という点でも、スリランカ法には改革の余地があるかも知れない。もっとも、1980年代後半以降の民営化の具体化法等、一定の成果を上げているものがある。問題は、首尾一貫した開発政策の策定・実施のための法制度がどの程度体系的に整備されているかである。これに関しては、植民地支配を経る中で、体系的で包括的な法制度整備の機会を失ってきたスリランカのハンディを、今後どのように回復することができるかが重要である。植民地政府はスリランカの法制度を包括的・体系的に整備するよりは、各民族の慣習を重んじる姿勢をとった。そのこと自体はプラスに評価される面もある。しかし、その結果、スリランカの法体系は、①立法、②先例、③法学者の意見、④慣習法、⑤エクィティ、⑥宗教を法源とする、複雑かつ多元的なものとなっている[21]。これは、ポルトガル、オランダおよびイギリスによる植民地支配により、オランダのローマン・ダッチ法、イギリスの判例法（先例拘束性あり）と個別制定法令に[22]、新たに編纂された慣習法[23]を加えることを契機にして形づくられた

[20]　松尾2015a : 58-75頁、松尾2015b : 339-367頁参照。
[21]　千葉1988 : 191-200頁（湯浅道男）。

面が大きい。今後は、この複雑な多元性を踏まえ、法体系の**包括性**（comprehensiveness）と**整合性**（integrity）をどのように図ってゆくか、主要な法分野の法典化等を含め、重要な課題になるであろう。

グローバル化への対応　開発プロセスにおける法の機能に関する前記(iii)に関連して、スリランカでは、2014年10月、**外国人・外国企業による土地所有を制限する土地（譲渡制限）法案**が国会を通過した。もっとも、従来は外国人・外国法人の土地取得に際しては購入資産価値の100％の資産譲渡税の支払が必要であった。今後は、所有権取得が制限される一方、リースの設定（99年まで）は可能であり、その際に基本税率15％（軽減措置あり）のリース税の支払が課される。同立法は、スリランカ政府による経済政策の策定・実施および自国の発展状況を踏まえたグローバル化への対応方法として、分析・評価の対象となりうる。

[22]　千葉1988：115-117頁（山田卓生）。
[23]　千葉1988：73-81頁（奥平龍二）。

第Ⅶ部
宗教的伝統と法改革

　国家の開発を進めるうえで、宗教の扱いが深刻な問題を提起している。アジアには宗教を国家統合の象徴として統治原理に取り込んできた国と、宗教から政治と法を切り離そうとしてきた国が存在する。宗教を通じて国民がアイデンティティを保ちつつ、様々な宗教・宗派が各自の誇りをもって開発を進めることは、どのようにして可能であろうか。

イスラマバードで、大統領府に通じる道を封鎖する警察官
(2007年11月3日、イスラマバード)
ロイター＝共同通信社提供

第21章 インドにおける伝統的階級社会の開発プロセスと法

国名	インド
公用語・国語	ヒンディー語、英語(準公用語)、他各州公用語
首都	デリー連邦直轄地
通貨	インド・ルピー (INR)
人口	13億1105万人
人口密度	398人／km^2
GDP(MER)／1人当たり GDP	2兆735億ドル／1582ドル

【ポイント】 2014年4月7日から5月12日の間、インド全国で10回に分けて第16次総選挙（連邦下院選挙）が行われ、16日の一斉開票の結果、N・モディ・グジャラート州（インド西部）首相率いる最大野党人民党（BJP）が545議席（2議席は大統領が指名）中282議席の単独過半数を獲得し、M・シン首相率いる与党国民会議派（INC）に圧勝した。2001年から連続3期同州首相を務めたモディは、電力・道路・港湾等のインフラ整備、産業誘致、外資規制の緩和、新たな官民（民間企業＋民衆）連携（People, Public, Private Partnership：PPPP）による開発政策を進め、高い経済成長を達成した。2004年以降2期10年間に及ぶ INC 政権が経済停滞、カースト関連の縁故主義と汚職に手をこまねく中、BJP はインフラ整備、規制緩和等の経済成長政策、大規模な雇用創出、農村にも及ぶ光ファイバー網の整備等の民衆への成長の果実の分配を公約に掲げ、30年ぶりに1政党で単独過半数を制した。INC が初代首相 J・ネルーの直系4世ラフル・ガンジー副総裁を首相候補に据えたのに対し、モディは紅茶売りをした低カースト出身であった点も対照的であった[1]。12億人超の人口、宗教・民族・文化の多元性に加え、強固なカースト制度の伝統という重荷を背負うインドは、どのような発展プロセスを歩もうとしているのか。そのプロセスにおける政治・経済・法の絡み合いを明らかにすることは、開発における法改革の意義を一層鮮明なものとするであろう。

---

[1] 日本経済新聞2014年5月17日3頁・7頁、同5月18日2頁・5頁。

1 インドにおける統治と法の変遷

インド社会の多元性　インドは約328万km²の国土（日本の約9倍）に、2011年の国勢調査時点で12億1千万人を超える人口を擁し（人口増加率約18%）、アーリア族・ドラビダ族・モンゴロイド族等の民族、ヒンドゥー教（80.5%）・イスラム教（13.4%）・キリスト教（2.3%）・シク教（1.9%）・仏教（0.8%）・ジャイナ教（0.4%）等の信者からなる多元的社会である[2]。インドは2000年代以降の経済成長が著しいBRICSの一角を占める一方、1日2米ドル以下で暮らす国民の割合は68.7%（2011年）に上る。平均余命66.4歳（2013年）、平均就学年数4.4年（2012年）、1人当たり国民総所得5,150米ドル（2011年購買力平価）、人間開発指数0.586で187か国中135位（2013年）にとどまる。男女間格差も大きく、15歳以上の就労率は男性80.9%・女性28.8%（2012年）である（同時期の中国はそれぞれ75.3歳、7.5年、11,477米ドル、0.715で91位、男性78.1%・女性63.8%）[3]。こうした多元性・多様性・貧困・格差は歴史の産物にほかならない。

先史時代　約50〜35万年前に人類はインド亜大陸に居住し、約1万年前まで狩猟採集生活を続け（旧石器時代）、紀元前9000〜同3000年頃に動物の家畜化を始め（中石器時代）、イラン高原からインダス平原の間では紀元前7000〜同6000年頃には大麦・小麦等の穀物栽培、牛・山羊・羊等の家畜飼育を始めたと考えられている（新石器時代）[4]。

インダス文明からガンジス文明へ　紀元前2500〜同1700年頃、インダス川中流域から下流域は、ハラッパー、モヘンジョ・ダロ等の都市文明が発達した世界最先進地域の1つであった。紀元前1500年頃、中央アジアで遊牧生活を送っていたアーリア族が北西インドに進入して先住民を征服し、インダス川上流域で牧畜と農耕を始め、最古の宗教文献『リグ・ヴェーダ』（紀元前12世紀頃編纂）に記された家（クラ）・親族集団（グラーマ）・氏族（ヴィシュ）・部族（ジャナ）からなる社会を構成した（前期ヴェーダ時代。紀元前1500〜同1000年頃）。その後、アーリア族の一部は紀元前1000〜同600年頃、

[2] Ministry of Home Affairs, 2011 Census Data.
[3] 国際協力機構（JICA）2013：1頁；UNDP 2014：pp. 161-162.
[4] 辛島編2004：19-21頁（山崎元一）。

一層肥沃なガンジス川流域に移住し、村落（グラーマ）を中核とする農耕社会を形成した（後期ヴェーダ時代）。そこでは稲の栽培が一般化し、鉄製犁による農法も徐々に発達した。生産性の増大は余剰生産をもたらし、農業に直接従事しない王侯・武士・司祭等の階級が形成された。その結果、ガンジス川上・中流域に部族の王（ラージャン）が支配する王制の国家（ジャナパダ）が割拠するに至った[5]。

ヴァルナ制度の形成　司祭階級は祭祀を複雑に発達させ、後期ヴェーダ文献――『サーマ・ヴェーダ』（歌詠・旋律）、『ヤジュル・ヴェーダ』（祭詞）、『アタルヴァ・ヴェーダ』（呪詞）――等を編纂した。次第に呪術力（ブラフマン）をもつ**司祭バラモン**を第1とし、政治・軍事を担う**クシャトリヤ**、一般成員**ヴァイシャ**、それに隷属し、職人を含む**シュードラ**（被征服民族）からなる**ヴァルナ**（肌の色、身分・階級・種姓）の制度を築いた。それは同ヴァルナに属する者同士で婚姻し、その伝統的職業を世襲する制度である。それは不浄視される仕事を割り当てる不可触民チャンダーラも要請した。これはカースト制度の初期形態であり、その記録が後々の『**マヌ法典**』（紀元前2世紀～紀元後2世紀頃成立）である[6]。

16大国時代　紀元前600年頃、アーリア族はガンジス川中・下流域にも進入し、北インドからデカン高原北部の間に、コーサラ国、マガタ国、ガンダーラ国等16の大国（マハー・ジャナパダ）と呼ばれる王国または共和制国を築いた（【図表21-1】）[7]。

マウリヤ帝国の成立　紀元前518年頃に16大国の1つガンダーラ国を属国としたアケメネス朝ペルシャを、紀元前330年にマケドニアのアレクサンドロスが滅ぼした。アレクサンドロスはガンジス川流域を支配していたマガタ国ナンダ朝の侵略を図ったが部下の説得で撤退する一方、**マウリヤ朝**の創始者チャンドラグプタがナンダ朝を滅ぼし、インダス川流域も征服して中央集権的統治を拡大した。ここにインド史上初めてガンジス・インダス両大河に跨る帝国を建設し（紀元前317年頃）、デカン高原方面にも領土を広げた。マウリヤ朝第3代**アショーカ王**は東北部のカリンガ国征服後、不戦主義に転じ

[5]　辛島編2004：24-40頁（山崎）。
[6]　辛島編2004：40-46頁、『マヌ法典』渡瀬訳1999：467頁。
[7]　辛島編2004：47-63頁（山崎）。

第21章 | インドにおける伝統的階級社会の開発プロセスと法　215

【図表21-1】インドにおける統治と法の変遷

—	旧石器時代（約35万年前～約1万年前）
BC90c	中石器時代
BC70c	新石器時代
BC35c	ドラヴィダ人のインド進入
BC30c	(～BC15c) インダス文明
BC15c	アーリア人のインド進入
BC15c	(～BC10c) 前期ヴェーダ時代。『リグ・ヴェーダ』
BC10c	(～6c) 後期ヴェーダ時代。『サーマ・ヴェーダ』他
BC6c	16大国（マハー・ジャナパダ）時代
BC317	マウリヤ朝成立。マウリヤ帝国の形成
BC2c	(～2c) マヌ法典成立
320	グプタ朝成立（～550頃）
6c	(～9c) 三王国時代
9c後半	(～13c末) 二王国時代
1206	デリー・スルタン朝成立（～1526）
1526	ムガル朝成立（～1858）
1765	イギリス東インド会社へのベンガル、ビハール授与
1773	ノースの規制法。インド統治法の形成
1845	第1次シク戦争。第2次シク戦争（1848）
1857	インド大反乱。鎮圧、ムガル朝消滅（1858）
1885	インド国民会議（INC）開催
1919	ガンディーらが指導する非協力運動開始
1940	パキスタン決議
1947	インド独立。初代首相ネルー（～1964）
1949	インド憲法成立（1950.1.26発布）
1966	インディラ・ガンディー首相（1984暗殺）
1984	ラジーヴ・ガンディー首相（1991暗殺）
1991	「産業政策声明」に基づく経済自由化政策採用
1998	インド人民党（BJP）中心の連立政権
2004	国民会議派（INC）中心の連立政権。第2次（2009）
2014	インド人民党（BJP）単独政権成立。モディ首相

出典：筆者作成。

てダルマ（理法）に基づく政治を志向し、法勅を発して各地の摩崖や石柱に刻印した。しかし、その死後、帝国は分裂を始め、滅んだ（紀元前180年頃）[8]。

---

[8] 辛島編2004：64-80頁（山崎＝辛島）。

グプタ朝　その後約500年に及ぶ分裂状態の間、バラモン教にシヴァ神、ヴィシュヌ神等の土着の神々への信仰を取り込んだ**ヒンドゥー教**が発達し、『**バガヴァッド・ギーター**』（神の歌）、これを取り込んだ『**マハーバーラタ**』と『**ラーマーヤナ**』の二大叙事詩が編纂された（紀元前2世紀〜紀元4世紀頃）。3世紀末、ガンジス川中流域の**グプタ家**が王（マハーラージャ）として有力化し、チャンドラグプタは統王（マハーラージャーディラージャ）として西部にも支配域を拡大した（6世紀まで）。この間、生まれを同じくする集団（ジャーティ。16世紀以降、ポルトガル語によって**カースト**と表現された）が再編され、農民・牧人・職人等の一般大衆がシュードラ、主に商人がヴァイシャとして両者間の差別が緩和される一方、不可触民への差別は強化された。こうして6〜7世紀頃までには地方の村落社会を中心に農業カーストを主軸とするカースト制度が浸透していった[9]。

3王国・2王国時代　グプタ朝の衰退に伴い、6世紀半ばには**チャールキヤ朝・パッラヴァ朝・パーディヤ朝**が、9世紀後半から13世紀末にかけては**チョーラ朝と後期チャールキヤ朝**が対抗した。チョーラ朝はスリランカにも支配を拡大して中央集権化を進め、村落においては農民層が土地保有者と耕作者に分解していった[10]。

スルタン朝　7世紀後半からイスラム帝国がインド西部に進出し始め、711年**ウマイヤ朝**がシンド地方（北西インド）を征服し、インダス川中流域に支配を広め、シーア派に属するイスマーイール派によるムスリム・コミュニティの形成が始まった。750年**アッバース朝**の成立に伴い、シンド地方はその支配下に入った。しかし、965年頃スンニ派の**ガズナ朝**がインドに進出し、1175年にスンニ派の**ゴール朝**がこれに代わった。1206年にはデリーに都を置く本格的な**ムスリム政権**が誕生し、5王朝が継起した（1526年まで。**デリー・スルタン王朝**）。スルタン朝はデカン高原から南インドにも進出した。これに対抗して南インドでは14世紀に**ヴィジャヤナガル王国**が伸張し、ヒンドゥーとイスラムの融合が生じた。王は地方長官（ナーヤカ）に領地を配分し、その収入に応じて貢納させ、封建制的支配を行った[11]。

[9] 辛島編2004：113-148頁（山崎）
[10] 辛島編2004：149-178頁（辛島）
[11] 辛島編2004：189-231頁（小谷汪之＝辛島）

ムガル朝　1398年サマルカンドを都とするティムール帝国がデリーに入場し、スルタン朝との抗争が始まった。1526年ティムール第6代バーブルはスルタン朝最後のローディー朝を破り、ムガル朝を創始した。その後領土を拡大したムガル帝国の支配は、西部のグジャラート、シンド地方から、東部のベンガル、オリッサ地方、中部のベラール地方へと及んだ。しかし、南部のマラーター王国を中心とする諸同盟との抗争の中で、ムガル帝国が弱体化する一方で、各州の長官は自立して王国の樹立を宣言した[12]。

イギリスによる植民地化　1600年に設立されたイギリス東インド会社は、17世紀初頭からインド各地に商館や要塞の建設を始めた。1765年、イギリス東インド会社はムガル皇帝を破り、オリッサを含むベンガル州とビハール州のディーワーニー（徴税財政権）を取得し、事実上の領土とした。1771年ベンガル管区知事に任命されたW・ヘイスティングズは「司法行政に関する提案」を作成し、理事会の認可を得て実施した。それに従って、各県に地方裁判所、カルカッタに首位民事裁判所と首位刑事裁判所を設置した。しかし、裁判で適用すべき民事法が懸案となり、ヒンドゥー教徒にはマヌ法典、その他インドの古典法典やその注釈書からなる「シャーストラ」を、ムスリムにはコーランの法「シャリーア」を適用し、裁判所に配置されたバラモンとイスラム法官が法解釈に従事した。その結果、1830年頃までにはアングロ・ヒンドゥー法、アングロ・ムハンマダン法と呼ばれる判例法が形成された。また、1773年のノースの規制法を皮切りとするインド統治法が形成された。イギリス東インド会社はインド各地を征服し、1818年にはマラーター王国を滅ぼし、ボンベイ管区に編入した。1827年には27の法令を制定したが、カースト問題は裁判所の管轄外とする「カースト自治」を採用した。1833年改定の東インド会社特許状は、ベンガル管区知事をインド総督として立法権を付与した（1861年のインド参事会法はマドラスとボンベイ両管区の立法権を回復した）。1849年、東インド会社はシク王国を滅ぼしてパンジャブ地方を獲得し、イギリスの支配はインド全土に及んだ。イギリスは藩王国とその領土の存続を認める一方、その廃絶も行った[13]。

独立への道程　1858年5月、ムガル帝国の首都デリー付近の東インド会社基地で傭兵連隊が反乱を起こし、ムガル皇帝を擁立して王政復古を宣言した

[12] 辛島編2004：232-253頁（小谷）。
[13] 辛島編2004：273-296頁（小谷＝辛島）。

(インド大反乱)。それは都市と農村に広がったが、軍事力と組織力に優るイギリス軍は、9月にはこれを制圧した。最後のムガル皇帝は捕われてビルマで流刑死する一方、**インド統治改善法**（1858年）によって**インド帝国＝英領インド**が成立した。この反乱の原因として、イギリスの機械製商品の輸出市場として強制された自由貿易、西欧優位思想に基づいてインド社会を近代的に変革しようとする啓蒙主義・功利主義、イギリスが設定したザミーンダリ＝土地所有・徴税制度（Zamindari Settlement）による地税の高さ等への反発があったと考えられる。その後、インド人による民族運動が活発化し、1885年にはボンベイで**インド国民会議**（INC）が開催され、法制度の枠内で非暴力・議会主義的方法によるインド人の立法・行政への参加、高等文官職のインド人への開放等を請願する方針が採用された。その後、19世紀末のヒンドゥー・ムスリム間の路線対立を経て、第1次大戦後にM・ガンディー率いる大衆参加による非暴力不服従運動（1919年、1930年）、第2次大戦後におけるインド国民軍（日本軍の援助の下で独立闘争を遂行）の釈放運動、インド海軍の反乱等を経て、イギリスは1947年2月、インド撤退を決定した[14]。

国民会議派と人民党の政権交代劇　1947年8月15日、インドは独立し（パキスタンとは分離）、1949年11月25日、**インド憲法**が成立した（1950年1月25日発布）。これによってインドは共和国となり、基本的人権の保障と共に、被差別階層を優遇する留保条項を設けた。普通選挙制が導入され、下院の多数派によって選出される首相が実質上政府を主導、形式上の元首は大統領に委ねられた。初代首相となった**国民会議派**（INC）議長の**ジャワハルラール・ネルー**は、鉄鋼等の重工業への公共投資、産業許認可制による民間企業の規制、輸入代替工業化と保護主義の実施等、持論であった**社会主義的計画経済**を実践した。しかし、それがインフレ、食糧不足、財政危機等をもたらす中、ネルーは病死した（1964年）。ネルーを継いで、その娘**インディラ・ガンディー**が首相になったが、旱魃が続く等、経済は改善せず、1967年の総選挙で国民会議派（INC）は議席を大きく減らした。その後、緑の革命等が奏功して1971年選挙で勝利したインディラに対し、選挙不正による当選無効の高裁判決が1975年に下され、それに対してインディラは非常事態宣言、新選挙法制定、高裁の違憲審査権の剥奪等によって対抗した。1977年の総選挙で国民会議派（INC）は惨敗して初めて下野し、代わって**人民党**が政権を担

[14] 辛島編2004：322-422頁（長崎暢子）。

当した。その後、人民党は足並みが揃わず、1980年選挙では国民会議派（INC）が政権に復帰した。しかし、同年、後に政権党となる**インド人民党（BJP）**が結成された。1984年インディラが暗殺され、同年の選挙では息子ラジーヴ・ガンディーが率いる国民会議派（INC）が勝利したが、1989年選挙で敗れ、少数連立政党が瓦解した1991年選挙では、選挙運動中にラジーヴが暗殺され、同情票を集めた国民会議派（INC）が勝利した[15]。

自由化政策　1991年7月、債務危機寸前の経済危機に直面した国民会議派（INC）政権は、**産業政策声明**を出して新経済政策を採用し、公共部門・産業許認可制度の縮小、輸入関税率の引下げと貿易の自由化、外資出資比率規制の緩和等、自由化を推進した。これは結果的にインド産業の輸出競争力を高めることへと通じた[16]。

2　インドにおける経済発展

経済成長の経緯　自由化政策の採用後、インド経済は1997年のアジア金融危機、2008年のリーマン・ショック時を除き、7～9％の成長を続け、2010年には10％の成長を達成した。その後、成長率はやや落ち込んだものの、5％を下回ることはなかった。2014年、①GDP（名目）は約2兆669億米ドル、②1人当たりGDP（名目）は約1,631米ドルに達している。もっとも、同年の中国（人口約13億6千万人）はそれぞれ①約10兆3,600億米ドル、②約7,594米ドルを達成しており（【図表21-2】）、この大きな開きとその原因については、大いに検討の余地がある[17]。

経済発展の課題　インド経済を支える主要産業は農業、工業、鉱業、IT産業等と広く、自由化の推進、インフラの整備、労働者の教育・訓練の充実等により、潜在的成長余力は相当あると考えられる。しかし、特に1人当たりGDPのインド・中国間の開きの増大は、人口増加率17.68％（2011年）を考慮しても、なお大きな問題である。今後、成長の成果がどれだけ速やかに

[15] その後、1998年選挙でインド人民党（BJP）中心の連立政権が成立、2004年、2009年選挙では国民会議派（INC）が第1党を維持したが、2014年選挙でインド人民党（BJP）が大勝した（本章【ポイント】参照）。辛島編2004：424-460頁（長崎＝小谷＝辛島）。
[16] 辛島編2004：460-466頁（長崎＝小谷＝辛島）。
[17] なお、浦田＝小島＝日本経済研究センター編著2012参照。

【図表21-2】インドと中国の国民1人当たりGDP・同成長率の推移

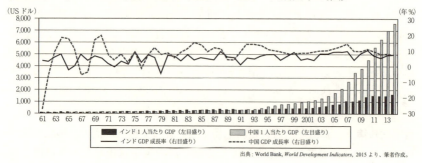

出典：World Bank, *World Development Indicators*, 2015 より、筆者作成。

全国民に行き渡るような富の配分を実現することができるかが、特に重要な課題である[18]。

3　インドの政治・経済と法の役割

法改革の課題　インドではINCがBJPとの政治闘争を経て社会主義路線から自由主義路線に転換し、経済成長プロセスを始動させた[19]。その後、BJPもこの自由化政策を推進している。実際、モディ政権は公約した保険業法の改正によって外資の参入規制を緩和し、税制を簡素化するための財・サービス税（GST）の導入を国会で審議している[20]。しかし、かかる政治的決定による経済成果をより大きなものとするためには、自由化政策の恩恵をより多くの一般民衆が享受し、経済活動へのコミットを深める方向へのインセンティブの創出が必要である。この点で、特に地方におけるカースト制度の強固な伝統にもかかわらず、より良い雇用機会への上向モビリティを増大させる実効的方策の実施が求められる。なぜなら、社会的流動性の自然増には限界があり[21]、また、社会的に不利な立場にある階層のために公務への就職や教育機関への進学の優先枠を設ける**留保制度**（reservation）も[22]、流

---

[18] カラム＝ラジャン／島田（監修）2007：25頁。
[19] 絵所2008：68-182頁参照。
[20] 企業による公共事業のための土地収用手続を簡素化する土地収用法改正、必要以上の労働者保護を緩和する労働法改正等も政権公約に掲げられたが、まだ着手されていない。日本経済新聞（夕刊）2015年9月15日5頁。
[21] 柳澤2014：365-370頁。
[22] 浅野2009a：329-330頁。

動性全体には大きな影響を与えず、下流層の中でも特に低い社会的地位になかった者に恩恵をもたらす傾向があるとの見方もあるからである[23]。そこで、人材の質を公平に評価しうる労働市場の拡大等の方策に加え[24]、より根本的なレベルで、一般民衆にとって最も身近な私権（人格権および財産権）を包摂的かつ平等に保護・実現し、インクルーシブな発展を促す法改革に注力すべきである。そのための**統一民法典の編纂の提案**は検討に値する[25]。また、権利の確実かつ平等な保護・実現のためには、司法アクセス（access to justice）の充実も不可欠である。もっとも、それは司法が政治に巻き込まれるおそれや三権分立との緊張も生じさせる[26]。異なるカースト間の相互承認による多一論に基づく**土着の民主化**（vernacular democracy）の可能性も示されるが[27]、カースト制度自体の問題性は看過できないものと考える。

[23] クラーク／久保訳2015：208-241頁。
[24] 木曽2011：23-57頁。
[25] Shetreet and Chodosh, 2015：pp. 133-144.
[26] インドでは違憲審査、公益訴訟等を通じ、司法が立法・行政に積極的な働きかけを行っている。浅野2009a：324-329頁。
[27] 田辺2010：445-484頁。

第22章 パキスタンにおける政治・法・経済の動態

国名	パキスタン・イスラム共和国
公用語・国語	ウルドゥー語（国語）、英語（公用語）
首都	イスラマバード
通貨	パキスタン・ルピー（PKR）
人口	1億8892万人
人口密度	237人／km^2
GDP(MER)／1人当たりGDP	2699億ドル／1429ドル

【ポイント】 2007年11月3日、パキスタン・イスラム共和国の首都イスラマバードで、P・ムシャラフ大統領（当時。国軍最高司令官を兼務）が全土に非常事態宣言を発令して憲法の効力を停止し、国軍部隊が最高裁を包囲した。これは、再選を目指した同大統領が10月6日の大統領選で最多得票したものの、公職兼任者の立候補を禁じた憲法に反するとして対立候補が提訴したのに対し、最高裁が同大統領に不利な判決を下すとの観測があったことから、機先を制して、最高裁の動きを実力で封じるためであった。大統領の命により、軍隊が最高裁を包囲する姿は、政治が法を力で抑え込もうとする有様の象徴であった。同大統領は政権に批判的だったI・チョードリー最高裁長官ほか最高裁判事を解任し、親大統領派の判事と入れ替えた。その結果、11月20日・22日の最高裁判決は、6件の違憲訴訟で全て請求を棄却し、24日、中央選挙管理委員会は同大統領の当選を正式に発表した。ところが、これを批判した野党パキスタン人民党（PPP）のB・ブット元首相が12月27日、下院選挙のための集会直後に暗殺され、翌2008年2月18日の下院選挙ではPPPが第1党、N・シャリフ元首相率いるパキスタン・イスラム教徒連盟シャリフ派（PML-N）が第2党となり、大統領権限の縮小への動きを強める中、8月19日、同大統領は辞任を表明した。翌2009年3月、チョードリー元最高裁長官は復職し、7月31日、最高裁は同元大統領による2007年11月の非常事態宣言が違憲であるとの判断を下した。その後、任期満了に伴う下院選挙に立候補すべく亡命先から帰国したシャリフ元大統領は、2013年4月19日、かつて元最高裁長官らを不法に拘束した容疑で逮捕される結果となった[1]。かかる法的混乱の中、パキスタンの政治は不安定化し、パキスタン・タリバン（TTP）等のイスラム過激派によるテロが頻発し、経済も伸び悩

み、多くの国民が貧困状態に陥った。このような政治・法・経済の悪循環がなぜ生じたのか、そこから抜け出す道がどこにあるのかが問題である。

1 パキスタンにおける統治と法の変遷

パキスタン建国への道程　パキスタンは1947年8月14日、インドがイギリスから独立する前日、インドから分離する形で東パキスタン（現バングラデシュ）と西パキスタン（現パキスタン）からなる国家として独立した。1971年にバングラデシュが独立し、現パキスタンとなった。1998年の国勢調査によれば、**イスラム教徒96.28％**、**イスラム改革派（アフマディー）0.22％**、**ヒンドゥー教徒1.60％**、**キリスト教徒1.59％**、**指定カースト0.25％**、ゾロアスター教徒（パールスィー）、その他0.07％の国民からなり、圧倒的なムスリム国家である[2]。パキスタン独立に至る道程では、様々な政治的伏線が複雑に絡んでいる。1904年、インド政庁の**カーゾン総督**は、歳入減に伴う行政改革の一環として、負担の大きいベンガル地方の分割案を提示した。これはインドを分断するものとして**国民会議派**の大反対運動を引き起こし、**ヒンドゥー民族運動**に火を付ける契機となった。と同時に、それは同民族運動の対抗勢力として、少数派たるムスリムの政治的権利を守ろうとするもう1つの民族運動を刺激し、1906年12月、**全インド・ムスリム連盟**を成立させた。こうした民族運動の拡大を受け、1911年にベンガル分割案は撤回されたが、それは60年後のバングラデシュ独立の伏線となった（【図表22-1】参照）[3]。

共存か分離独立か　1940年3月、M・ジンナーを議長とする全インド・ムスリム連盟はラホール大会決議において、インド北西部および東部のムスリム多住地域を統合し、独立した"states"を創設する構想を決定した。1942年、インド国民会議派がイギリスに対する「インドから出て行け」運動を展開したのに対し、ムスリム連盟はそれがヒンドゥーによる支配の確立を目すものとして非難し、後に初代パキスタン総督となる**M・ジンナー**が提唱した「**2ネイション論**」("two nations theory")に基づくパキスタンの樹立を目標

---

[1] 日本経済新聞2007年11月4日1頁、11月20日8頁、11月23日6頁、12月28日6頁、2008年2月19日（夕刊）2頁、2009年3月25日6頁、8月2日7頁、2013年4月19日（夕刊）2頁、4月20日6頁。ムシャラフとチョードリーの確執につき、中西＝小田2010：9-35頁参照。
[2] 中野2014：41-48頁参照。
[3] 辛島編2004：346-347頁、355-357頁（長崎暢子）。

に掲げた。もっとも、ジンナーの「2ネイション論」が、インド国民会議派M・ガンジーの「ヒンドゥーとイスラムが融合したインド」と接点をもちうるものだったとみる余地はある。1945年11月のイギリス閣僚使節団による後のインドおよび後のパキスタンとバングラデシュからなる統一連邦案をジンナーは了承したからである。しかし、ムスリム連盟はこれを拒否、ネルー率いる国民会議派も、強い政府が主導する社会主義的国家を構想していたがゆえに、統一連邦案を拒絶した。ムスリム連盟の所属議員は1946年4月、デリー会議においてインド北西部と北東部のムスリム多住地域を「1つの独立した主権国家」とする決議を行った[4]。もっとも、ジンナーは宗教を国家建設の基礎とすることには慎重で、政教一致ではなく、インドと同様に、**政教分離主義**に基づく近代国家の建設を目指した[5]。しかしながら、社会主義志向を強めるネルーが主導するインドからパキスタンを分離すべく、同年8月16日の直接行動を呼びかけ、カルカッタ、ベンガル、ビハール、パンジャブ等でヒンドゥーとムスリムとの衝突を生じた。そうした中、翌1947年8月14日、東パキスタンと西パキスタンからなるパキスタンが成立し、ジンナーが初代総督となった。この前後、パキスタンからインドに移住するヒンドゥーやシク教徒、インドからパキスタンに移動するムスリムが難民化し、各地で殺戮、略奪等の惨事を引き起こした。ヒンドゥーとムスリムの共存国家を構想してきたM・ガンジーは、両者間の融和に奔走したが、1948年1月30日、ムスリムへの譲歩が分離独立を容認したとして非難するヒンドゥー主義者によって殺害された(【図表22-1】参照)[6]。

インド・パキスタン戦争　独立直後の1947年10月、パキスタンはジャンムー・カシミール藩王国の帰属を争い、インドと戦争に突入した。**第1次インド・パキスタン戦争**である。同藩王国の藩主は代々ヒンドゥーであったが、カシミール住民の約80％はムスリムであった。分離独立後のパキスタンへの帰属を求めるカシミールのムスリム運動の激化に対し、同藩主はインドに軍事援助を求めてインド帰属を選択した。同藩王国の約3分の2を占領したインド軍に対し、1948年からパキスタン軍が戦闘を続けたが、1949年1月に国連決議を受け容れて終結した。この間、1948年9月、ジンナーが死去し、ム

---

[4]　辛島編2004：420-423頁（長崎）。
[5]　井上「パキスタンの現在の政治体制・政治制度」、ジャラール／井上訳1999、黒崎＝子島＝山根編2004。
[6]　辛島編2004：423頁（長崎）、429-430頁、467-469頁（長崎暢子＝小谷汪之＝辛島昇）。

第22章｜パキスタンにおける政治・法・経済の動態　225

【図表22-1】パキスタンにおける統治と法の変遷

1846	第1次シク戦争終結。ラホール条約（3.9） ジャンムー・カシミール藩王国成立（3.16）
1904	カーゾン総督がベンガル分割案を提示（1911撤回）
1906	全インド・ムスリム連盟成立
1940	全インド・ムスリム連盟「ラホール決議」（3.22）
1946	「デリー決議」パキスタン独立国家構想（4.8/9）
1947	インド独立法、パキスタン国家成立（8.14） 第1次インド・パキスタン戦争（1949.1.1終結）
1956	パキスタン・イスラム共和国憲法（議院内閣制）
1958	A・ハーンがクー・デタ、軍政1回目。大統領就任
1962	パキスタン共和国憲法（大統領制）
1965	西パキスタン家族裁判所法 第2次インド・パキスタン戦争（9.22終結）
1969	Y・ハーンが大統領就任、軍政1回目継続
1970	初の普通選挙による総選挙
1971	アワミ連盟バングラデシュ独立宣言。独立（12.16）。第3次インド・パキスタン戦争（12.17終結）
1972	Z・ブット大統領就任。民政移管。インド・パキスタン首脳会議。シムラ協定（7.2）
1973	パキスタン・イスラム共和国憲法（議院内閣制）
1977	Z・ハックがクー・デタ。戒厳令、軍政2回目
1979	イスラム化政策開始。イスラム刑法令
1980	シャリーア裁判所設置
1985	利子付き預金廃止
1986	刑法改正による反イスラム活動への罰則強化
1988	総選挙。B・ブットが首相就任
1991	シャリーア施行法
1998	インドが核実験。対抗してパキスタンが核実験
1999	P・ムシャラフがクー・デタ、軍政3回目
2001	最高裁決定(5)によりムシャラフ大統領就任(6)
2002	総選挙。民政移管
2007	ムシャラフがI・チョードリ最高裁長官を停職(11)。B・ブット首相暗殺(12)
2008	総選挙（2.18）。ムシャラフ大統領辞任（8.18）
2013	総選挙。シャリフ首相、M・フセイン大統領就任

出典：筆者作成。

スリム連盟が求心力を失う中、**軍部が政治をリードする**に至った。1958年、国防大臣A・ハーンがクー・デタを起こして大統領に就任した。**第1回目の軍政の開始**である。1965年4月には、パキスタン軍がジャンムー地方に兵を進めたことに対し、インド軍はラホールに攻撃を加え、**第2次インド・パキスタン戦争**が勃発した（9月停戦、終結）。1969年3月、A・ハーンが失脚し

た後、陸軍参謀長Y・ハーンが大統領となって軍政を継続したが、1970年12月の初の普通選挙制の下での総選挙により、**東パキスタン**では政教分離主義と社会主義的政策を掲げるM・ラーマン率いる**アワミ連盟**が第1党となり、**西パキスタン**ではZ・ブット率いる**パキスタン人民党**が第1党となったが、ハーンが民政への移行を延期したことへの反政府運動が激化し、1971年3月、軍による鎮圧に対抗して内戦状態となった東パキスタンでは、同年4月、アワミ連盟がバングラデシュ独立を宣言した。それによる難民のインド流入を理由にインドが軍事介入し、12月3日、**第3次インド・パキスタン戦争**が起こった。同月16日、パキスタン軍は東パキスタンで無条件降伏して**バングラデシュが独立**し、17日、カシミールを含む西パキスタンでもインド軍の優勢下で停戦となった。敗戦の責任をとって辞任したY・ハーンに代わり、Z・ブットが大統領に就任、民政に移管した（【図表22-1】参照）[7]。

ムスリム・コミュナリズムとイスラム化　インド・パキスタン戦争は、すでに顕在化していたヒンドゥーとムスリムの**コミュナリズム**（各コミュニティの利害を最優先する思考と行動）の対立を一層深めることになった。パキスタンにおける**ムスリム・コミュナリズム**は、イスラム的理念を政治と法にも浸透させ、国家制度化させてゆく**再イスラム化**へと次第に進んでいった。元々、1956年にパキスタンで最初に制定されたパキスタン・イスラム共和国憲法は、議員内閣制を採用し、イスラム国家を標榜しながらも、実際には政教分離主義を原則とし、イスラム国家の近代化を目指すものであった。この方針は、1958年のA・ハーン国防大臣によるクー・デタ後の軍政でも変わらず、大統領制を採用した1962年憲法は、パキスタン共和国憲法と改称された。しかし、1973年には、再度議院内閣制を採用したパキスタン・イスラム共和国憲法（現行憲法）が制定された。1977年、陸軍参謀長Z・ハックがクー・デタを起こして戒厳令を発し、**第2回目の軍政**を布いて前大統領Z・ブットを逮捕し、国際的批判の中、1979年に処刑した。このZ・ハック政権下で、法制度の再イスラム化が進められた。例えば、1979年の刑法令は飲酒、姦通、窃盗等をコーランの処罰である**石打・鞭打・手足切断・磔刑**等の適用のある犯罪と定め、一部執行した。1980年にはムハンマドとその子孫を冒瀆する**イスラム冒瀆罪**に対して死刑または終身刑を科し、**ザカート**（喜捨）として預金等に対して2.5％の課税を、**ウシュル**（10分の1税）として非灌漑地

---

[7] 辛島編2004：469-473頁（長崎＝小谷＝辛島）。

農作物に対しては10％、灌漑地農作物に対しては５％の課税を行い、イスラム法に関する訴訟を審理する**シャリーア裁判所**を設置し、1985年には**利子付預金の廃止**等も行った。1988年、Ｚ・ハックは飛行機事故で死亡し、総選挙によってＺ・ブットの娘Ｂ・ブットが首相となり、民政に復帰した。しかし、イスラム化はなおも進行した。1990年の総選挙で**イスラム民主連合**のＧ・ジャトイ政権がＢ・ブット政権を破ったが、それに代わった**パキスタン・ムスリム連盟**のＮ・シャリフ政権は、1991年、**シャリーア施行法**を制定し、**シャリーア（コーランとスンナ）に定められた諸規定をパキスタンの最高法規とする**旨が立法された。これは憲法に関わる事項であるが、憲法との関係は明確にされず、その状態は1993年から1996年の第２次Ｂ・ブット政権、その後の第２次シャリフ政権でも継続した。こうしてイスラム化が進む中、1998年５月にはインドの核実験に対抗してパキスタンも核実験を実施し、両国間の対立関係は一層深刻化した（【図表22－1】参照）[8]。

軍政の終焉・民政の定着？　　1999年10月、陸軍参謀長ムシャラフがクー・デタを起こし、**第３回目の軍政**が始まった。最高行政官に就いたムシャラフは、2001年５月12日の最高裁決定が３年以内の総選挙実施の義務付けと引き換えにその正統性を追認したことを受け、６月20日、大統領に就任した（憲法41条７項参照）。2002年10月10日に実施された総選挙により、Ｚ・ジャマーリー文民政権が発足したが、ムシャラフは実権を保持し、大統領選挙後の批判と混乱を収拾すべく2007年11月の非常事態宣言を発布した（本章【ポイント】参照）。しかし、2008年２月18日の総選挙の結果、野党のPPPとPML-Nが大統領支持派のパキスタン・イスラム教徒連盟カイディアザム派（PML-Q）に大勝し、下院はPPPのＹ・ギラニ副総裁を首相に選出した。その後、チョードリー前最高裁長官が復職し、ムシャラフ大統領弾劾の動きが強まり、同年８月18日、ムシャラフは辞任を表明した。９月６日、大統領選挙（上下両院および４州議会の議員投票による）の結果、PPPのＡ・ザルダリ共同総裁（Ｂ・ブット元首相の夫）が選出された。民政への移管後、PPPの政権運営は連立与党内の確執等、様々な困難に苛まれつつも、５年間の任期を全うして、2013年５月11日、総選挙が実施され、PML-Nが勝利し、６月、首相にはパキスタン史上初の３度目のシャリフが、９月、大統領にはＭ・フセインが選出された[9]。これにより、**同国史上初の任期満了に伴う民政から**

| [8] 辛島編2004：473-478頁（長崎＝小谷＝辛島）。

民政への政権移行が実現した。2014年2月にはTTP側との対話も始まり、1か月の停戦が実現した。しかし、4月にTTPは停戦打切りを発表する等、過激派組織との対話、テロ問題の解決は容易でなく、政権の不安定要因が存続している[10]。そこにはシャリフ政権によるシャリーア施行法の制定以後、**法制度のイスラム化（再イスラム化）**が推進されてきたことの影響も問う余地がある。政治のさらなる安定化への鍵はどこにあるのだろうか。

2　パキスタンにおける経済発展

経済成長の経緯　2014年時点で、パキスタンにおける国民1人当たりGDP（名目）は約1334米ドル、GDP（名目）成長率は約5.4%であった。同年、インドはそれぞれ約1596米ドル、約7.4%であった。注目すべきは、1962〜1965年、1973〜1974年、2007年、2009年以降を除き、1人当たりGDPではパキスタンがインドを上回ってきたことである。ところが、2009年以降は追い越されたインドとの差が広がりつつある（【図表22-2】参照）。

経済成長の阻害要因と政治の不安定　この事実と2009年以降の政治的不安定との関係が看過できない。2009年はテロの発生件数（2586件）および自爆テロによる死傷者数（4552人。死者1090人・負傷者3462人）がピークに達した時期であり、同年2月には北西辺境州政府がTTPに対し、同州内のスワート地域を含むマーラーカンド県において、独自のイスラム法廷の樹立を含む**イスラム法に基づく支配**を認めざるをえなかった。これは北部辺境州の約3分の1で中央・地方政府の統治が及ばないTTPの支配地域が容認されたことを意味している[11]。

産業構造と貿易収支　パキスタンの産業構造は、部門別GDPシェア（2012/2013年度）でみると、農業約21.0%（農業従事者は全就業人口の約44%。主要作物は小麦、米、サトウキビ、綿花、トウモロコシ等）、製造業約13.5%（綿花を材料とする繊維工業等）、卸・小売業約18.6%、運輸・通信業約13.0%

[9]　日本経済新聞2008年2月19日（夕刊）2頁、2月22日（夕刊）1頁、3月25日8頁、8月19日1頁、8月26日1頁、9月7日1頁、2013年6月6日9頁、9月10日11頁。
[10]　中野2014：403-405頁。
[11]　中野2014：388-403頁。

【図表22-2】パキスタンとインドの国民1人当たりGDP・同成長率の推移

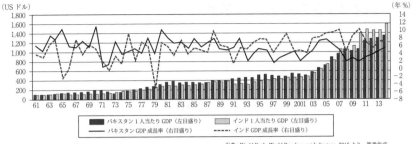

出典：World Bank, *World Development Indicators*, 2015より、筆者作成。

である。ちなみに、1992/1993年度は農林水産業約24.2％、製造業約18.3％、商業約16.5％、運輸・倉庫・通信業約10.2％であり、産業構造はその後10年間で大きく変化せず、低生産性部門から高生産性部門への労働移動も見出されなかった。2013/2014年度の時点で、輸出（約251億ドル）は繊維・衣類を中心に（約54％）、植物、食品、皮革、鉱物等があるが、燃料、機械類、化学製品等の輸入（約438億ドル）をしており、巨額の貿易赤字となっている。これを海外から郷里への送金（約158億ドル。移転収支の約79％）等の移転収支で補っている[12]。

経済発展の課題　経済成長率は比較的低く、かつ変動が比較的激しい（【図表22-2】参照）。その要因として、投資、新技術導入による効率化、インフラ整備、電力、教育（特に女子教育）等の不十分さ等による生産性向上の阻害、汚職の存在、テロ・リスクの高さ、大土地所有制の持続による生産性向上へのインセンティブの阻害等が考えられる[13]。このうち、大土地所有制の持続に関しては、**ザミーンダリ**（半封建的大地主制度）が国土の約80％を占めており、土地制度改革も試みられたが、微温的なものにとどまり、1970年代以降も約5％の地主が全国の約64％の土地を所有する状態が続いている[14]。こうした中、より多くの国民が経済活動に意欲的に参加する方向へのインセンティブを付与しうる制度改革が強く求められているとみることができる。それは、**前節1**末尾にみた、政治の安定化にも通じるものとみられる。では、そうした制度改革の端緒はどこに見出すことができるであろうか。

[12]　森川2015：1-16頁、国際協力推進協会1998：6頁。
[13]　森川2015：6-14頁。
[14]　水谷2011：14頁。

3　パキスタンの政治・経済と法状況

コモン・ローの活用とその前提条件　パキスタンはイギリスによる植民地時代を通じ、現在のインドとともに、イギリスのコモン・ローおよびその制定法を継受した。もっとも、イギリスのコモン・ロー体系は、それを支えている前提条件が存在して初めてその本来の機能を発揮することができる。そうした前提条件を構成する要素は、①行政府の介入から独立した司法部、②法学教育を十分に受けた裁判官の数と質、③効率的な事件処理、④判例集の編集と公開、⑤汚職の懸念のない信頼できる司法制度、⑥社会の変容に応じて不断にモニターされ、制定・改正される制定法等である。一方、パキスタンでは、司法への行政府の介入、訴訟の滞留、司法による政局への関与、とりわけ、再イスラム化の影響による宗教規範と法令との関係の曖昧さ等の問題が指摘されている[15]。したがって、コモン・ローのシステムに固有の利点を発揮するための前提条件をさらに整備・改善する余地がある。

法改革の課題　経済・政治・社会の変容に応じた法改革という観点からみると、とりわけ、比較的古い時代につくられた制定法のアップデートと体系化（法令間の矛盾および欠缺を少なくしてゆくこと）が求められている。とりわけ、市民の人格権や財産権の保護・実現に直結する私法領域の法律の制定・改正・実施が重要である。民事関係では、1839年利息法、1855年死亡事故法、1872年契約法、1882年財産移転法、1882年役権法、1882年信託法、1892年婚姻有効化法、1893年遺産分割法、1894年土地取得〔公用収用〕法、1908年登記法、1908年民事訴訟法、1908年消滅時効法、1920年担保法、1925年相続法、1929年児童婚姻制限法、1930年物品売買法、1932年組合法、1939年ムスリム離婚法、1986年出生・死亡・婚姻登録法等々がある。これらは部分的に改正されているが、さらなるアップデートと体系化の余地があると考えられる。その一方法として、関連規定をベースにした、実体一般私法としての民法典の制定を足掛かりとする法改革の余地も検討に値すると考えられる[16]。それは、再イスラム化による法と宗教の融合がもたらす影響を再調整する契機となるであろう。

[15]　浅野2009b：352-355頁。
[16]　本書第21章注25〔221頁〕参照。

第23章 バングラデシュにおける脱宗教国家の模索と法改革

国名	バングラデシュ人民共和国
公用語・国語	ベンガル語
首都	ダッカ
通貨	タカ（BDT）
人口	1億6099万人
人口密度	1090人/km^2
GDP(MER)／1人当たりGDP	1950億ドル／1212ドル

【ポイント】 2014年1月5日、バングラデシュで第10次総選挙（国民議会選挙）が実施された。これは、1996年の憲法改正によって導入された非政党選挙管理内閣（総選挙を公正に実施するために特別に設けられた、どの政党にも与しない選挙管理内閣）による選挙制度を廃止した、2011年の憲法改正に基づく総選挙であった。これに対し、現与党政権が推し進めた2011年改正憲法による選挙実施は公正でないとして野党が反発し、選挙のボイコットを呼びかけた。野党勢力はまた、ハルタル（ゼネスト）、デモ行進等による全国的抗議行動をも組織した。その際には、一部集会やデモの参加者が暴徒化して警官隊と衝突し、手製爆弾による被害も生じる等して、少なくとも死者18人、負傷者300人以上を出した。そうした中、与党政権は総選挙を強行し、野党がボイコットしたこともあり、与党は普通選挙枠300議席中234議席を獲得する結果となった。しかし、有権者数約9190万人中、約4800万人が投票権を行使できず、投票率も20〜30％にとどまった[1]。このような与野党間の深刻かつ根深い政治対立は、なぜ生じたのだろうか。バングラデシュがイギリス、インド、パキスタンから独立して今日に至った経緯に遡って検討する。

1 バングラデシュにおける統治と法の変遷

バングラデシュの建国と理念 1947年8月14日、パキスタンの一部としてイギリスから独立した東パキスタンでは、1970年12月、初の成人普通選挙制

[1] 金澤2015：512-514頁。

による総選挙の結果、ムジブル・ラーマン率いるアワミ連盟（AL）が第1党となった。ALはパキスタン政府に対し、自治権の拡大、ベンガル語の公用語化等を要求して内戦状態となり、1971年3月26日、バングラデシュの独立を宣言した。しかし、イスラム国家の分断によるインドおよびヒンドゥー教の影響力の増大を懸念した**イスラム協会（JI）**は、反独立運動を展開し、パキスタン軍への協力や独立派の虐殺に関与したとされる。その処罰をめぐる争いが、今日のバングラデシュの政情不安定の背景要因となっている。独立運動を抑圧しようとしたパキスタン政府軍に対し、難民流入を理由にインドが軍事介入し（**第3次インド・パキスタン戦争**）、12月16日、パキスタンの無条件降伏により、バングラデシュは独立を達成した。臨時政府大統領となったムジブル・ラーマンは、イスラム化による宗教・政治・法の融合を深める**パキスタンと一線を画し**[2]、①**非宗教主義**（secularism）、②社会主義型経済建設、③議院内閣制による民主主義を標榜し、これらは1972年憲法（8条〜25条）に明記された（**【図表23-1】**）[3]。①・②は親インド的政策でもあった。

ムジブル・ラーマンの挫折　　独立派と反独立派の抗争はバングラデシュの独立後も燻ぶり続けた。特に前述したムジブル・ラーマンの親インド的姿勢は、JI等のイスラム主義組織をはじめ、イスラム的なものにアイデンティティを求める反動を触発し、内政は安定しなかった。初代首相となったムジブル・ラーマンは、早くも憲法改正に着手し、インド統治法（1935年）およびパキスタン憲法（1962年）下で反政府運動の抑圧手段として用いられた反省から廃除したはずの行政府による予防拘禁、非常事態、基本権停止の制度を導入した（1973年9月第2次改正）。また、大統領制を導入し、最高裁判事の任命、下級裁判官の任命・任期・昇任等の権限を大統領に移管し、一党政治体制を導入した（1975年1月第4次憲法改正）。実際、ムジブル・ラーマンは1974年12月、食糧不足、失業等による社会不安に対処することを理由に、非常事態（前述した憲法の枠内の措置）を宣言し、基本権を停止した。そして、1975年1月、自ら大統領に就任し、2月、唯一の国家政党として農民・労働者アワミ連盟（BAKSAL）を設立した。しかし、こうした強権的統治への傾斜に汚職問題等も加わり、政権に対する国民の不満が増大していった。1975年8月15日、陸軍青年将校によるクー・デタが勃発し、ムジブル・ラー

[2] 本書226-227頁参照。
[3] 辛島編2004：472-473頁、485頁（長崎暢子＝小谷汪之＝辛島昇）。

【図表23-1】バングラデシュにおける統治と法の変遷

1947	イギリスからの独立（8.14）
1971	パキスタンからの独立宣言（3.26）。独立（12.16）
1972	制憲議会令（3）。憲法公布・施行（12.16）
1973	総選挙①（3）、AL勝利。憲法改正①・②（7、9）
1974	憲法改正③（11）。非常事態宣言①（12.28）
1975	憲法改正④（1）。陸軍青年将校によるクー・デタ、ムジブル・ラーマン大統領殺害（8）。戒厳令布告①
1977	ジアウル・ラーマン陸軍参謀長が大統領就任（4）
1979	総選挙②（2）、BNP圧勝。憲法改正⑤（4）、イスラム色強化。戒厳令①解除
1981	ジアウル・ラーマン大統領暗殺、非常事態宣言②（5.30）。憲法改正⑥（7）。大統領選挙で副大統領が当選（11）
1982	エルシャドによるクー・デタ（3）。戒厳令布告②
1986	総選挙③（5）、JP勝利。憲法改正⑦（11）
1987	非常事態宣言③（11.26）
1988	総選挙④（3）。憲法改正⑧（6）、イスラム教の国教化
1989	憲法改正⑨（7）
1990	憲法改正⑩（6）。非常事態宣言④（11.27）
1991	総選挙⑤（2）、BNP勝利、ジア政権①。憲法改正⑪・⑫（8、9）
1996	総選挙⑥（2）、野党ボイコット。憲法改正⑬（3）。総選挙⑦（6）、AL勝利、ハシナ政権①
2001	総選挙⑧（10）、BNP勝利、ジア政権②
2004	憲法改正⑭（5）、最高裁判事の定年延長等
2007	非常事態宣言⑤（1.11）
2008	総選挙⑨（12）、AL大勝、ハシナ政権②
2011	憲法改正⑮（6）、非政党選挙管理内閣制度の廃止等
2014	総選挙⑩（1）、AL勝利、ハシナ政権③。憲法改正⑯（9）、議会に最高裁長官の罷免権付与等
2015	反政府運動（2～3）

出典：筆者作成。

マンは夫人と3人の息子を含む家族と共に殺害された。後にAL総裁を承継し、首相となった息女のシェイク・ハシナは外国滞在中で難を逃れた（【図表23-1】）[4]。

非宗教主義の放棄・イスラム色の強化　1975年8月15日クー・デタ後、軍内部の混乱を収拾した陸軍参謀長ジアウル・ラーマンは、1977年4月、実権を掌握して戒厳令（憲法の枠外の措置）を敷き、自ら大統領となった。1978

[4] 辛島編2004：485-486頁（長崎＝小谷＝辛島）。さらに、日下部「バングラデシュの民主化の経緯」、堀口2009参照。

年、来るべき選挙と民政移管に備え、バングラデシュ民族主義党（BNP。ALとの対抗上、親イスラム主義・親パキスタンの立場）を設立したジアウル・ラーマンは、9月の大統領選挙で勝利し、1979年2月の国民議会選挙でもBNPが圧勝した。同年4月、戒厳令を解除し、第5次憲法改正では、憲法前文に「慈悲深く、慈愛遍くアッラーの御名において」の句を挿入し、非宗教主義を削除してアッラーへの信頼と忠誠に置き換え（8条）、政教分離に関する規定（12条）を削除する等、イスラム色を強めた。一方、一党支配体制の廃止、議院内閣制の回復、最高裁権限の回復とともに、大統領権限を一部縮小・一部拡張した。こうしてジアウル・ラーマンはイスラム色の強化によって大衆的支持基盤を固めたものの、1981年5月、軍部内の改革派グループによって暗殺された。BNP総裁は妻のカレダ・ジアが承継した。11月、大統領選挙によって副大統領が当選したが、1982年3月には陸軍参謀長ムハマド・エルシャドがクー・デタを起こし、戒厳令を布告した。エルシャドはアラビア語を義務教育化する等、イスラム化を進めた。1986年、民主化への外圧を受けていたエルシャドは国民党（JP）を設立し、5月の総選挙で勝利した。11月、議会を招集して戒厳令を解除し、戒厳令下の布告を合法化する憲法改正を行った。エルシャドはさらにイスラム化を進める姿勢を示し、1988年3月の総選挙でJPが勝利した後、6月の憲法改正により、イスラム教を国教とした（2A条）。また、週の休日を日曜日から金曜日（イスラムの安息日）に変更した（【図表23-1】）[5]。

民主化への動き　しかし、イスラム化による大衆支持の獲得は限界を迎えていたようにみえる。1986年5月に外国からの圧力で実施された国民議会選挙等で選挙操作があったことを糾弾する民主化運動は、1990年になると、AL、BNPに加え、学生、知識人等も加わって高揚し、ハルタル（ゼネスト）を伴う反政府運動に発展した。同年11月27日、エルシャドはいったん非常事態宣言を下したが、12月4日、これを解除してアーメド最高裁長官を副大統領に任命し、大統領代行職を委ねる形で辞任を余儀なくされた。1991年2月に行われた総選挙では、ジアウル・ラーマン未亡人カレダ・ジア率いるBNPが勝利し、連立内閣を組織した。同年9月の第12次憲法改正では、憲法制定当初に近い議院内閣制が復活した。大統領の執行権行使には首相の助言が必要とされ、議会の権限が強化された（【図表23-1】）[6]。

[5] 佐藤創2009：365-366頁。
[6] 辛島編2004：486頁（長崎＝小谷＝辛島）、佐藤（創）2009：366-367頁。

政治闘争と議会政治の混迷　しかし、BNPとALの二大政党を中軸とする政治闘争は、議会ボイコット等の乱暴な手法へとエスカレートしたために、議会制民主主義は十分に機能しなかった。1994年12月には国民議会議員補欠選挙をめぐるBNPの不正を糾弾してAL等の野党議員が辞任し、1995年には議会や選挙のボイコット運動、ハルタル（ゼネスト）、街頭運動等の手法による政治闘争が慣行化した。ジアのBNP政権は同年11月、国民議会を解散し、1996年2月に総選挙を実施したが、AL等の野党は選挙をボイコットし、選挙無効を主張した。BNP政権は同年3月、反政府運動に対処すべく、政権党に有利であるとされた総選挙をより公平に実施するために、第13次憲法改正により、非政党暫定政府を選挙管理内閣として選挙期間中のみ政権を担当させる制度を導入した。そのうえで、BNPは議会を解散し、6月、総選挙を実施した。結果は、ムジブル・ラーマンの娘ハシナ・ワセド率いるALが勝利し、ハシナ政権が成立した。しかし、2001年10月の総選挙ではBNPがイスラム主義政党JIと共闘して勝利し、再度ジアを首相とする連立政権が誕生した。こうして繰り返される政権交代の中、ALとBNPの政治闘争は、JIをも巻き込みつつ、汚職摘発の応酬、暴力事件等を伴う報復合戦へとエスカレートしていった。ところが、BNPとJIの連立政権下で、非合法イスラム武装主義勢力による爆弾事件が頻発したことから、同勢力との緊密な関係が噂されたJIおよびこれと連立政権を組んだBNPは国民の支持を失い、2008年12月の総選挙ではALが圧勝し、第2次ハシナ政権が誕生した[7]。

軍・諸政党間の政治闘争手段としての法　建国40年余りのバングラデシュの歴史の中で、憲法を停止する戒厳令布告が2回、憲法の枠内で基本権等を停止する非常事態宣言が5回、憲法改正が16回（2014年9月）行われていることは、憲法以下の法制度が政治闘争の手段として用いられていることを物語っている（【図表23－1】）。例えば、2004年、ALのハルタル（ゼネスト）戦術に対し、BNPは予防拘禁の手段により、ALの活動家を多数逮捕した。また、同政権下、2004年5月の第14次憲法改正による最高裁長官の定年延長（65歳から67歳へ）は、2006年10月の任期満了時に予定される次回の国民議会選挙時に、ALに近い最高裁長官が任命されているリスクを回避する政治的意図があったとみられている[8]。また、2006年10月に発足した非政党選挙管

[7] 日下部「バングラデシュの民主化の経緯」。
[8] 辛島編：486-487頁（長崎＝小谷＝辛島）、佐藤（創）2009：368-371頁。

理内閣は、与野党何れにも偏しない中立的立場から総選挙を実施すべく、政党間の対立が激化して治安が悪化したことを理由に、2007年1月11日、非常事態宣言を発令し、BNPのジア総裁、ALのハシナ総裁を含む政治家、官僚、企業家等を汚職容疑で逮捕し、利益誘導型の政治にメスを入れた（両総裁とも2008年に釈放）。この措置は軍が準備した汚職容疑者リストに基づき、その後援の下で実行された。しかし、2008年12月の総選挙で勝利したALのハシナ政権は、2011年6月、第15次憲法改正により、この非政党選挙管理内閣の制度を廃止し、かつ軍による国家権力の掌握と憲法停止に対し、極刑を含む厳罰によって対処することを規定した[9]。ハシナ政権は同改正憲法に基づき、第10次の国民議会選挙の実施準備を進めた。野党が猛反発してハルタル（ゼネスト）、デモ等の反政府運動を組織し、選挙をボイコットする中、政府は2014年1月5日、5万人規模の兵士を全国に派遣し、国民議会選挙を実施した。与党は普通選挙による300議席中234議席を獲得した（前述本章【ポイント】参照）。

政治と法の関係変化と国民意識　2014年1月12日、AL総裁ハシナは、バングラデシュ史上初の2期連続首相に就任した。これに対し、15日、BNPジア総裁は実力行使による反政府運動を否定し、対話の道を探ることを表明した。その背景には、特に暴力行為を伴う反政府運動を嫌う世論の反応が強い影響を与えているように思われる。2014年8月の世論調査（Dhaka Tribune）では、回答の約75％がハシナ政権の実績を評価し、約78％がBNP等の反政府運動を望んでいないが、約72％はハシナ政権がBNPと対話しない姿勢を批判している[10]。そこには、従来政治闘争の道具としてきた憲法等の枠内での、ルールに基づく政治対話を望む国民の意識が反映している。ここには、国民意識を介して、法が政治をコントロールし始める契機が示唆されている。そして、そうした国民意識の変化の背景として、近年の経済事情の変化が看過できない。

2　バングラデシュにおける経済発展

経済成長の安定化と国民意識への影響　2014年時点で、バングラデシュに

---

[9] 日下部「バングラデシュの民主化の経緯」。
[10] 金澤2015：515頁。

おける国民1人当たりGDP（名目）は約1093米ドル、GDP（名目）成長率は約6.1%であった。同年、インド／パキスタンはそれぞれ約1596米ドル／約1334米ドル、約7.4%／約5.4%であった。2004年以降、毎年5%以上のGDP（名目）成長率（2009年、2010年を除けば、同約6%以上）を維持していることが注目される。特に2008年12月の前期ハシナ政権以降の経済は安定度を増している（【図表23-2】参照）。こうした実績を背景に、ハシナ政権は「ビジョン2012」（独立50周年に当たる2021年までに中所得国になることを目指す政策）を掲げている。これらのことが政治的不安定、特に暴力的な反政府運動を嫌う国民意識の形成に影響を与えていることは十分に考えられる。

産業構造と貿易収支　バングラデシュは、2013-2014年度の統計でみると、農林水産業約16.3%、鉱業・製造業・電気・ガス・水道・建設業約29.6%（うち製造業約19.5%）、卸売・小売業・運輸・貯蔵・通信業・金融・不動産約22.1%（うち卸売・小売業約14.1%）等、比較的バランスの取れた産業構造を維持している[11]。しかも、輸出産業が力強い成長を示しており、特に総輸出額の約41.2%を占める布帛縫製品、同約39.9%のニット製品（両者合計約81.1%）は、安価な労働コスト、後発開発途上国向け一般特恵関税制度等にも支えられ、安定的に成長している。一方で、原油、資本財等の輸入も増加しており、貿易収支は赤字が続いているが、これを海外出稼ぎ労働者（約600〜800万人）からの海外送金（GDPの約19.0%）が補うことにより、経常黒字を維持している[12]。

投資促進と制度整備　前述した繊維産業の発展に伴い、海外からの直接投資は増大してきたが、所得水準の上昇に伴い、消費市場としての注目も集めており、内需向け企業の進出も進んでいる。こうした投資を促進すべく、政府は輸出加工区（EPZ：輸出向けで加工・組立中心）および経済特区（SEZ：輸出・国内市場向け双方を含み、工場、サービス、出荷、検品、梱包等複合的商業による完結性を目指す）の整備を進めてきた。こうした物的インフラと並んで、制度インフラの整備も重要である。すでに社会主義路線を修正したジアウル・ラーマン政権以降、外国民間投資（促進・保護）法（1980年）、バングラデシュ輸出加工区庁法（1980年）、銀行法（1991年）、証券取引委員会法（1993年）、会社法（1994年）、破産法（1997年）、著作権法（2000年）等、経済

---

[11] 金澤2015：535頁「主要統計2」。
[12] 金澤2015：535頁「主要統計3、4」、在バングラデシュ日本大使館2013：1節、3節。

【図表23-2】バングラデシュとパキスタンの国民1人当たりGDP・同成長率の推移

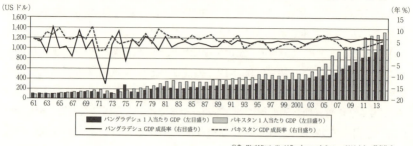

出典：World Bank, *World Development Indicators*, 2015 より、筆者作成。

法関係の整備を進めてきた。また、2010年8月にはSEZ法が可決され、バングラデシュ経済区庁が首相府内に新設された[13]。こうした制度インフラの整備は奥深い広がりをもっている。

経済発展の課題　前述した経済法は、実はそれだけで機能するものではない。第1に、より基礎的制度として、市民の最も基本的な権利・義務を規定している一般私法としての財産法、契約法等、民事手続法としての民事訴訟法、民事執行法等が整備され、これらと整合性が取れている必要がある。これら基礎的な民事法制に関しては、制度整備の余地が特に大きいように思われる。第2に、経済法のような効率的生産を促す制度の整備は、①生産を担う労働者の安全や福祉を充実させる制度、および②環境保護との調和を図る制度の整備とワン・セットで考える必要がある。急速な経済成長のプロセスでは、①・②は後回しにされがちである。①に関しては、工場法（1965年）、労使関係に関する令（1969年）等があるが、さらに制度改善の余地がある。構造上の安全を欠いていた工場の壁・天井・柱等が崩落し、約1130人の死者と2500人以上の負傷者を出したラナ・プラザ事件（2013年4月24日）は記憶に新しい[14]。②に関しては、環境保護法（1996年）があるが、産業構造の発展に適合させるべく、制度改革の余地がある。

---

[13] 佐藤（創）2009：378頁、在バングラデシュ日本大使館2013：2節、4節。
[14] 金澤2015：524頁。

3　バングラデシュにおける宗教・国家と法

宗教と法　既述のように、パキスタンから独立した当時のバングラデシュの建国理念でもあった非宗教主義は、最初は不安定な政権を安定させるために、また、その後政党間の政権獲得競争が激しくなるに従い、政治闘争に勝ち抜く手段として、比較的早くから緩和され、放棄されてきたように思われる。しかし、そのことは、一般大衆の観点からみれば、国民生活において宗教が深く根付いており、国民の意識としても、宗教と法が混然とした状態にあることを予想させる。バングラデシュの人口約1億5940万人（2015年10月）のうち、約89.7％をイスラム教徒が、約9.2％をヒンドゥー教徒が占めている[15]。このうち、約9割を占めるイスラム教徒にとって、宗教は日常の行為規範の多くの部分を占めている。

「フォトワ」裁判　このことを象徴する現象として、「フォトワ」裁判の動向が注目される。フォトワとは、本来は各々の地域コミュニティにおいてイスラムに通暁した者（地方により、モウロビ、ムッラー、モオラナ、イマーム等と呼ばれる）が、ある行為がイスラム法（シャリーア）に照らして合法的か否かを検討し、その判断を助言または示唆の形で与えるものである。しかし、1990年代頃から、それがたんなる助言・示唆にとどまらず、法的拘束力と強制力を伴い、多くの場合に直ちに執行される傾向があるといわれる（フォトワの恣意的な判決化）。例えば、女性が再婚の仕来りに反した、有力者の結婚申入れを貧しい娘の両親が断った、女性が夫に過大な持参金を要求した等の理由で、本人やその親が石打ちや鞭打ちの刑を受ける（その屈辱に耐えかねて自殺した娘の例も報道されている）、村八分にされる等である。そうした「フォトワ」を出す人々およびそれを出す行為は「フォトワバジ」といわれる。ある村ではフォトワバジが「われわれの村では政府の法律は通用しない。われわれはクルアーン〔コーラン〕とハディース〔預言者ムハンマドの言行であるスンナをまとめたもの〕の規則に従えば良いのだ」と述べたことが報告されている。時には恣意的なこじつけに近い「フォトワ」が強制力と執行力をもつ背景には、地域コミュニティの権力構造や派閥抗争（ミクロ・ポリティクス）とともに、女性、貧者を含む一般民衆がそれを受容する規範

---

[15] このほか、仏教徒約0.7％、キリスト教徒約0.3％（2001年国勢調査による）とされる。外務省「バングラデシュ基礎データ」一般事情参照。

意識が存在することも示唆されている[16]。

国家とコミュニティと法改革の課題　こうした現象は、社会におけるコミュニティのプライオリティの高さと、国家の浸透度の弱さを示しているように思われる。このことは、すでにみたイスラム色の強化（前述1）とも密接に関わるものと考えられる。ここでもまた、国家法の基本ルール（市民の一般的な権利・義務）を整備することの意義を吟味する必要がある。

[16] 高田2000：125-164頁、特に143頁、150頁参照。

第Ⅷ部
結論
——政治・経済・法の好循環の可能性

　これまでの考察が示すように、法制度を改革すれば政治や経済が発展するというように、法と政治・経済の関係は単純ではない。その一方で、経済発展と民主化の進展の両立を模索しているアジアの国々は、例外なく法制度の整備にも格段の力を注いできたことが明らかになった。法が政治・経済の発展の扉を開く要所要所のカギがどこかに存在するはずである。

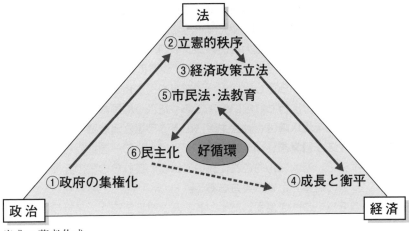

出典：著者作成。

政治・経済と法の好循環の1パターン

第24章　第2の、拡大された「アジアの奇跡」の可能性

【ポイント】　1993年の世界銀行レポート『東アジアの奇跡』は、高成長アジア経済（HPAEs）——日本、韓国、台湾、香港、シンガポール、マレーシア、インドネシア、タイ——が1960年代から1980年代に目覚ましい成長を遂げた理由として、経済開発における政府の役割を積極的に肯定した[1]。それは政府の介入は市場機能を歪めるとの従来の見方を変え、市場原理をより良く機能させるための選択的介入を認める「市場友好的アプローチ」に立脚し[2]、その視点から政府の機能の探求に踏み込むとともに、選択的介入の効果を左右する制度の重要性に着目した。もっとも、政府の機能は市場の育成を越え、さらに積極的な役割を果たすべきとする立場も現れている[3]。しかし、その場合には、政府の権力行使のコントロールが新たな課題になる。ここで法の役割が重要になる。しかし、「東アジアの奇跡」に対して法整備が果たした役割を正面から取り上げ、経済成長や民主化との関係を包括的に分析することは、十分に行われないままであったように思われる。

　その後、1990年代以降は、社会主義法の下で市場経済を導入した中国、ベトナム、ラオスが目覚ましい成長を続け、シビル・ローを継受したフィリピン、カンボジア、モンゴルもこれに続いている。これらの国の発展をもう1つの「アジアの奇跡」とする見方もある。

　一方、コモン・ローを継受したインド、バングラデシュ、スリランカ、ミャンマーも、スピードやパターンはやや異なるが、着実に発展している。

　これらのアジア諸国の発展はやがて第2の、拡大された「アジアの奇跡」と呼ばれるに至るのであろうか。そのためには政治・経済・法の間に好循環が生まれる必要がある。しかし、はたしてそれはどのようにして可能なのであろうか。曲がりなりにも好循環ないしそれに近いものが生じた国と、それが生じなかった国、あるいは悪循環に陥った国があるとすれば、それはなぜであろうか。

---

[1] World Bank 1993（白鳥監訳1994）。
[2] この視点はすでに、World Bank 1991（1991年世界銀行『世界開発報告』）で提示されていた。
[3] 後藤（一美）1995：181-203頁。

はたして法改革は、経済成長と民主化を促し、社会発展に通じる好循環を生み出す契機となりうるのだろうか。その可能性があるとすれば、それを具体化する条件は何であろうか。こうした法と政治と経済の関係について、本書におけるこれまでの考察から、アジア諸国の発展の歴史と現状を題材にして、どのような手掛かりを引き出すことができるであろうか。最終章では、この問題に対して現時点で引き出しうる回答を確認する。

1　政治の成立と法

法に先立つ政治の重要性　　本書の考察は、民主化運動によるムバラク政権崩壊後の国づくりの困難に直面するエジプトから始まり、やはり反政府運動による混乱の末に非常事態宣言が下され、新憲法制定の途上にあるタイを取り上げた。これらの国では暫定的な憲法の宣言と国民投票による法秩序の更新が繰り返されてきた[4]。もちろん、法が政治を完全にコントロールできている国家は見出し難いことも、同時に確認しておく必要がある。どれほど法が発達した国家でも、政治権力は時に権力者の個人的利害関心から、時に公益のためと権力者が信じる理由から、法の枠を超えて権力行使する動機を断ち難いからである。その結果、政治と法の間には絶えず緊張関係が存在し続けている。しかし、政治権力が確立する前に性急に提示され、正統化された法は政治をコントロールしうる独自の存在になりえない。なぜなら、法を統一的に解釈して適用し、強制的に執行するためには、中央集権化された権力の存在が不可欠だからである。その際、政治権力の中央集権化は、権力の絶対化、つまり権力の制御不能とは異なることに留意する必要がある。法に先立つ政治の重要性は、イギリスの例に示されている。そこでは王権が伸長する一方で、諸侯・騎士・聖職者・市民が会議体を形成して王権を制約する構造が政治制度の骨格を形作り、両者相俟って中央集権化が進展した。その中で両者の合意に基づき、大憲章（1215年）をはじめとする王権を制約するための法が形成され、しばしば王権によって無視されながらも、その都度新たなルールを蓄積し、権利章典（1625年）を作り上げた。それが王権に対する議会の優位を決定づけ、こうして徐々に立憲体制が構築された[5]。日本では、天皇政権が伸長する一方で、市民階級ではなくて、武家政権が成長し、

---

[4]　本書3-6頁、13-19頁参照。
[5]　本書34-39頁。

時に王権と拮抗し、時に融合する構造が政治制度の核となり、集権化が進展した。明治維新では王政復古によって中央集権化を徹底する一貫として、元老院・大審院（1875年）、内閣（1885年）を漸次的に形成し、その後に憲法（1889年）を制定、総選挙による国会を開設し（1890年）、立憲体制を構築した[6]。これらの例に照らしてみると、政府の中央集権化が徹底されず、政治権力が動揺した状態または相互に争う政治権力が拮抗した状態で、性急に憲法を制定し、法改革を試みても、政治をコントロールしうるものとはなり難いであろう。

回避すべき誤謬　この観点から、近年なおも繰り返し行われている誤謬を回避する必要がある。それは、既存の「悪しき政府」をうち倒してリセットし、憲法を新たに制定すれば、国家を作り直せるという誤謬である。アフガニスタンやイラクに介入した外国政府も、「アラブの春」に象徴される熱狂した市民による民主化運動も、ともにこの誤謬に陥っている。もちろん、人権侵害を繰り返す「悪しき政府」の権力行使を正当化する積もりはない。しかし同時に、それに代わる政府の構築もけっして容易でないことを十分に踏まえる必要がある。この誤謬の弊害は、既存の政権をリセットしたアフガニスタン、イラク、エジプトに顕著である。2011年8月にカダフィ政権が打倒されたリビアは、4年半経った今も内戦状態にある。のみならず、かつてリビアで戦った戦闘員たちの多くがイラクやシリアに渡ってイスラム国に参加したが、欧米やロシアの空爆の激化により、今や再びリビアに戻って活動を始めつつある[7]。

政治と法の分離困難性　もっとも、権力の中央集権化による政治の確立なくしては法の力を発揮することができないということは、逆説的に聞こえるに違いない。赤裸々な政治をコントロールすることが法の目的であり、そこにこそ法に固有の存在意義が認められるとすれば、政治の確立を待っていたのでは、法は独自の意味をもちえないように思われるからである。しかし、中央集権化された政治権力から法を完全に分離するとすれば、法を無力化してしまう。つまり、既存の政治権力とかけ離れた所で、法による政治のコントロールを構想することはできない関係にある。こうして開発プロセスでは、①政治権力を中央集権化することと、②中央集権化された政治権力を法

[6] 本書46-55頁。
[7] 日本経済新聞2016年1月8日6頁。

によってコントロールすることの双方が求められ、両者は分離困難であることをまず認識する必要がある[8]。

政治と法の両立可能性　しかし、政治権力の中央集権化と集権化された権力の法によるコントロールはアンビヴァレントな関係にあることから、両立は容易でない。そこには立憲的秩序の構築方法に関する既存のルールも存在しない。その結果、このプロセスは憲法宣言等の政治的宣言から始まらざるをえないが、この段階での**正統性**（legitimacy）の稀薄さは、憲法の内容の**正当性**（justness, rightness）──それは国民の追認的反応を観察して判断するほかない──によってのみ補完される。特に、民族や宗教や言語を異にする国民が共存する多文化国家では、特定の民族や価値に偏した内容を固定化する内容の憲法を回避する努力が重要である[9]。マレーシア、バングラデシュ等はそれに注意深く配慮して国民の合意を促した一方[10]、エジプト、パキスタン、スリランカ等はかつて特定の宗教・宗派に偏った憲法規定が反発を招いた経験をもつ[11]。そうした経験も踏まえ、政治権力は国家機関を漸次的に構築し、その実績に基づいて憲法の提案を国民に投げかけ、その反応を注意深く分析し、必要な修正提案と反応分析を繰り返して、合意形成に向けたコミュニケーションを継続することにより、憲法的慣行を創造してゆくほかない[12]。2007年1月に暫定憲法を発布し、2008年5月に始まった制憲議会の議員の任期切れ（2012年5月）という、暫定憲法に規定のない事態に直面したネパールは、2013年3月の選挙管理内閣の選任と同年11月の制憲議会議員の再選挙という新たな憲法的慣行の形成によってこの危機を乗り切り[13]、遂に2015年9月20日、7年越しの憲法制定へと辿り着いた。

政府の財政基盤の確立　政治権力を確立して中央集権化を推進するためには、政府の財政基盤を制度的に確立することが不可欠である。その手法として、土地の私的所有権を確認し、それに対する外形的標準による収益税制度の導入がある。日本の場合、版籍奉還（1869年）によって幕府と藩の土地支配権がいったん天皇に返上された後、田畑勝手作が許され（1871年）、地券

[8]　松尾2015a：61-63頁参照。
[9]　松尾2015b 345頁。
[10]　本書86-90頁、231-232頁。
[11]　本書4頁、226-227頁、204-205頁。
[12]　松尾2015b：343頁。
[13]　本書25-29頁。

発行地租収納規則（1872年1月）によって東京市街地を皮切りに土地所有権の付与と地租の徴収が開始された。間もなく田畑永代売買禁止令（1643年）が廃止され（1872年2月）、四民誰もが土地を所有し、売買等が可能になることを明示した。こうして土地の私的所有権の導入が始まり、太政官布告272号、地租改正条例（1873年）により、全国的な地券発行と地租徴収が行われた。地租改正事業は1875年から本格化し、1881年頃にほぼ完了したが、地租収入は国家の経常収入の85.9％（1873年）、83.6％（1874年）、81.5％（1875年）を占めた[14]。

政治を法化する触媒　こうして政府による私人の土地所有権の承認は、市民を政治に巻き込んで中央集権化のプロセスを始動させる一方、市民の間に私的所有権の保護の要請を創出し、その制度的保障を中心課題とする立憲的秩序の構築プロセスを促進した。その際、私的所有権を承認された一般市民の層が厚ければ厚いほど、政治権力の中央集権化と立憲的秩序の構築はより早く、より強固なものとなった。このように土地の私的所有権制度の導入は、政治を法化する触媒となり、立憲的秩序を熟成する酵母になったとみられる。

2　経済発展と法

経済政策と法　そうした政府権力の一定程度の構築を前提にして、政府がどのように開発政策を推進してきたかが、各国の発展を左右したと考えられる。例えば、1960年代からのHPAEs、1990年代からの中国、ベトナム、ラオス、カンボジア等の急速な経済成長は、戦略的運営能力をもつ政府による経済政策の策定とその法制化による着実な実施に負うところが大きいとみられる。そうした経済政策には、①産業政策、②政策金融、③輸出振興、④中長期計画、⑤道路・鉄道・港湾・空港・通信設備・電力等のインフラ整備、⑥衡平を伴った成長のための制度形成等が含まれる[15]。これらの諸施策は個々の政策の寄せ集めではなく、より多くの市民に、より活発な経済活動への参加を促し、当該国家で供給される物・サービス・情報等をより豊かなものにしてゆくという、市民の包摂的（inclusive）な参加による経済を実現す

[14] 遠藤湘吉「財政制度」鵜飼ほか責任編集1958：22頁、53-63頁（遠藤湘吉）。
[15] 後藤（一美）1995：186-195頁。

るために、有機的に連携した体系的な政策であることが重要である。それを実施するために、数多くの経済政策立法が制定・施行されてきた。

産業政策と法　各国の物的・人的資源、技術水準等の現状に従い、有望な特定の産業を育成するために、政府が選択的に介入して特定の産業に資金援助や税の優遇を行い、生産力を高める産業政策は、本書で考察したアジア諸国で広く採用されてきたことが確認された。それが政策金融、輸出振興等と相俟って、急速な経済成長に寄与した例は、日本、韓国、台湾、マレーシア、シンガポール等に顕著に見出される[16]。その際には、その時々の産業政策を法律化することにより、政治の介入、政党間の対立や政府部内の対立等による政策の変更・後退を阻止し、政策を着実に実施するためのアンカーまたは逆流防止装置の機能を確保した。また、産業政策の立法化は財源の確保、政策に対する国民の理解促進、政府と企業による官民協調の基盤提供にも寄与した[17]。

衡平を伴った成長のための制度改革　こうした産業政策立法のほか、経済計画関連の立法[18]、インフラ整備関連の立法と並んで、東アジア諸国の経済政策立法には、所得の再配分や官民連携を通じて、衡平を伴った成長を図る傾向があった点に特色がある。それは中産階級の出現を促し、発展プロセスにより多くの市民が参加する包摂的（inclusive）な発展を可能にし、個々人の短期的利害を社会の長期的公益と調整することも可能にした[19]。例えば、日本では政府が企業を支援する方針の中で、効率性の追求と雇用拡大の両立を求め、労働者の所得増加→需要増加→供給増加による規模の経済の実現という好循環の形成を促した。こうした方針の下で各種の産業振興法が制定・施行された[20]。また、マレーシアは第2次マレーシア計画で「成長に伴う再配分政策」へと成長政策を転換した。また、政府・企業・労組・ジャーナリスト・学者等からなる審議会を制度化することにより、相互間のコミュニケーションを促し、官民協調とともに、衡平を伴う成長を促進した[21]。さらに、シンガポールでは雇用法・産業労働関係法の制定、国家賃金協議会

[16]　本書63-64頁、71-72頁、80-82頁、92頁、101-103頁。
[17]　本書63-64頁。
[18]　社会主義国政府のほか、韓国、マレーシア等の政府もこの制度を採用した。
[19]　後藤（一美）1995：192-193頁。
[20]　本書63頁。
[21]　本書91-93頁。

の設立、中央年金基金の拡大、住宅開発委員会による住宅供給の促進等を通じ、政府が労働市場に介入して労働運動や賃金上昇をコントロールすることにより、労働者に対して福祉の増大と労働条件の改善を約束する一方で、労働運動を抑え、外国投資の促進による経済成長を図った。この意味で、これらの立法は政府と国民との社会契約のツールになったといえる[22]。

農地改革立法　衡平を伴った成長をさらに推進すべく、農地改革立法の制定と施行を試みた政府もある。例えば、日本では太平洋戦争敗戦直後、憲法改正よりも前に、農地調整法改正（第1次農地改革立法。1945年12月）、同法改正と自作農創設特別措置法（第2次農地改革立法。1946年10月）が成立し、その後も特別立法によって維持・強化され、農地改革が遂行された。その合憲性を争った訴訟では、最高裁（法廷意見）が農地改革立法は「一貫した国策に基づく法の目的」に照らして「正当」と断じ、占領中にGHQの強い圧力の下で行われた農地改革の正統性の問題を封じた[23]。韓国でもアメリカ軍の監督下で第1次土地改革（1947年）が行われ、その後長い国会審議を経て第2次土地改革（1950年）が実施され、地主から買収した土地の小作人への処分が行われた[24]。また、台湾でも国民党政権が1948年から1953年にかけて一連の関連立法により、農地改革を実施した。それは、①大地主に対する余剰米の供出命令、②小作料の軽減、③日本人から接収した土地の小作人への払下げ、④一定限度を超える土地を所有する地主の土地を政府が買い上げて国営企業株を交付し、小作人に優遇価格で売却する措置を含むものであった。これは孫文の平均地権の理念に基づき、政府が熱意をもって強力に遂行した。この再配分政策とその立法による実施は、社会的衡平と政治的安定を育み、農業生産を増大させる一方で、土地を失った地主の中小企業経営者への転身を促したとみられている[25]。さらに、フィリピンでもマルコス政権時の農地改革立法（1973年。米とトウモロコシの栽培地の地主の土地保有上限面積を7haとし、小作人への譲渡を促した）、C・アキノ政権時の包括的農地改革立法（1988年。全農地について地主の土地保有上限を5haとし、小作農に加え、農業労働者にも取得機会を与え、購入代金について15年～30年賦の利用を可能とした）が行われた。もっとも、後者はバナナ園のような広大な栽培面積

[22] 本書102頁。
[23] 本書61-63頁。
[24] 本書70頁。
[25] 本書83頁。

を必要とする土地にも一律に土地保有上限面積を適用したために、法律と実際との乖離も問題になった[26]。

市場メカニズムの補完か包括的制度改革か　本書において考察したアジア諸国に見出される一連の経済政策立法の性質については、(a)市場に友好的な政府が、市場メカニズムの機能を補完し、それが円滑に機能するための諸条件を整えるものとみるべきか、(b)それを越えて、政府がより包括的に政治・経済・社会のシステムを改善することを志向して行う制度改革の端緒とみるべきか、議論がある[27]。前者は国家の統治システムにおいて政府よりも市場メカニズムを中心的存在とみる市場主義の立場であり、新古典派経済学の視点に通じる。これに対し、後者は国家統治のシステムが市場メカニズムを重要な要素として含みつつも、その他の要素も含むより包括的なものとみて、その1つとしての政府の独自の役割を重視する、修正主義者の視点に通じるものとみられる[28]。開発法学の観点からは、開発プロセスにおいて政府が果たすべき機能は市場メカニズムの構築と維持にとどまるものではないと考えられる[29]。実際、本書で取り上げたアジア諸国における政府の開発政策の策定と実施、そのための法令の制定と実施は、産業政策と法、衡平を伴った成長に配慮した立法（農地改革立法を含む）に鑑みても、市場メカニズムの構築・維持を越える役割を実際に果たしていると考えられる。

3　政治・経済と法の好循環の形成に向けて

市民社会の構築と法　本書において考察したアジア諸国のうち、HPEAEsをはじめとして、比較的順調に発展している国家では、政治・経済・法の間に概ねつぎのような好循環の形成を見出すことができるように思われる。すなわち、①伝統的に比較的安定した政府が徐々に権限の中央集権化を進め（政治的要素）、②それを法的に根拠づけるために立憲的秩序を構築し（法的要素）、③その下で発展の基盤となる産業経済政策を立案して立法化し（法的要素）、かつそれを実施して（法的要素＋政治的要素）、④内外の投

[26] 本書195-196頁。
[27] 後者の観点を志向するものとして、後藤（一美）1995：195-201頁参照。
[28] 浅沼＝小浜2013：92頁参照。
[29] 開発プロセスにおいて政府が果たすべき役割に関しては、松尾2009：157-179頁、松尾2012b：84-105頁参照。

資を促進して一定の経済成長を達成し（経済的要素）、かつそれと同時に、その成果の衡平な分配に慎重に配慮し、そのための労働・福祉・税制等の政策を立法化し、実施しながら（経済的要素＋法的要素）、⑤より多くの一般市民のための権利保護と法教育の機会を提供し（法的要素）、⑥民主化が徐々に進んだ結果（法的要素＋政治的要素）、それが再び④′より衡平を伴った経済成長に結びつき、⑤′さらに包摂的＝インクルーシブな一般市民の権利保護・法教育の進展による正義アクセスの強化へ、そして⑥′一層の民主化の充実へという形での、政治と法と経済の間の好循環である（【図表24-1】）。①政府の中央集権化、②立憲体制の構築、③衡平を伴った成長に配慮した経済政策を具体化する法令の制定・施行が認められた。次の課題は、④開発政策を推進する政府をコントロールしうる市民社会の構築である[30]。政府の権力行使をコントロールする制度としては、法の支配（the rule of law）の原理がある。しかし、開発プロセスでは、国内外の事情により、既存の憲法秩序が想定していない問題も起こりうる。また、農地改革立法の合憲性が争われたように、正統性が問われる立法につき、開発目的に照らして正当性をもつかを判断する必要に迫られる場合もある。そのような場面でも、政府の外側からその権力行使を統制できるのは、政府からも営利組織たる企業からも独立して、非政府・非営利の第三者的立場から判断を下しうる市民社会にほかならない。それは節度ある民主主義の態度を涵養し、平和的抵抗が暴力的革命に陥ることを回避する力を提供しうる。それは衡平を伴った成長を一層促進し、そのための政府による諸政策の推進を支持し、それを通じて政治と経済の好循環を生み出しうる（【図表24-1】）。

市民法と法教育の必要性　　そうした市民社会を養成するためには、その制度的基盤として、市民の権利・義務を明確かつ包括的に規定した民法の制定・施行と、その解釈・適用を通じて、市民の権利の実現と保護を可能にするための法教育（法学教育を含む）の市民への普及が不可欠である[31]。このいわば第2サイクルの法改革を間髪を入れずに実施することが、政治と経済と法の好循環をさらに促す鍵として、決定的に重要なものであるということができるであろう（【図表24-1】）。比較的発展に成功したアジア諸国には、この第2サイクルの法改革が顕著に見出される。これを他の国々と広く共有

---

[30] 市民社会の意義については、松尾2009：179-189頁、松尾2012b：105-115頁参照。
[31] 法教育については、法務省「法教育」（http://www.moj.go.jp/housei/shihouhousei/index2.html）、法教育フォーラム（http://www.houkyouiku.jp/）参照。

【図表24-1】政治・経済と法の好循環の1パターン

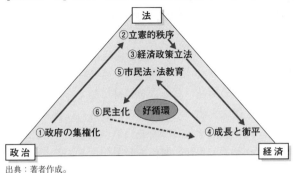

出典：著者作成。

するために、法整備支援のプログラムに法教育を取り込むことが有用である。これまで①立法支援、②法曹養成支援と進んできた法整備支援は、③第3ステップとしての法教育支援へと進むことが期待される。

地域統合とグローバル化の中で　本書で取り上げた東アジアおよび東南アジア諸国は、地域的に関係を緊密化している。2015年12月2日、中国（昆明）とシンガポールを結ぶ南北鉄道の中国（ボーテン）・ラオス（ヴィエンチャン）区間の起工式が行われた。メコン地域諸国と呼ばれるベトナム、ラオス、カンボジア、タイ、ミャンマーを結ぶ東西経済回廊、南北経済回廊、南部経済回廊の建設計画も進んでいる。2015年12月31日にはアセアン経済共同体（AEC）が発足し、域内の物・人の流通と市場統合が進展している。一方、ベトナム、マレーシア、シンガポール、ブルネイ、日本は環太平洋戦略的経済連携協定（TPP）にも参加している。2016年1月1日には、ベトナムが国際物品売買契約に関する国連条約（CISG）に加盟した。こうしてアジア諸国には地域統合とグローバル化の波が二重に押し寄せている。そうした外圧の中で、生産工程の国境を越えた分業化による域内ネットワークの形成が模索されている。それがもたらしうる経済成長、国内法制度や政治システムの改善要求等は、先に展望した政治・経済・法の好循環に向けての各国の開発政策や法改革の動きにも大きな影響を与えるに違いない。将来において第2の、そして拡大された「アジアの奇跡」が起こるかどうかは、そうした好循環が生まれ、定着するかどうかにかかっている。

おわりに
――開発経済学・開発政治学・開発法学の緊密化と開発研究の学際化に向けて

1　開発法学の展開

　本書は、アジア諸国の開発プロセスを題材にして、政治・経済の発展と法改革の関係について探求を始めた。この探求をさらに深く掘り下げるためには、開発経済学、開発政治学および開発法学が、各々の専門的な分析の視点と成果を活用し合うべく、相互に関係を緊密化することが不可避である。

　開発法学（law and development）の理論枠組みと課題を提示した前著において、筆者は、開発法学の課題として、①社会の仕組みにおける法の位置づけの解明、②法改革と社会変動の相互関係の分析、③法改革の戦略的プログラムの策定・実施、および④開発の最終目標の明確化を挙げた[1]。本書は、このうちの**課題②の一部**に属するものである。

　開発法学は、(i)第2次世界大戦後における旧植民地の独立と国づくりを法制度整備の面から支援すべく、1950年代の終わりに成立した。当初それは、政治学や社会学における近代化論の影響を受け、西洋諸国と同様に私的所有権・契約自由・民主主義・法の支配を書き込んだ**近代法**を導入することにより、社会は自から進化することを想定した。

　しかし、(ii)1970年代後半になると、①近代法の導入にもかかわらず、法制度整備支援の相手国の経済的停滞、民主主義の後退、汚職や独裁政治の蔓延に直面し、近代法による開発というアプローチは衰退した。その一方で、②そうした停滞の原因を先進国が長年にわたって途上国を搾取したことによる国際的な従属関係の結果であるとみる**従属論**（dependency theory）の影響を受け、そうした従属構造を積極的に改善すべく、先進国に国際協力（開発支援）を法的に義務づけるための**発展の権利**（the right to development）宣言や**開発の国際法**の具体化が模索された。

　ところが、(iii)1980年代後半以降は、市場経済システムのグローバル化と社会主義諸国の市場経済化に伴い、市場や企業を支える近代法が再評価されるとともに、それを制定・執行するために**良い政府**（good government）が主導しつつ、民間企業や市民社会が主体的に参加して開発を推進することにより、**良い統治**（good governance）の構築に向けて、漸次的な制度変化を生じ

---

[1] 松尾2012：47-48頁。

させるためのプロセスを探求する**新制度派アプローチ**が有力化している。それは、①国づくり（nation-building）の段階における憲法の制定、政府組織を構築する公法の整備、民間取引を規制する私法の整備、衡平を伴った成長の分かち合いを可能にする土地改革や税制改革の再配分立法の制定と執行、②国内外からの投資を促し、貿易を管理し、経済成長政策を着実に実施するための産業経済法の制定・実施、③グローバル化による国際標準の導入圧力と既存の制度とを調整し、社会の変容に応じて徐々に制度変更を行う法改革プログラムの策定・実施を主要な柱とするものである[2]。開発法学が目指す法の支配が社会の隅々にまで行き届いた状態——**法の支配ユビキタス世界**——は、こうした漸進的な制度改革を経ることなしには達成不可能であることが、次第に広く共有されつつある[3]。そして、1つでも多くの国家において良い統治が構築され、法の支配ユビキタス世界が広まり、そうした国家間の関係からなる平和的な国際秩序を構築・維持する**地球的統治**（global governance）を実現すべく、**法制度整備支援**（legal assistance）を通じた国際協力の方法を模索しているのが、開発法学の現在であるといえる[4]。

　以上のような開発法学の展開と到達点は、以下にみる開発経済学および開発政治学の展開・到達点と奇しくもほぼ軌を一にし、問題関心を——少なくとも潜在的には——共有していることが分かる。

2　開発経済学の展開

　第2次世界大戦後、旧植民地が次々と独立し、国民経済の建設に向けて、開発政策の策定と実施に着手したことを契機にして、(i)1940年代の終わり頃から経済学の1分野として**開発経済学**（development economics）が誕生した[5]。それは当初、途上国の貧困の原因を探求し、貧困を改善する政策を考案するために、先進国と途上国の経済構造の相違に着目した。それゆえ、この初期の開発経済学は**構造主義**（structuralism）と呼ばれた。

　しかし、(ii)1960年代後半になると、構造主義に対する批判から、開発経済学における最初のパラダイム転換が生じた。すなわち、①途上国でも先進国と同様に市場は機能するはずであり、途上国がそれに失敗したのは政府が過度にまたは誤った仕方で市場に介入したからであるとみる**新古典派アプロー**

---

[2]　松尾2015a、松尾2015b。
[3]　松尾2009：286-287頁、松尾2012：249-263頁。
[4]　松尾2009：9-24頁、松尾2012：263-289頁。
[5]　以下、開発経済学の展開に関する記述は、絵所1997による。

チが主流化する。②これに対し、新古典派アプローチを補完するものとして、開発は人々のベーシック・ニーズ（食料・家屋・衣料、衛生・健康・教育、仕事と報酬、環境と参加等、社会が最貧困層の人々に設定すべきミニマムな生活水準）を満たすことを目的とし、開発経済学はそのための政策手段をも提示すべきものであるとして、政府による雇用・貧困対策および所得分配に注目する**改良主義者**（revisionist）の見解も現れた。他方で、③構造主義の延長線上で、途上国の貧困の原因を先進国による長年の搾取に求め、それによる国際的な従属関係を打破するための介入政策の策定と実施を重視した**従属論**（dependency theory）も登場した。

　ところが、(iii)1980年代後半からは、市場の機能をますます重視しながらも、途上国でも市場は先進国と同じように機能するという新古典派アプローチの前提自体が疑問視されるようになり、開発経済学の第2のパラダイム転換が生じた。すなわち、一方では、①市場の前提条件を整えるための政府の介入を再評価し、それによる途上国の政治・経済の構造を調整し、開発を推進する良い政府の役割を重視する、**開発の政治経済学**が現れた。また、②市場の機能を決定づける要因として、実際の市場における取引費用の大きさに着目し、取引費用がゼロであることを前提とする市場の完全性を否定し、市場以外の組織である政府が、制度改革をリードすることを通じて、取引費用の削減を図ることが経済発展に不可欠であるとみる**新制度派アプローチ**が有力化した。他方では、③新古典派経済学の根本的な前提である効用（utility）の概念を批判し、個々人の潜在的な選択能力（capability）を拡大することを開発の目標とし、それを実現する政策としての民主主義的政治体制の構築、教育政策等を重視する**潜在能力アプローチ**も注目されている。

3　開発政治学の展開

　こうした開発経済学の展開における1980年代後半以降の第2のパラダイム転換、とりわけ、市場システムの構築における政府の役割を重視する開発の政治経済学（前述2(iii)①）および市場における取引費用の削減に向けた制度変化をリードする主体としての政府の役割を重視する新制度派アプローチ（前述2(iii)②）は、1990年代以降、**開発政治学**（development politics）の成立に大きな影響を与えた。なぜなら、開発政治学は、開発プロセスにおいて政府がリードする**統治**（governance）の改善が、持続可能な開発の成否を決定づけるという前提に立脚するとみられるからである。開発においては統治が重要であるという認識が、開発政治学を誕生させたように思われる。今や開発政

ラオス民法典草案起草のための現地セミナー
（2014年8月、奥中央が筆者）

治学は、①開発国家（developmental state）の建設、②経済成長と車の両輪をなす民主的統治の構築、③地方レベルの統治の構築、④国際的な統治の構築を柱として展開している[6]。それは、政治が国家をつくり、国家が開発をつくるという基本認識に基づきつつ、開発政策の策定・実施が利害関係に対して中立的な行政によってではなく、**政治的な文脈**（民族間・政党間・階層間・地域間等の利害対立、経済界の意向、政治的力関係の中でうごめく市民社会の多様な要求等に影響された権力行使の相互作用）の中で行われることを直視し[7]、そのメカニズムの解明に踏み込もうとしている点がとくに注目される。

4　開発研究の緊密化と学際化

こうしてみると、開発法学が開発経済学および開発政治学による問題分析の方法と成果から学ぶべきことがいかに多いかが実感される。その際、この三者を否応なしに引きつける結節点に存在するのが、**制度**（institution）にほかならない（【図表B】参照）。なぜなら、1990年代以降、開発を妨げている要因は、それぞれの社会に存在し、人々の行動を現実に制約している**諸々の制度**（institutions）であり、したがって、開発を促すためには**制度改革**（institutional reform）が不可欠であることは、三者間の共通認識になってきたからである。今や、どのような制度改革を、誰が主体となって、どのようなプロセスを経て実現するかが、三者の共通課題であるといえよう。その結果、開発法学・開発経済学・開発政治学の関係は緊密化している。例えば、

---

[6]　木村＝近藤＝金丸2011、とくに3-28頁（木村宏恒）、52-79頁（大坪滋）、80-114頁（近藤久洋）、143-165頁（近藤）、166-235頁（金丸裕志）、236-258頁（木村）、261-280頁（小林誉明）。

[7]　木村＝近藤＝金丸2013、とくに44頁（木村宏恒）、115頁（木村）、269-275頁（近藤久洋）。

【図表B】 開発経済学・開発政治学・開発法学の緊密化

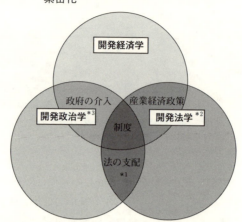

　*1　国づくりを支える憲法的慣行, 新開発国家と法の支配との調整
　*2　産業経済政策の策定に際しての国民との社会契約文書, その実施に際してのアンカー（錨）ないしラチェット（逆流防止装置）となる立法
　*3　強力・有能・効率的な官僚の育成, そうした官僚による経済成長・民主化を実際に促進することのできる開発政策の策定と実施
　出典：筆者作成。

　①国づくりを支える憲法の制定は、既存の政治権力の分布と中央集権化の状況、憲法的慣行（constitutional convention）の存在と内容を十分に踏まえたうえで、一定程度集権化が進んだ政治権力を背景にして形成された憲法的慣行を土台にして行う必要がある[8]。それを軽視した憲法宣言や憲法草案作成と国民投票が、政治権力に対していかに無力であるかということを、エジプトの例（本書第1章）やタイの例（本書第2章）が物語っている。ここでは、既存の政治権力の分布と中央集権化の状況、憲法的慣行の存在や内容を分析する際に、開発政治学の視点が有用である（【図表B】＊1参照）。
　②政府が開発政策を効率的に策定・実施するためには、法の支配の一環としての法律による行政の原理にどの程度厳格に拘束されるべきか、とりわけ、開発行政の場面において、政治・経済の状況（変化）に応じ、法の支配を柔軟に解釈・適用することを求める新開発国家（the New Developmental State）[9]の要請をどの程度汲み取ることができるかが、重要な問題になる。ここでもそうした要請の具体的内容と背景の分析について、開発政治学の分析視角が有益であろう（【図表B】＊1参照）。
　③政府が経済成長を促すべく、特定産業の育成、国内外の投資促進等、当

[8] このことについては、ネパールにおける2015年憲法の制定プロセス（本書第3章1）が参考になる。
[9] 「新開発国家」論の特色に関しては、松尾2012：242-243頁参照。

該国家の歴史と現在の発展段階に照らして相応しい産業経済政策を立案するには、開発経済学の知見が不可欠である。一方、そうした開発政策を立法化することは、政治状況による開発政策の動揺を防ぐ**アンカー**（錨）としての、または開発政策が後戻りすることを防止する**ラチェット**（逆流防止装置）としての効果をもつ。また、立法化のプロセスにおいて国民にその内容を明らかにし、その支持を得ることが、国民と政府との一種の社会契約として、それらを着実に実施する基盤にもなる（【図表B】＊2参照）。そうした立法化のプロセスは開発法学の分析対象である。

④当該国家の歴史と現状に鑑みて、経済成長や民主化を実際に促進することのできる開発政策を策定するためには開発経済学の知見が必要であるが、そうした開発政策を策定し、実施するためには、強力・有能かつ効率的な官僚の育成も不可欠であり、そのためには、開発政治学の知見も欠くことができない（【図表B】＊3参照）。

⑤取引費用を削減した市場システムをどのようにして構築することができるかは、民主化の推進との調整も加わり、1980年代以降、現在に至るまで、開発に向けた制度改革の中心課題であり続けている。ここでは、当該社会が求めている市場取引に適合する内容のルールを策定し、公正な裁判を行い、確定判決や法令を確実に執行することのできる、公平な第三者としての政府の介入とリードが不可欠であることも、今や明白である。それを実現するためには、開発法学、開発経済学、開発政治学の知見を総動員する必要がある。

さらに、人々がどのような場合に法令や確定判決、契約や慣習法を遵守するのか、法改正や新しい立法があった場合に人々がどのようにして既存のルールを廃し、新しいルールを受け容れるのか、そのための条件は何か、規範意識がどのように変化するのか等々の問題は、開発法学の分析対象であるとともに、人間の存在を個人としてだけでなく、様々な組織の一員として、社会の構造やそこにおけるコミュニティの存在意義との関係で分析する**開発社会学**の知見も有用であると考えられる[10]。

開発を持続可能なものとし、そのプロセスにおいて開発の意義や目標を絶えず考え続けるためにも、開発研究の様々な分野の緊密化と学際的協働はますます不可欠なものとなりつつあるように思われる。

---

[10] 恩田2001、佐藤＝浜本＝佐野＝滝村編著2015参照。

事項索引

〈あ〉

アーリア族 213
悪循環 34
アジア金融危機 72, 133, 145
アジアの奇跡 iii, 251
悪しき政府 244
アセアン経済共同体 iv, 251
アダット 182, 188
雨傘革命 106, 109
アラブの春 6, 244
アワミ連盟 232
アンカー 70, 247, 257
アングロ・ヒンドゥー法 217
アングロ・ムハンマダン法 217

〈い〉

イギリス型の議院内閣制 99
イギリス東インド会社 23, 217
イギリス・モデル 42
イスラム化 227, 234
イスラム教 181
イスラム協会（JI） 232
イスラム法 4
一国二制度 114
イングランド共和国 38
インセンティブ 8
インド国民会議 218
インド人民党 219
インド統治法 217
インドネシア文化 181
インド・パキスタン戦争 224, 226, 232

〈う〉

ヴァルナ 214
内蒙古自治区 175

〈え〉

エンコミエンダ制 192

〈お〉

王権神授説 36
王制社会主義 154
王政復古 39, 54
近江令 47
汚職の抑制 ii
恩赦法案 13
オンブズマン 21

〈か〉

カースト 216
カースト自治 217
カースト制度 214, 220
海外送金 31
戒厳令 235
外国投資奨励管理法 144
外国投資法 133, 184
外国民間投資法 237
外資による投資法 176
開発経済学 253
開発社会学 257
開発政治学 254
開発の国際法 252
開発の政治経済学 254
開発法学 252
戒律 140
改良主義 254
家産的国家 36
過渡期階級闘争の理論 122
カトリック信仰 192
ガバナンス指標 ii
家父長主義 104
カルヴァン派 38
環境保護法 135
慣習 87
環太平洋戦略的経済連携協定 iv
カンボジア王国 156
官民協調 63, 93
官民連携 212
官僚制国家 36

〈き〉

議会 35
議会開設 55
議会の優位 40
議会派 36
技術集約型産業（工業） 81, 101
逆流防止装置（ラチェット） 247, 257
教育法改革 41
共産党 80
業主権 79
行政裁判所 21
共通投資法 133
協同組合 155
共和制 143
浄御原令 47
銀行の設立 40
近代法 252

〈く〉

クー・デタ 12, 18, 24
クメール・イサラク 152
クメール帝国 139, 151
クメール・ルージュ 155
クローニー 195
グローバリズム iv
グローバル化 209

〈け〉

経済格差 18
経済格差の拡大 126
経済成長の政治 71
経済制度 9
経済 9
経済特区 125, 158, 237
刑法 55
契約自由の原則 132
権威主義 6
幻想 iii
憲法 55
憲法改正 235
憲法裁判所 21, 73
憲法宣言 3, 4, 5
憲法的慣行 28, 245, 256
権利章典 40
権利請願 36
権利宣言 40
権力の二重構造 28
権力分立原理 27
言論自由化政策 122

索引 259

〈こ〉

公共住宅建設事業………111
好循環………………22, 34
工場制………………41
港人治港………………110
高成長アジア経済
　………i, 19, 75, 86, 242
構造主義………………253
公地公民制…………47, 54
高度経済成長…………64
衡平を伴った成長………249
5か年計画………132, 147
国王至上法……………36
国王派…………………36
国際金融市場…………102
国際通貨基金……………7
国内投資法……………184
国民主権………………24
国民党…………………80
国民投票………………3
国民の安全……………44
国民の意思……………30
国民法典…………23, 32
国民民主連盟…………166
国連ネパール支援団……26
小作争議………………61
御成敗式目……………50
国家平和開発評議会…166
国家法秩序回復評議会…165
コミュナリズム………226
コメ担保融資制度…16, 18
コモン・ロー
　…………43, 86, 94, 103,
　　　　　108, 111, 230
雇用法…………………102

〈さ〉

再イスラム化……226, 230
最高裁判所長官弾劾事件…93
財産権の保障…………104
祭政一致の政治………150
再配分……………19, 22, 91
ザミーンダリ………218, 229
サラワク法令…………88
三一法…………………78
三印法典………………20
産業革命………………41
産業経済政策…………63
産業構造の高度化……81

産業振興法………71, 247
産業政策声明…………219
産業労働関係法………102
暫定憲法…………4, 23, 26
三民主義………………80
残留議会………………38

〈し〉

ジェントリ……………38
食封制…………………47
市場主義…………74, 249
市場友好的アプローチ…242
自然法…………………43
失業率…………………7
私的所有権制度………246
指導された経済………184
指導された民主主義…184
地主・小作人関係……61
シネチレル……………176
シビル・ロー………66, 74
司法アクセス…………21
司法の政治化………6, 10
司法の独立……………93
資本集約型産業（工業）
　………………81, 101
市民革命………………34
ジャイナ教……………202
社会契約………………102
社会主義市場経済……124
社会主義の計画経済…218
社会主義の適法性……136
社会主義の法治国家…136
ジャサ…………………172
ジャーティ……………216
シャリア裁判所………100
自由化………63, 92, 219
重化学工業……………81
重商主義………………53
修正主義…………74, 249
従属論……………252, 254
収奪の経済制度……11, 19
収奪の政治制度………11
集団主義………………104
儒教…………………67, 119
主権者…………………43
朱子学…………………67
荘園整理令……………48
上訴禁止法……………36
商人治港………………110
条約改正………………59

殖産興業………56, 58, 162
所有権の簡素化………40
所有権の保護…………40
自力更生政策…………154
新開発国家……………256
審議会制度……………92
新経済政策……………91
新古典派アプローチ…253
新産業育成法…………92
真実・和解委員会……33
新制度派アプローチ
　………………253, 254
人治主義………………67
シンハラ・オンリー政策
　………………………208
シンハラ語……………204
シンハラ人……………201
人民社会主義共同体…154

〈す〉

水平派…………………38
スンニ派…………………4

〈せ〉

正義……………………11
政教分離主義…………224
整合性…………………209
政治……………………9
政治経済学……………9
政治制度………………9
政治体……………9, 43
政治的安定……………207
政治的自由化…………185
政治的な文脈…………255
政治的プロセス………9
政治の安定性…………ii
政治の司法化………6, 28
成長と衡平……………63
成長に伴う再配分……91
制度…………iii, 8, 255
正当性…74, 83, 127, 245, 250
正統性……74, 79, 83, 127,
　　　　　135, 245, 250
制度的空白……………169
制度的連続性…………147
制度変化…………iii, 2
政府主導・民間主体
　………………64, 74, 92
政府による規制の質……ii
政府の効率性……………ii

政府の説明責任⋯⋯⋯⋯⋯ ii
政府の役割⋯⋯⋯⋯⋯⋯ 242
世界の成長センター⋯⋯ iv
世界連邦⋯⋯⋯⋯⋯⋯⋯ 172
絶対化⋯⋯⋯⋯⋯⋯⋯ 33, 243
絶対君主⋯⋯⋯⋯⋯⋯⋯ 36
絶対君主制⋯⋯⋯⋯⋯⋯ 24
絶対主義化⋯⋯⋯⋯⋯⋯ 43
全インド・ムスリム連盟
⋯⋯⋯⋯⋯⋯⋯⋯⋯⋯ 223
選挙管理内閣⋯⋯⋯⋯⋯ 27
選挙不正⋯⋯⋯⋯⋯⋯ 159
選挙法改正⋯⋯⋯⋯⋯⋯ 41
千戸制⋯⋯⋯⋯⋯⋯⋯ 172
潜在能力アプローチ⋯ 254
漸進的社会主義⋯⋯⋯ 164
専売条例⋯⋯⋯⋯⋯⋯⋯ 36

〈そ〉
村落⋯⋯⋯ 138, 151, 181, 214
村落調停⋯⋯⋯⋯⋯⋯ 147

〈た〉
大諫言⋯⋯⋯⋯⋯⋯⋯⋯ 36
大憲章(Magna Carta)⋯⋯ 35
大統領の直接選挙制⋯⋯ 98
大宝律令⋯⋯⋯⋯⋯⋯⋯ 47
大明律⋯⋯⋯⋯⋯⋯⋯⋯ 67
大約定⋯⋯⋯⋯⋯⋯⋯ 207
台湾ドリーム⋯⋯⋯⋯⋯ 82
台湾民事令⋯⋯⋯⋯⋯⋯ 78
多元的政治制度⋯⋯⋯⋯ 42
多元的法体制⋯⋯⋯⋯ 182
多セクター制の経済構造
⋯⋯⋯⋯⋯⋯⋯⋯⋯⋯ 132
タミル・イーラム解放の虎
⋯⋯⋯⋯⋯⋯⋯⋯ 201, 204
タミル語⋯⋯⋯⋯⋯⋯ 205
タミル人⋯⋯⋯⋯⋯⋯ 201
多民族国家⋯⋯⋯⋯⋯ 207
ダルマ⋯⋯⋯⋯⋯⋯ 202, 215

〈ち〉
地球的統治⋯⋯⋯⋯⋯ 253
地券の発行⋯⋯⋯⋯⋯⋯ 54
地租改正⋯⋯⋯⋯⋯⋯ 246
中央集権化
⋯⋯⋯⋯ 33, 35, 43, 47, 119,
161, 202, 216, 243
中華人民共和国⋯⋯⋯ 122

中華民国⋯⋯⋯⋯⋯ 80, 120
中国共産党⋯⋯⋯⋯⋯ 120
中小企業⋯⋯⋯⋯⋯⋯⋯ 82
朝鮮民事令⋯⋯⋯⋯⋯⋯ 68
超法規的措置⋯⋯⋯⋯⋯⋯ 6
長老派⋯⋯⋯⋯⋯⋯⋯⋯ 38
チンギス統治原理⋯⋯ 174
チンタナカーン・マイ⋯ 144

〈つ〉
ツー・ネイション論⋯⋯ 224
強い市民社会⋯⋯⋯⋯ 190

〈て〉
ティムール帝国⋯⋯⋯ 217
天安門事件⋯⋯⋯⋯⋯ 124
田土分給制度⋯⋯⋯⋯ 129
天皇⋯⋯⋯⋯⋯⋯⋯⋯⋯ 47

〈と〉
ドイモイ⋯⋯⋯⋯⋯⋯ 130
統一企業法⋯⋯⋯⋯⋯ 133
統一民法典⋯⋯⋯⋯⋯ 221
統一連邦案⋯⋯⋯⋯⋯ 224
投資促進法⋯⋯⋯⋯ 40, 92
投資の保護⋯⋯⋯⋯⋯⋯ 40
統治⋯⋯⋯⋯⋯⋯⋯⋯ 254
トーリー党⋯⋯⋯⋯⋯⋯ 39
徳政令⋯⋯⋯⋯⋯⋯⋯⋯ 51
特別統治主義⋯⋯⋯⋯⋯ 78
独立派⋯⋯⋯⋯⋯⋯⋯⋯ 38
土地改革⋯⋯⋯⋯⋯⋯⋯ 70
土地収奪⋯⋯⋯⋯⋯⋯ 159
土地税⋯⋯⋯⋯⋯⋯⋯⋯ 40
土地の私有化⋯⋯⋯⋯ 176
土地法⋯⋯⋯⋯ 135, 144, 176
土着の民主化⋯⋯⋯⋯ 221
特許の保護⋯⋯⋯⋯⋯⋯ 40
取引安全⋯⋯⋯⋯⋯⋯ 132

〈な〉
内国投資奨励法⋯⋯⋯ 133
内地延長主義⋯⋯⋯⋯⋯ 78
仲間=オロス⋯⋯⋯⋯ 171
ナショナリズム⋯⋯⋯ 142

〈に〉
二元的法体系⋯⋯ 129, 141, 152
二元的法体制⋯⋯⋯⋯ 182

〈の〉
農業集団化⋯⋯⋯⋯ 122.143
農地改革⋯⋯⋯⋯ 61, 83, 195
農地改革立法⋯⋯⋯⋯ 248
農本主義⋯⋯⋯⋯ 47, 51, 53

〈は〉
バタヴィア法令集⋯⋯ 181
発展の権利⋯⋯⋯⋯⋯ 252
発明の保護⋯⋯⋯⋯⋯⋯ 40
パドゥ⋯⋯⋯⋯⋯⋯⋯ 181
薔薇戦争⋯⋯⋯⋯⋯⋯⋯ 35
パラダイム転換⋯⋯⋯ 254
バラモン教⋯⋯⋯⋯ 202, 216
バランガイ⋯⋯⋯⋯⋯ 191
ハルタル⋯⋯⋯⋯⋯⋯ 234
バロン⋯⋯⋯⋯⋯⋯⋯⋯ 34
漢江の奇跡⋯⋯⋯⋯ 71, 73
反政府デモ⋯⋯⋯⋯⋯⋯ 13
パンチャヤット制度⋯⋯ 24

〈ひ〉
東アジア地域包括的経済連携
⋯⋯⋯⋯⋯⋯⋯⋯⋯⋯⋯ iv
東アジアの奇跡⋯⋯ i , 19, 75
ビジネス・エリート⋯ 111
非宗教主義⋯⋯⋯⋯ 232, 239
非常事態宣言
⋯⋯⋯⋯⋯ 5, 14, 24, 222, 235
1人あたりGDP⋯⋯⋯⋯ ii
非暴力不服従運動⋯⋯ 218
ビルマ社会主義計画党⋯ 165
ビルマ統治法⋯⋯⋯⋯ 162
ヒンドゥー教
⋯⋯⋯⋯ 24, 181, 202, 216

〈ふ〉
フォーク・カトリシズム
⋯⋯⋯⋯⋯⋯⋯⋯ 192, 198
フォトワ裁判⋯⋯⋯⋯ 239
富国強兵⋯⋯⋯⋯⋯⋯ 162
武士⋯⋯⋯⋯⋯⋯⋯⋯⋯ 50
不処罰⋯⋯⋯⋯⋯⋯⋯⋯ 33
武装解除⋯⋯⋯⋯⋯ 35, 52
仏教⋯⋯⋯⋯⋯⋯ 181, 202
仏教の王権思想⋯⋯⋯ 157
物品税⋯⋯⋯⋯⋯⋯⋯⋯ 40
普遍妥当性⋯⋯⋯⋯⋯⋯⋯ 6
ブミプトラ⋯⋯⋯⋯⋯⋯ 87

索引 261

プラダータ……………181
フランス型の大統領制……99
プランテーション
　………………87, 152, 204
フルセット主義…………187
文化大革命………………123

〈へ〉

ベトナム共産党…………129
ベトナム戦争……………130
ベトナム民主共和国……130

〈ほ〉

ホイッグ党…………………39
貿易・為替自由化計画……63
法家思想……………47, 119
包括性……………………209
包括的農地改革法………196
法教育……………………250
法規類編……………………68
法三号………………………78
法制度………………………10
法制度整備支援…………253
包摂的………………………11
包摂的経済制度……………11
包摂的政治制度……………11
包摂的制度…………………32
包摂的な参加……………246
包摂的な発展……………247
法治……………118, 124, 136
法治主義……………………67
法の多元主義……………182
法典編纂………………21, 59
法の一元化………………182
法の支配
　……ii, 28, 42, 114, 136, 250
法の支配指標………………ii
法の支配ユビキタス世界
　…………………………253
法の本質……………………6
法をつくる法………………10
保護民問題…………………20
香港特別行政区…………108

〈ま〉

マオイスト…………………23

マニュファクチャ…………41
マヌ法典…………………214
マハーバーラタ…………216
マレー人優遇政策……88, 98
満州事変…………………120
曼荼羅国家………………138

〈み〉

緑の革命……………90, 218
民事訴訟法…………145, 157
民事法条例……………87, 97
民衆のクー・デタ…………13
民衆の力…190, 195, 197, 198
民主化
　……73, 110, 122, 178, 185
民主カンプチア…………155
民商法典……………………21
民族意識…………………192
民族主義運動……………163
民法……………55, 135, 157, 176
民法典編纂…………………59

〈む〉

ムガル帝国………………217
霧社事件……………………75
ムスリム・コミュナリズム
　…………………………226
むち打ち刑………………104

〈め〉

明刑輔教…………………119
メコン地域…………………iv
メタ・ルール………6, 10, 33

〈も〉

モノカルチャ構造………194
模範議会……………………35
モンゴル人民共和国……175
モンゴル帝国……………172

〈ゆ〉

遊牧騎馬民族国家………171
輸出加工区………………237
輸出志向工業化政策………81
輸出志向の規制緩和……185
輸出主導型工業化…………92

輸出振興策…………………71
輸入代替工業化政策………81
輸入代替政策………………90

〈よ〉

良い政府…………………252
良い統治……………44, 252

〈ら〉

ラーマーヤナ……………216
ラーンサーン王国………139
ラオ・イサラ……………142
ラオス人民民主共和国…143
ラナ・プラザ事件………238

〈り〉

リージョナリズム…………iv
リープ・フロッグ戦略…101
リグ・ヴェーダ…………213
理性……………………44, 60
立憲政体の詔書……………54
立憲主義……………………6
立憲的権威主義体制……104
律令…………………………47
理由…………………………11
留保制度…………………220

〈る〉

累進課税……………………41

〈れ〉

霊媒………………………139
連邦団結発展党…………166

〈ろ〉

労働集約型産業………81, 101
労働集約型製造業………112
労働法……………………135
ローマ法……………………43
六三法………………………76

〈わ〉

ワーレル―法典…………161

人名索引

〈あ行〉

アークライト, リチャード……40
アーメド……234
アウン・サン……164
アウン・サン・スー・チー……166
アウン・チー……167
アウン・ミン……160
青木周蔵……59
アギナルド……193
アキノ, B（ベグニノ）……190
アキノ, C（コラソン）……190, 195, 249
アキノ 3 世, B（ベグニノ）……197
足利尊氏……51
足利義満……52
足利義持……52
アショーカ王……214
アセモグル……8
アチャルヤ, ナラハリ……30
アニルッダ王……161
アヌウォン王……139
アピシット, ウェーチャチーワ……13
アレクサンドロス……214
アロヨ……196
アン, ドゥオン（王）……151
安藤利吉……80
イエン, サリ……155
生田精……59
石井照久……81
板垣退助……55
伊藤博文……46, 55, 58
井上馨……46, 59
井上毅……55
イノケンティウス 3 世……35
岩倉具視……54
インラック, シナワトラ……13
ヴィジャヤバーフ 1 世……202
ウィレム 3 世……39
ウー, アウン・ゼーヤ……161
ウー, ソオ……164
ウー, ヌ……164

厩戸王子……47
ウンゲルン……175
江川秀文……81
エストラーダ……196
エドワード 1 世……35
エドワード 4 世……35
榎本武揚……59
エリザベス 1 世……36
エリザベス・オブ・ヨーク……25
エルシャド, ムハマド……234
エルベグドルジ……170
袁世凱……120
王洪文……123
大木喬任……59
大久保利通……58
大隈重信……55, 58, 59
岡松参太郎……79
オゲデイ……172
織田信長……52
小野清一郎……81
オプラー, A（アルフレッド）……62

〈か行〉

カイソーン, プンウィハーン……143
ガウタム, バムデブ……30
郭子興……174
何俊仁（ホー・チュンヤン）……109
カダフィ……244
カナル, ジャラ・ナト……27
兼子一……81
樺山資紀……76
ガルダン……174
川島武宜……81
ガンディー, インディラ……218
ガンディー, M（マハトマ）……218, 224
ガンディー, ラジーヴ……219
ガンディー, ラフル……212
韓非……119
菊井維大……81
魏徳聖（ウェイ・ダーシェン）……75

ギャネンドラ国王……24
ギラニ, Y（ユースフ）……227
金鐘泌（キム・ジョンピル）……71
キン・ニュン……166
クック, エドワード……43
グユグ……172
クリントン, ビル……104
クロムウェル, オリバー……38, 44
クロムウェル, トマス……36
クロムウェル, リチャード……39
クロンプトン, サミュエル……40
ケイ, ジョン……40
ケソン……194
阮恵（グエン・フエ）……129
阮福暎（嘉隆帝）……129
乾隆帝……129
コイララ, スシル……30
康熙帝……174
江青……123
公孫鞅（商鞅）……119
ゴー, チョクトン……100
呉権……128
後三条天皇……48
後白河天皇……50
後醍醐天皇……51
児玉源太郎……79
後藤新平……79

〈さ行〉

サム, ランシー……159
ザルダリ, A（アースィフ）……227
サレー……93, 94
サワンワッタナー皇太子（国王）……142, 143
ジア, カレダ……234
シーサワンウォン王……142
ジェームズ 1 世……36
ジェームズ 2 世……39
ジェブツォンダンバ活仏 8 世……174
始皇帝（政王）……119, 128

シソワット，ユットヴォン
　　……………………152
シソワット1世…………152
シハヌーク王……152, 154, 156
ジャックマン，ロラン……21
ジャトイ，G（グラーム）
　　……………………227
ジャマーリー，Z（ザファ
　ッラー）……………227
ジャヤヴァルマン1世……150
ジャヤヴァルマン2世……150
ジャヤヴァルマン7世……151
ジャヤヴァルマン8世……151
ジャヤワルダナ…………205
シャリフ，N（ナワーズ）
　　……………………222
周恩来……………………107
習近平………………118, 170
朱元璋……………………174
順治帝……………………174
蒋介石………………80, 120
蒋経国……………………84
昭統帝……………………129
ジョコ………………180, 186
ジョン（イングランド王）
　　………………………34
白河天皇…………………50
シリセナ…………………200
シン，M（マンモハン）
　　……………………212
ジンナー，M（ムハンマド）
　　………………223, 224
シンビューシン王………161
スールヤヴァルマン2世
　　……………………150
スカルノ………………180, 183
鈴木竹雄…………………81
ステープ，トゥアクスパン
　　………………………13
崇徳天皇…………………50
スパヌウォン……………143
スハルト…………………184
スフバータル……………175
スラマリット……………154
スリニャウォンサー王……139
スワンナ，プーマ………142
成宗………………………67
世祖………………………67
世宗………………………67
セタティラート王………139

宣統帝（溥儀）………78, 120
曽蔭権……………………108
ソー・ウィン……………166
ソオ・マウン……………165
ソムチャーイ，ウォンサワッ
　ト………………………13
孫文…………………80, 120

〈た行〉

ダービー，エイブラハム…40
タクシン，チナワット……13
田中耕太郎………………81
田沼意次…………………53
ダハル，プスパ・カマル
　（プラチャンダ）………26
タフト……………………193
タン・シュエ……………166
団藤重光…………………81
チェイチェスター王……151
チャールズ1世……………36
チャールズ2世………39, 44
チャオ，ニュイ王子……141
チャニャスー2世………161
チャンドラグプタ………216
チュオン，チン……131, 132
チョイバルサン…………175
張勉（チャン・ミョン）…71
張春橋……………………123
趙紫陽……………………124
チョー・サン……………167
チョードリー，I（イフティ
　カル）…………………222
陳儀………………………80
チンギス…………………172
陳水扁（チェン・シュイピェ
　ン）……………………84
ティーボー王……………162
鄭成功（チェン・チェンコ
　ン）………………………76
ディペンドラ皇太子……24
テイン・セイン…………166
デーヴァラーヤ2世……203
テグステムル……………174
テヒョー，E（エドゥアル
　ト）………………………59
デムチグドンロブ（徳王）
　　……………………175
テューダー，ヘンリー……35
天智天皇（中大兄皇子）…47
天武天皇…………………47

唐英年……………………108
薫建華……………………108
鄧小平………………108, 123, 124
徳川家光…………………53
徳川家康…………………53
徳川秀忠…………………53
徳川慶喜…………………54
トゴーンテムル…………174
鳥羽天皇…………………50
豊臣秀吉（羽柴秀吉）……52
豊臣秀頼…………………53
トリプバン国王……………24

〈な行〉

中大兄皇子（天智天皇）…47
ナギブ，ファティ…………7
ニャウンヤン王…………161
ニューコメン，トーマス…40
ヌーハック，プンサワン
　　……………………143
ヌルハチ…………………174
ネ・ウィン………………165
ネパール，マダブ・クマル27
ネムバン，スパス・チャンド
　ラ………………………27
ネルー，J（ジャワハルラー
　ル）………………212, 218
ノース，D（ダグラス）
　　……………………iii, 9
ノロドム王…………151, 152

〈は行〉

バーブル…………………217
ハーン，A（アユーブ）
　　……………………225
ハーン，Y（ヤヒヤー）
　　……………………226
バイディア，モハン………29
バインナウン王…………161
パガン王…………………162
ハシナ，シェイク……233, 235
ハック，Z（ジア・ウル）
　　……………………226
バッタライ，ババラム……27
パッテン…………………108
バドゥー，ジョルジュ……21
ハビビ……………………185
パラークラマバーフ1世
　　……………………202
原敬………………………78

ハリソン……………………194
ハリハラ（1世）…………203
バンダーラナーヤカ………204
ピラール，デル……………192
ビレンドラ国王………………24
ファーグム王…………139, 140
ファム，ヴァン・ドン……155
プーミー，ウォンウィチット
　……………………………143
フォレンホーフェン，ファン
　……………………………182
フセイン，M（マムヌーン）
　……………………………227
ブット，B（ベーナズィー
　ル）………………………222
ブット，Z（ズルフィカー
　ル）………………………226
武帝…………………………128
フビライ………………139, 172
プミポン国王…………………14
プラチャ，プロムノック…13
プラブハカラン……………205
プラボウォ…………………180
プリトゥビ・ナラヤン（グル
　カ王シャハ）………………23
フン，セン……………156, 159
ヘイスティングズ，W（ウォ
　ーレン）…………………217
ペッサラート，ラタナウォン
　……………………………142
ペリー…………………………53
ヘン，サムリン……………156
ヘンリー3世…………………35
ヘンリー7世…………………35
ヘンリー8世…………………36
ボアソナード，G（ギュスタ
　ーヴ）………………………59
北条高時………………………51
北条泰時………………………50
ホーチミン……………129, 130
朴正熙（パク・チョンヒ）
　………………………………71

ホッブズ，トマス……………43
ポル・ポト……………150, 155
ホンタイジ…………………174

〈ま行〉

政尾藤吉………………………21
マゼラン……………………192
松方正義………………………61
松平定信………………………53
マハティール…………93, 94
マハト，ラム・サラン………30
マヘンドラ国王………………24
マルコ・ポーロ……………173
マルコス…………190, 195, 248
マン，プラカシュ……………30
マンク，ジョージ……………39
マンスール，アドリー・マフ
　ムード………………………5
源頼朝…………………………50
宮沢俊義………………………81
ミンチーニョウ王…………161
ミンドン王…………………162
ムシャラフ，P（パルヴェー
　ズ）………………………222
陸奥宗光………………………59
ムバラク，ムハンマド・ホス
　ニー…………………3, 243
メアリー2世…………………39
明成王后………………………68
メガワティ…………………185
毛沢東……………………121, 123
モディ，N（ナレンドラ）
　……………………………212
モルシ，ムハンマド…………4
モンフォール，シモン・ド
　………………………………35
モンヘ………………………172

〈や行〉

ヤーダブ，ラムバラン………26
ヤショヴァルマン1世……150
山尾庸三………………………46

ユドヨノ……………………185
姚文元………………………123

〈ら行〉

ラーマ1世……………………20
ラーマン，M（ムジブル）
　……………………226, 232
ラーマン，ジアウル………233
ラーマン，トゥンク・アブド
　ゥル…………………………98
ラジャパクサ…………200, 205
ラッフルズ……………………96
ラナ，ジャンガ・バハドゥー
　ル……………………………23
ラナリット…………………156
ラモス………………………196
リー，クアン・ユー
　…………………………98, 100
リー，シェンロン…………100
リサール，ホセ……………192
李斯…………………………119
李自成………………………174
李承晩（イ・スンマン）…70
李成桂（太祖）………………67
リチャード3世………………35
李貴…………………………128
劉少奇………………………123
梁振英………………………108
レ・ズアン…………………132
黎桓…………………………128
黎利…………………………129
レガスピ……………………192
レグミ，キル・ラジュ………27
ロエスレル，K（カール）
　………………………………59
ロビンソン……………………8
ロン，ノル…………………155

〈わ行〉

我妻榮………………………81
ワット，ジェームズ…………40
ワヒド………………………185

参考文献

邦文（編著者名の五十音順による）

【あ】
- アーイシャ・ジャラール／井上あえか訳（1999）『パキスタン独立』（勁草書房）。
- 鮎京正訓編（2009）『アジア法ガイドブック』（名古屋大学出版会）。
- 鮎京正訓（2009）「ベトナム」鮎京編2009：156-187頁。
- 浅沼信爾＝小浜裕久（2007）『近代経済成長を求めて——開発経済学への招待』（勁草書房）。
- ——（2013）『途上国の旅——開発政策のナラティブ』（勁草書房）。
- 浅沼信爾＝橋本敬市＝松尾弘（2014）「鼎談 法整備支援は途上国の発展に寄与しうるか？」法学セミナー709号8-21頁。
- 浅野宜之（2009a）「インド」鮎京編2009：314-343頁。
- ——（2009b）「パキスタン」鮎京編2009：344-357頁。
- アセモグル＝ロビンソン／鬼澤忍訳（2013）『国家はなぜ衰退するのか——権力・繁栄・貧困の起源（上・下）』（早川書房）。
- 網野善彦（1997）『日本社会の歴史（上・中・下）』（岩波新書）。

【い】
- 飯泉華子＝上田広美（1999、2000、2002）「カンボジア慣習法(1)～(3)」東京外大東南アジア学5巻114-124頁、6巻163-175頁、7巻250-262頁。
- 飯田順三（2009）「タイの法・司法改革の制度的変遷」今泉編2009：21-36頁。
- 池端雪浦編／深見純生＝弘末雅士＝鈴木恒之＝早瀬晋三著（1999）『新版 世界各国史6 東南アジア史Ⅱ 島嶼部』（山川出版社）。
- 石井米雄＝桜井由躬雄編／新田栄治＝伊東利勝＝飯島明子＝北川香子＝根本敬＝村嶋英治＝末廣昭著（1999）『新版 世界各国史 5 東南アジア史Ⅰ 大陸部』（山川出版社）。
- 石岡浩＝川村康＝七野敏光＝中村正人（2012）『史料からみる中国法史』（法律文化社）
- 石澤良昭（1984）「カンボジア・アンコール時代の法廷と訴訟問題」東洋史研究43巻2号338-361頁。
- 石田暁恵（2002）「移行過程における法・制度——ベトナムにおける企業制度変容の過程」作本編2002：93-117頁。
- 石塚二葉（2004）「ベトナムの市場経済化・工業化と国家の制度能力」黒岩編2004a：169-208頁。
- 石部公男（1991）「モンゴル人民共和国における市場経済化と私有制の一考察」聖学院大学論叢4巻1号37-53頁。
- 伊藤潔（1993）『台湾——四百年の歴史と展望』（中公新書）。
- 伊藤俊行（2014）「アジアの法整備支援」読売新聞2014年2月21日11頁。
- 今泉慎也編（2009）『タイの立法過程とその変容』（アジア経済研究所）。
- 今泉慎也（2014）「調停者なき政治危機——揺らぐタイの民主主義」法学セミナー709号、31-34頁。
- 井上あえか「パキスタンの現在の政治体制・政治制度」中東の民主化と政治制度の展望（http://www.l.u-tokyo.ac.jp/~dbmedm06/me_d13n/database/pakistan/pakistan_all.html）。
- 李範俊（イボムジュン）／在日コリアン弁護士協会訳（2012）『憲法裁判所——韓国現代史を語る』（日本加除出版）。
- 李範燦（イボンチャン）＝石井文廣編著（2008）『大韓民国法概説』（成文堂）。
- 李英美（イヨンミ）（2005）『韓国司法制度と梅謙次郎』（法政大学出版局）。
- 尹龍澤（インリュウタク）＝姜京根（カンキョングン）編著（2004）『現代の韓国法——その理論と動態』（有信堂高文社）。
- 尹龍澤（インリュウタク）（2009）「韓国」鮎京編2009：38-71頁。

【う】
- 上田義朗（2012）「ベトナム経済成長の安定化に向けて——日本の中堅中小企業に期待される役

割」流通科学大学論集（経済・情報・政策編）21巻1号57-72頁。
・鵜飼信＝福島正夫＝川島武宜＝辻清明責任編集（1958a）『講座日本近代法発達史4』（勁草書房）。
・―――（1958b）『講座日本近代法発達史5』（勁草書房）。
・宇田川幸則（2009）「中国」鮎京編2009：10-37頁。
・内野正幸（2012）「判批」『行政判例百選Ⅱ（第6版）』（有斐閣）524-525頁。
・浦田秀次郎＝小島眞＝日本経済研究センター編著（2012）『インドvs.中国』（日本経済新聞出版社）。

【え】
・絵所秀紀（1997）『開発の政治経済学』（日本評論社）。
・―――（2008）『離陸したインド経済』（ミネルヴァ書房）。
・遠藤湘吉（1958）「財政制度（法体制準備期）」鵜飼ほか編1958a：1-94頁。

【お】
・大蔵省（1954年8月）『今後の経済政策の基本的考え方』。
・大野健一＝桜井宏二郎（1997）『東アジアの開発経済学』（有斐閣）。
・大野拓司＝寺田勇文編著（2009）『現代フィリピンを知るための61章（第2版）』（明石書店）。
・岡孝＝沖野眞已＝山下純司編（2009）『東アジア私法の諸相――東アジア比較私法学の構築のために』（勁草書房）。
・岡松参太郎（1905）「日本民法の欠点を論じて台湾立法に対する希望に及ぶ」台湾慣習記事5巻3号（台湾慣習研究会）195-208頁。
・沖野眞已（2009）「動産・債権担保法制――鄭論文へのコメントを兼ねて」岡＝沖野＝山下編2009：93-115頁。
・奥平龍二（1988）「スリランカ伝統法の比較的特徴――インド文化圏において」千葉編1988：61-109頁。
・―――（2002）『ビルマ法制史研究入門』（日本図書刊行会）。
・尾高煌之助＝三重野文晴編著（2012）『ミャンマー経済の新しい光』（勁草書房）。
・オプラー／内藤頼博監／納谷廣美＝高地茂世訳（1990）『日本占領と法制改革――GHQ担当者の回顧』（日本評論社）。
・恩田守雄（2001）『開発社会学――理論と実践』（ミネルヴァ書房）。

【か】
・戒能道厚（1980）『イギリス土地所有権法研究』（岩波書店）。
・外務省（2013）「カンボジア王国基礎データ」（2013年9月26日）。
・―――（2014）「ベトナム基礎データ」（2014年）。
・―――（2015）「インドネシア共和国基礎データ」（2015年3月18日）。
・―――（2016）外務省「バングラデシュ基礎データ」（2016年6月8日）。
・郭洋春（カクヤンチュン）（2010）『開発経済学――平和のための経済学』（法律文化社）。
・片倉穣（1987）『ベトナム前近代法の基礎的研究』（風間書房）。
・勝田有恒（1996）「グレーの法文化」比較法史学会編1996：281-296頁。
・門田孝（2007）「ミャンマー連邦」萩野＝畑＝畑中編2007：497-530頁。
・金岡秀郎（2012）『モンゴルを知るための65章（第2版）』（明石書店）。
・金子由芳（2009）「土地法改革における法的多元主義の克服」国際協力論集16巻3号、69-103頁。
・―――（2010）『アジアの法整備と法発展』（大学教育出版）。
・金澤真美（2015）「2014年のバングラデシュ」アジア経済動向年報2015（アジア経済研究所）512-514頁。
・辛島昇編／山崎元一＝小谷汪之＝長崎暢子著（2004）『新版 世界各国史7 南アジア史』（山川出版社）。
・カラム＝ラジャン／島田卓監修（2007）『インド2020』（日本経済新聞出版社）。
・川村雄介＝大和総研（2011）『ミャンマー開国』（きんざい）。
・姜京根（カンキョングン）（2004）「インターネットによる韓国の法制・法学への接近」尹＝姜編著2004：259-268頁。

・簡玉聰（チェンユッツン）（2009）「台湾」鮎京編2009：74-101頁。
・韓国憲法裁判所編／徐元宇（ソゲンウ）ほか訳（2000）『韓国憲法裁判所10年史』（信山社）。
【き】
・来生新（1996）『産業経済法』（ぎょうせい）。
・木曽順子（2011）「インド労働市場の変容と労働者のモビリティ」アジア経済52巻2号23-57頁。
・北村一郎編（2004）『アクセスガイド外国法』（東京大学出版会）。
・木村宏恒＝近藤久洋＝金丸裕志（2011）『開発政治学入門──途上国開発戦略におけるガバナンス』（勁草書房）。
・──（2013）『開発政治学の展開────途上国開発戦略におけるガバナンス』（勁草書房）。
・木村陸男（1988）「1988年のマレーシア──ポスト90年体制の構築に向けて」アジア経済研究所・アジア動向データベース356-363頁。
・木間正道＝鈴木賢＝高見澤磨＝宇田川幸則（2012）『現代中国法入門（第6版）』（有斐閣）。
【く】
・日下部尚徳「バングラデシュの民主化の経緯」
(http://www.l.utokyo.ac.jp/~dbmedm06/me_d13n/database/bangladesh/bangladesh_all.html)。
・クラーク、G・／久保恵美子訳（2015）『格差の世界経済史』（日経BP社）。
・黒岩郁雄編（2004 a）『国家の制度能力と産業政策』（アジア経済研究所）。
・──（2004 b）『開発途上国におけるガバナンスの諸課題』（アジア経済研究所）。
・黒岩郁雄（2004）「インドネシアの経済危機とガバナンス──汚職、契約履行、所有権の保護」黒岩編2004b：95-141頁。
・黒岩郁雄＝高橋和志＝山形辰史編（2015）『テキストブック開発経済学（第3版）』（有比較ブックス）。
・黒崎卓＝子島進＝山根聡編（2004）『現代パキスタン分析──民族・国民・国家』（岩波書店）。
・桑原尚子（2009）「マレーシア」鮎京編2009：240-266頁。
・──（2012）「『アラブの春』と法変動：体制移行・民主化における法・司法」慶應義塾大学法科大学院「開発法学WP」講義資料（2012年12月18日）。
・──（2015/2016）「イスラームと立憲主義をめぐる問題の諸相：歴史的コンテクストから考える(1)・(2・完)」ICD NEWS65号8-13頁／66号5-12頁。
【こ】
・公安調査庁（2014）『国際テロリズム要覧』（2014年版）。
・高翔龍（コウショウリュウ）（2004）「韓国法」北村編2004：331-368頁。
・──（2010）『韓国法〔第2版〕』（信山社）。
・国際協力機構（JICA）（2013）『貧困プロファイル──インド2012年度版』（JR/基盤/13-109）。
・（財）国際協力推進協会（1998）『パキスタン』。
・国際貿易投資研究所（2009）『ベトナムの経済発展要因・課題と我が国との経済関係の方向性（平成20年度）』。
・小口彦太＝田中信行（2012）『現代中国法（第2版）』（成文堂）。
・後藤一美（1995）「「東アジアの奇跡」にみる開発経済学の蘇生」法学研究68巻11号181-203頁。
・後藤乾一責任編集（2002）『岩波講座　東南アジア史・第8巻・国民国家形成の時代』（岩波書店）。
・後藤武秀（2009）『台湾法の歴史と思想』（法律文化社）。
・小林昌之＝今泉慎也編（2002）『アジア諸国の司法改革』（アジア経済研究所）。
・小松久男／林俊雄＝梅村坦＝濱田正美＝堀川徹＝石濱裕美子＝中見立夫編（2000）『新版　世界各国史4　中央ユーラシア史』（山川出版社）。
【さ】
・在バングラデシュ日本大使館（2013）「バングラデシュ経済概況」（2013年4月）。
・在香港日本国総領事館・経済班（2014）「香港・マカオ経済概観」（2014年6月）。
・佐久間平喜（1993）『ビルマ（ミャンマー）現代政治史（増補版）』（勁草書房）。
・作本直行編（2002）『アジアの経済社会開発と法』（アジア経済研究所）。
・作本直行＝今泉慎也編（2003）『アジアの民主化過程と法』（アジア経済研究所）

・桜井由躬雄＝石澤良昭（1988）『世界現代史7　東南アジア現代史Ⅲ　ヴェトナム・カンボジア・ラオス（第2版）』（山川出版社）．
・櫻谷勝美（2002/2003）「モンゴルの市場経済化（上）・（下）」三重大学法経論叢19巻2号33-54頁／20巻2号27-40頁．
・佐々木教悟編（1981）『戒律思想の研究』（平楽寺書店）．
・佐藤創（2009）「バングラデシュ」鮎京編2009：358-382頁．
・佐藤創編（2010）『パキスタン政治の混迷と司法——軍事政権の終焉と民政復活における司法部のプレゼンスをめぐって』（アジア経済研究所）．
・佐藤寛＝浜本篤史＝佐野麻由子＝滝村卓司編著（2015）『開発社会学を学ぶための60冊——援助と発展を根本から考えよう』（明石書店）．
・佐藤幸人（2001）「「台湾」経済の発展・衰退・再生に関する研究会『報告書』（財務省財務総合政策研究所）238-267頁．
・佐藤百合（2011）『経済大国インドネシア』（中公新書）．

【し】
・司馬遷／小竹文夫,＝小竹武夫訳（1995）『史記』（筑摩書房）．
・島田弦（2009）「インドネシア」鮎京編2009：130-155頁．
・島田正郎（1995）『北方ユーラシア法通史』（創文社）．
・周達観（シュウタツカン）／和田久徳訳注（1989）『真臘風土記——アンコール期のカンボジア』（平凡社）．
・白石昌也（1993）『ベトナム』（東京大学出版会）．

【す】
・杉本良男＝高桑史子＝鈴木晋介編著（2013）『スリランカを知るための58章』（明石書店）．
・鈴木康二（1996）『ベトナム民法』（JETRO）．
・鈴木恵美（2013）「エジプト社会の二極化にみる移行プロセスの考察：憲法宣言を中心に」平成24年度外務省国際問題調査研究・提言事業『「アラブの春」の将来』（日本国際問題研究所）27-40頁．
・鈴木基義（2009）『ラオス経済の基礎知識』（ジェトロ）．
・鈴木敬夫（1989）『朝鮮植民地統治法の研究——治安法下の皇民化教育』（北海道大学図書刊行会）．

【せ】
・瀬戸裕之（2009）「ラオス」鮎京編2009：267-239頁．
・詹森林（センシンリン）／宮下修一訳（2009）「台湾における民法典の制定」民法改正研究会2009：409-420頁．

【た】
・戴暁芙（2012）「中国経済成長の原動力とその変化」AIBSジャーナル6号34-40頁．
・高木八尺＝末延三次＝宮沢俊義編（1957）『人権宣言集』（岩波文庫）．
・高田峰夫（2000）「フォトワバジ」修道法学22巻1＝2合併号125-164頁．
・高野さやか（2015）『ポスト・スハルト期インドネシアの法と社会』（三元社）．
・高橋邦夫（2013a）「最近のネパール情勢（私見）」（2013年5月末現在）．
・——（2013b）「ネパールにおける第二回制憲議会選挙（私見）」2013年11月25日）．
・高橋基樹＝福井清一編（2008）『経済開発論——研究と実践のフロンティア』（勁草書房）．
・高見澤磨（2014）「我妻榮の中華民国民法典註解と満州民法への言及——『新発見』の資料の紹介を中心に」法政論集255号183-198頁．
・滝口良（2009）「土地所有者になるために」北方人文研究2号43-61頁．
・竹山道雄（1959）『ビルマの竪琴』（新潮社）．
・田中信行編（2013）『入門中国法』（弘文堂）．
・田中英夫（1957a）「権利章典」高木＝末延＝宮沢編1957：78-89頁．
・——（1957b）「マグナ・カルタ」高木＝末延＝宮沢編1957：34-54頁．
・田辺明生（2010）『カーストと平等性』（東京大学出版会）．
・タン・ミンウー／秋元由紀訳（2013）『ビルマ・ハイウェイ』（白水社）．

【ち】
・千葉正士編著（1988）『スリランカの多元的法体制——西欧法の移植と固有法の対応』（成文堂）.
・朝克図（チョクト）（2010）『チンギス・カンの法』（山川出版社）.
・陳自強（チンジキョウ）／黄浄愉（コウジョウユ）＝鈴木賢訳（2011）「台湾民法の百年——財産法の改正を中心として」北大法学論集61巻3号968-910頁.
・陳振雄（チンシンユウ）（2002）「戦後台湾の経済発展における農地改革の役割について」地域政策研究5巻1号59-79頁.

【て】
・暉峻創三（2012）「奇跡の成長期を迎えた台湾映画」交流851号27-30頁.

【と】
・東京大学教養学部・日本史研究室編（1961）『日本史概説』（東京大学出版会）.
・戸堂康之（2015）『開発経済学入門』（新世社）.
・富田広士（2013）「アラブ民主化の行方——エジプトを中心に」法学研究86巻1号3-37頁.
・富永健一（1990）『日本の近代化と社会変動』（講談社）.

【な】
・中園和仁（2014）「香港 民主化運動の背景とその意味」NHK視点・論点2014年11月11日.
・中西嘉宏＝小田尚也（2010）「パキスタン政治の混迷と司法」佐藤編2010：9-35頁.
・中野聡（2002）「日本占領の歴史的衝撃とフィリピン——奪われた選択肢」後藤（乾一）編2002：57-82頁.
・中野勝一（2014）『パキスタン政治史』（明石書店）.
・中村勝己（1994）『世界経済史』（講談社）.
・中村治兵衛（1953）「台湾の土地改革」農業総合研究7巻2号263-272頁.
・中村哲（1958）「植民地法（法体制確立期）」鵜飼ほか編1958b：173-206頁.
・中村真咲（2009）「モンゴル」鮎京編2009：102-128頁.
・中村政則＝春日豊＝石井寛治（1988）『日本近代思想大系8 経済構想』（岩波書店）.
・中村雄二郎（1967）『近代日本における制度と思想』（未來社）.

【に】
・西澤希久男（2009）「タイ」鮎京編2009：214-239頁.
・西英昭（2009）『『臺灣私法』の成立過程——テキストの層位学的分析を中心に』（九州大学出版会）.
・日本法哲学会編（2015）『法哲学年報2014』（有斐閣）.

【ね】
・根本敬（2002）「ビルマの独立——日本占領期からウー・ヌ時代まで」後藤（乾一）編2002：173-202頁.

【の】
・ノース、D・／竹下公視訳（1994）『制度・制度変化・経済成果』（晃洋書房）.
・ノース、D・＝トマス／速水融＝穐本洋哉訳（1994）『西欧世界の勃興〔増補版〕』（ミネルヴァ書房）.
・野村豊弘（2006）「ベトナム民法典の主要な改正点」ICD NEWS 27号21-26頁.

【は】
・萩野芳夫＝畑博行＝畑中和夫編（2007）『アジア憲法集（第2版）』（明石書店）.
・服部民夫（1992）『韓国——ネットワークと政治文化』（東京大学出版会）.

【ひ】
・比較法史学会編（1996）『文明装置としての国家（比較法史研究5）』（未來社）.
・比島調査委員会編（1943）『極秘比島調査報告（南方軍政関係史料11）第1巻』（1943年、復刻・龍渓書舎・1993年）.
・広中俊雄（1986）『第九回帝国議会の民法審議』（有斐閣）.

【ふ】
・深沢瞳（2013）「制度改革と法整備支援Ⅰ」慶應義塾大学大学院法務研究科リサーチ・ペーパー平成25年度.

・──（2014）「制度改革と法整備支援Ⅱ」慶應義塾大学大学院法務研究科リサーチ・ペーパー平成26年度．
・福井勇次郎（1942）「仏印法制の複雑性」法律時報16巻10号14-25頁．
・──（1951）「仏印法制管見」比較法雑誌1巻4号19-61頁．
・フランシス／会田弘継訳（2013）『政治の起源（上）』（講談社）．

【ほ】
・ホアン・テェ・リエン（2006）「ベトナム2005年民法典制定過程におけるベトナムと日本の協力について」ICD NEWS 27号，11-16頁．
・法教育フォーラム（http://www.houkyouiku.jp/）．
・法務省「法教育」（http://www.moj.go.jp/housei/shihouhousei/index2.html）．
・星野通編著（2013）『民法典論争資料集（復刻増補版）』（日本評論社）．
・ホッブズ／田中浩＝重森臣広＝新井明訳（2002）『哲学者と法学徒との対話』（岩波文庫）．
・──／伊藤宏之＝渡部秀和訳（2012）『哲学原論／自然法および国家法の原理』（柏書房）．
・──／田中浩＝重森臣広＝新井明訳（2016）『法の原理──人間の本性と政治タイ哲学者と法学徒との対話』（岩波文庫）．
・穂積陳重（1980）『法窓夜話』（岩波文庫）．
・堀口松城（2009）『バングラデシュの歴史』（明石書店）．

【ま】
・マーチン・スチュアート-フォックス／菊池陽子訳（2010）『ラオス史』（めこん）．
・牧野絵美（2009）「ミャンマー」鮎京編2009：294-311頁．
・増田智咲（2014）「新興国マクロ経済WATCH ラオス：静かなる高成長国の挑戦」海外投融資2014年11月号，12-15頁．
・松尾弘（2006）「法整備支援における民法典整備の意義と課題」慶應法学4号31-62頁．
・──（2009）『良い統治と法の支配──開発法学の挑戦』（日本評論社）．
・──（2011）「シビル・ローとコモン・ローの混交から融合へ．──法改革のためのグローバル・モデルは成立可能か（1）」慶應法学19号179-213頁．
・──（2012a）『開発法学の基礎理論──良い統治のための法律学』（勁草書房）．
・──（2012b）「開発プロセスにおける司法アクセスの改善への統合的アプローチ」慶應法学23号1-65頁．
・──（2015a）「開発における良い統治と立法の課題──正統性と正当性の相補作用に着目して」日本法哲学会編2015：58-75頁．
・──（2015b）「開発における統治と立法の意義──正統性と正当性の相補作用による法の支配の構築」法学研究88巻1号339-367頁．
・松山大学法学部松大GP推進委員会編（2014）『シンポジウム「民法典論争資料集」（復刻増補版）の現代的意義』（ぎょうせい）．

【み】
・水谷章（2011）『苦悩するパキスタン』（花伝社）．
・水本達也（2006）『インドネシア』（中公新書）．
・三菱UFJリサーチ＆コンサルティング（2013）「カンボジア経済の現状と今後の展望」（2013年3月27日）．
・南亮進（2002）『日本の経済発展（第3版）』（東洋経済新報社）．
・蓑輪靖博（2002）「モンゴルの司法制度・司法改革」小林＝今泉編2002：11-35頁．
・宮畑加奈子（2011）「台湾物権法の改正とその動向について」広島経済大学研究論集34巻3号45-49頁．
・民法改正研究会（代表・加藤雅信）（2009）『民法改正と世界の民法典』（信山社）．

【む】
・向英洋（2007）『詳解旧外地法』（日本加除出版）．
・村山史世（2003）「フィリピン大統領弾劾にみる政治と法」作本＝今泉編2003：99-128頁．

【も】
・森川央（2015）「パキスタン経済の現状と課題」国際通貨研究所 News Letter, No. 18、1-16頁．

・森嶌昭夫(2006)「ベトナム民法典の改正と日本の法整備支援」ICD NEWS 27号16-21頁。
・森・濱田松本法律事務所ミャンマー法制度調査プロジェクトチーム(2013)「ミャンマー連邦共和国法制度調査報告書」
(http://www.moj.go.jp/housouken/housouken05_00055.html)。

【や】
・安田信之(2000)『東南アジア法』(日本評論社)。
・柳澤悠(2014)『現代インド経済』(名古屋大学出版会)。
・山田卓生(1988)「法移植の問題とスリランカの対応」千葉編1988：111-121頁。
・山田紀彦編(2011)『ラオスにおける国民国家建設』(アジア経済研究所)。
・――(2012)『ラオス人民革命と第9回大会と今後の発展戦略』(アジア経済研究所)。
・山田紀彦(2011)「『チンタナカーン・マイ』を再考する」山田編2011：3-48頁。
・山根健至(2014)『フィリピンの国軍と政治』(法律文化社)。

【ゆ】
・湯浅道男(1988)「スリランカ家族法の多元的構造――とくにセイロン・イスラーム法の特色について」千葉編1988：189-210頁。

【よ】
・吉川利治(1981)「ラオス、東北タイ慣習法に見られる仏教戒律」佐々木編1981：265-305頁。
・――(1983)「東北タイ及びラオスの古代法」国立民族学博物館研究報告8巻1号51-72頁。
・古田元夫(2009)『ドイモイの誕生』(青木書店)
・四本健二(2009)「カンボジア」鮎京編2009：188-213頁。

【わ】
・ワード／小倉武一訳(1997)『農地改革とは何であったのか？――連合国の対日政策と立法過程』(食料・農業政策研究センター)。
・渡瀬信之訳(1991)『マヌ法典』(中公文庫)。
・渡辺利夫(1996)『開発経済学――経済学と現代アジア(第2版)』(日本評論社)。
・――(2010)『開発経済学入門(第3版)』(東洋経済新聞社)。

欧文（編著者名のアルファベット順による）

【A】
・Acemoglu, Daron and James A. Robinson (2012), *Why Nations Fail: The Origins of Power, Prosperity, and Poverty*, Brockman, Inc.（鬼澤忍訳『国家はなぜ衰退するのか——権力・繁栄・貧困の起源（上・下）』〔早川書房、2013〕）.
・Amsden, Alice (1989), *Asia's Next Giant: South Korea and Late Industrialization*, Oxford University Press.
・Asanuma,Shinji (2011), "A Vision of New Nepal," *The Kathmandu Post*, 28 February 2011.
・ASEAN Law Association, *ASEAN Legal Systems*, Butterworths Asia (http://www.aseanlawassociation.org/legal.html).
・ASEAN Law Association, "The Legal System of the Philippines", in: *ASEAN Legal Systems*.

【B】
・Ball, John (1982), *Indonesian Legal History 1602-1848*, Outhtershaw Press.
・Barton, R. F. (1919), *Ifugao Law*, University of California Press.

【C】
・Chan, Hellena H. M. (1995), *The Legal System of Singapore*, Butterworths.
・Chen, Albert and Anne Cheung (2004), "Debating rule of law in the Hong Kong Special Administrative Region, 1997-2002," in: Peerenboom (ed.) 2004, pp. 250-285.
・Cooray, Anton with Lin Feng et al. (2010), *Constitutional law in Hong Kong*, Kluwer Law International.

【D】
・Dam, Kenneth (2006), *The Law-Growth Nexus*, Brookings Institution Press.
・Dapice, David (1993),"Vietnam at the Starting Point: Just Another Successful Asian Economy?" in: Ljunggren (ed.) 1993, pp.167-182.
・Dobinson, Ian and Derek Reobuck (1996), *Introduction to Law in the Hong Kong SAR*, Sweet & Maxwell.

【F】
・Fukuyama, Francis (2011), *The Origins of Political Order*, Farrar, Straus and Giroux.

【G】
・Gillespie, John (2004),"Concept of law in Vietnam: transforming statist socialism," in: Peerenboom (ed.) 2004, pp.146-182.
・Gottesman, Even (2002), *Cambodia: After the Khmer Rouge*, Yale University Press.

【H】
・Hanisch, Rolf (ed.) (1983), *Land Reform and Dispute Processing in the Philippines*, Nomos Verlagsgesellschaft.
・Hirshl, Ran(2006),"The New Constitutionalism and the Judicialization of Pure Politics Worldwide," *Fordham Law Review*, Vol. 75, pp. 721-753.
・—— (2007), *Towards Juristocracy: The Origins and Consequences of the New Constitutionalism*, Harvard University Press.
・Hobbes, Thomas (1889), *The Elements of Law Natural and Politic*, ed. by Ferdinand Tönnies, Marshall.
・Hooker, M.B. (ed.) (1986), *Laws of South-East Asia*, Vol. 1, Butterworths.
・Huxley, Andrew (ed.) (2006), *Thai Law: Buddhist Law*, Orchid Press.

【I】
・International Monetary Fund (IMF) (2013), *World Economic Outlook Database*, October 2013 (http://ecodb.net/country/NP/imf_growth.html).
・―― (2014), *World Economic Outlook Database*, April 2014.

【J】
・Jayasuriya, Kanishka (ed.) (1999), *Law, Capitalism and Power in Asia: The rule of law and legal institutions*, Routledge.

【K】
・Kaufmann, Daniel et al., *Worldwide Governance Indicators* (http://info.worldbank.org/governance/wgi/index.asp).
・Krugman, Paul (1994), "The Myth of Asia's Miracle", *Foreign Affairs*, Vol. 73, pp. 62-78（竹下興喜監訳「まぼろしのアジア経済」中央公論110巻1号［1995年1月号］371-386頁）.
・―― (1996), *Pop Internationalism*, the MIT Press（山岡洋一訳『良い経済学　悪い経済学』〔日経ビジネス人文庫、2000〕）.

【L】
・Leader (2014), *Financial Times*, 2014 January 14, p. 6.
・Lee Kuan Yew (2000), *From Third World to First: The Singapore Story: 1965-2000*, Harper.
・Leoug, Andrew Phang Boon (1990), *The Development of Singapore Law*, Butterworths.
・Leung, Conita (1997), "From Colony to Special Administrative Region," in: Tan1997, pp. 67-79, 81.
・LICADHO (2009), *Land Grabbing & Poverty in Cambodia: The Myth of Development*, A LICADHO Report May 2009.
・Ljunggren, Börje (ed.) (1993), *The Challenge of Reform in Indochina*, Harvard Institute for International Development.

【M】
・Moss, C.R. (1920), *Nabaloi Law and Ritual*, University of California Press.
・Moustatafa, Tamir (2007), *The Struggle for Constitutional Power: Law, Politics, and Economic Development in Egypt*, Cambridge University Press.
・Myint-U, Thant (2001), *The Making of Modern Burma*, Cambridge University Press.

【N】
・Nepal, Ministry of Finance (2011/12), *Economic Survey 2011/12*.
・Ngaosyvathn, Mayoury (2006), "An Introduction to the Law of Khun Borom," in: Huxley (ed.) 2006, pp.73-79.
・North, Douglass C. (1990), *Institutions, Institutional Change and Economic Performance*, Cambridge University Press（竹下公視訳『制度・制度変化・経済成果』〔ミネルヴァ書房、1994〕）.
・North, Douglass C. and Robert P. Thomas (1973), *The Rise of the Western World*, Cambridge University Press.

【P】
・Peel, Michael (2014), *Financial Times*, 2014 January 22, Web Publication.
・Peerenboom, Randall (ed.) (2004), *Asian Discourses of Rule of Law*, Routledge Curzon.
・Perkins, Dwight (2001), "Industrial and Financial Policy in China and Vietnam: A New Model or a Replay of the East Asian Experience?" in: Stigliz (ed.) 2001, pp.247-294.

【R】
・Regmi, Khil Raj (2013), Government of Nepal, Office of the Prime Minister and Council of Ministers, Address to the Nation by Mr. Khil Raj Regmi, Rt. Hon. Chairman of the Council of Ministers, Friday, June 14, 2013, Singha Durbar, pp. 4-5.
・Rose, Carol V. (1998), "The 'New' Law and Development Movement in the Post-Cold War Era: A Vietnam Case Study," *Law and Society Review*, Vol. 32, pp93-140.

【S】
・Shetreet, Shimon and Hiram E. Chodosh (2015), *Uniform Civil Code for India*, Oxford University Press.
・Sidel, Mark (1997), "Vietnam," in: Tan (ed.) 1997, pp.356-389.
・Sri Lanka, Ministry of Home Affairs (2011), 2011 Census Data.
・Stigliz, Joseph E. and Shahid Ysuf (eds.) (2001), *Rethinking the East Asian Miracle*, Oxford University Press.

【T】
・Tan, Poh-Ling (ed.) (1997), *Asian Legal Systems*, Butterworths.
・Tan, Poh-Ling (1997), "Malaysia", in: Tan (ed.) 1997, pp.263-313.
・Tay, Alice Erh-Soon (1997), "People's Republic of China," in: Tan1997, pp.14-67, 79-80.
・Teik, Khoo Boo (1999), "Between Law and Politics: The Malaysian judiciary since independence," in: Jayasuriya (ed.) 1999, pp.205-219.

【U】
・United Nations Development Programme (UNDP) (2013), *Human Development Report 2013*, UNDP.
・—— (2014), *Human Development Report 2014*, UNDP.

【W】
・Wesley-Smith, Peter (1994), *The Sources of Hong Kong Law*, Hong Kong University Press.
・Woon, Walter (1997), "Singapore," in: Tan1997, pp.314-355.
・Wolters, Oliver W. (1999), *History, Culture, and Religion in Southeast Asian Perspectives*, Revised Edition, Cornel Southeast Asia Program Publications.
・World Bank (1991), *World Development Report 1991: The Challenge of Development*, Oxford University Press, 1991.
・—— (1993), *The East Asian Miracle: Economic Growth and Public Policy*, Oxford University Press (白鳥正喜監訳『東アジアの奇跡――経済成長と政府の役割』〔東洋経済新報社、1994〕).
・—— (2014), *World Development Indicators 2014*.

《著者紹介》

松尾　弘（まつお　ひろし）

●――略歴

1962年　長野県生まれ。
1985年　慶應義塾大学（法学部）卒業。
1990年　一橋大学（大学院法学研究科博士後期課程）単位取得。
横浜市立大学（商学部）助教授、横浜国立大学（大学院国際社会科学研究科）教授を経て、現在、慶應義塾大学（大学院法務研究科）教授。
この間、シドニー大学客員教授、オックスフォード大学客員研究員。また、ラオス、ベトナム、カンボジア、ネパール等の民法整備支援に携わる。

●――主要著作

『J・ラズ　法体系の概念――法体系論序説』（慶應義塾大学出版会、1998年）、『開発協力の法と政治――国際協力研究入門』（共著、国際協力出版会、2004年）、『物権法〔第2版〕』（共著、弘文堂、2005年）、『債権総論』（共著、法律文化社、2006年）、『民法と税法の接点――基本法から見直す租税実務〔新訂〕』（共編著、ぎょうせい、2007年）、『良い統治と法の支配――開発法学の挑戦』（日本評論社、2009年）、『民法の体系――市民法の基礎〔第5版〕』（慶應義塾大学出版会、2010年）、『ケースではじめる民法〔第2版〕』（共著、弘文堂、2011年）、『開発法学の基礎理論――良い統治のための法律学』（勁草書房、2012年）、『民法改正を読む――改正論から学ぶ民法』（慶應義塾大学出版会、2012年）、『基本事例から考える損失補償法』（大成出版社、2015年）等々。
その他、研究内容等については、http://www15.plala.or.jp/Matsuo/ 参照。

発展するアジアの政治・経済・法（はってんするアジアのせいじ・けいざい・ほう）
――法は政治・経済のために何ができるか（ほうはせいじ・けいざいのためになにができるか）

2016年9月25日　第1版第1刷発行

著　者――松尾　弘
発行者――串崎　浩
発行所――株式会社　日本評論社
　　　　　〒170-8474 東京都豊島区南大塚3-12-4
　　　　　電話03-3987-8621（販売：FAX－8590）
　　　　　　　03-3987-8592（編集）
　　　　　https://www.nippyo.co.jp/　振替　00100-3-16
印刷所――精文堂印刷
製本所――難波製本
装　丁――図工ファイブ

JCOPY　〈(社)出版者著作権管理機構　委託出版物〉
本書の無断複写は著作権法上での例外を除き禁じられています。複写される場合は、そのつど事前に、(社)出版者著作権管理機構（電話03-3513-6969、FAX03-3513-6979、e-mail: info@jcopy.or.jp）の許諾を得てください。また、本書を代行業者等の第三者に依頼してスキャニング等の行為によりデジタル化することは、個人の家庭内の利用であっても、一切認められておりません。

検印省略　©2016 Hiroshi Matsuo
ISBN978-4-535-52214-5　　　　　　　　　　　　　　　　　Printed in Japan